Mouhanad Khorchide / Klaus von Stosch (Ed.)

Herausforderungen an die Islamische Theologie in Europa

Challenges for Islamic Theology in Europe

Das Buch:

Das vorliegende Buch stellt eine der ersten theologisch anspruchsvollen Positionsbestimmungen der Islamischen Theologie in Deutschland dar. In ihm kommen herausragende Denker aus der islamischen Welt und der Islamischen Theologie untereinander und mit ausgewählten Vertretern christlicher Theologien, der Philosophie und der Islamwissenschaften ins Gespräch. Ziel ist es, in den zentralen Gebieten der islamischen Wissenschaften exemplarisch in inhaltliche Debatten einzusteigen, die erste Konturen des Selbstverständnisses Islamischer Theologie in Deutschland sichtbar machen. Im Einzelnen geht es dabei um einige der zentralen von der islamischen Tradition her vorgegebenen Disziplinen islamischer Gelehrsamkeit (Qur'ānexegese, Sunna, Fiqh und Kalām) im Dialog mit Philosophie, Moderne und den pädagogischen Herausforderungen an die Theologie.

Die Zweisprachigkeit des Tagungsbandes verdeutlicht dabei, dass die Entwicklung Islamischer Theologie nur erfolgreich sein kann, wenn sie an internationale Diskussionen anknüpft. Die Einbeziehung international renommierter islamischer Gelehrter soll zeigen, wie wichtig ihr Beitrag für den Aufbau Islamischer Theologie in Deutschland ist. Die Verknüpfung mit Islamwissenschaften und christlichen Theologien macht deutlich, dass Islamische Theologie in Deutschland nicht im luftleeren Raum entsteht, sondern auch den fruchtbaren Austausch mit ihren Nachbardisziplinen braucht.

Die Herausgeber:

Mouhanad Khorchide ist Leiter des Zentrums für Islamische Theologie und Professor für Islamische Religionspädagogik an der Westfälischen Wilhelms-Universität Münster sowie Koordinator des Graduiertenkollegs „Islamische Theologie" der Stiftung Mercator.

Klaus von Stosch ist Professor für Katholische Theologie (Systematische Theologie) und ihre Didaktik und Vorsitzender des Zentrums für Komparative Theologie und Kulturwissenschaften an der Universität Paderborn.

Herausforderungen an die Islamische Theologie in Europa

Challenges for Islamic Theology in Europe

Herausgegeben
von
Mouhanad Khorchide
und
Klaus von Stosch

HERDER

FREIBURG · BASEL · WIEN

MIX
Papier aus verantwortungsvollen Quellen
FSC® C106847
FSC
www.fsc.org

Originalausgabe

www.herder.de

Satz: Barbara Herrmann, Freiburg
Herstellung: fgb · freiburger graphische betriebe
www.fgb.de

Printed in Germany

ISBN 978-3-451-30712-6

Inhalt

Einleitung

Die Etablierung Islamischer Theologie in der akademischen Landschaft Deutschlands im Kontext der Entwicklung Islamischer Theologie in Europa ist eine Herausforderung, die derzeit in Medien und Politik viel diskutiert wird. Bisher wird in dieser Diskussion noch zu wenig darüber nachgedacht, wie Islamische Theologie eigentlich inhaltlich betrieben und sich zu den Vernunftstandards und Denktraditionen europäischer Universitäten verhalten soll. Die Selbstfindung des Fachs im Spannungsfeld von Islamischer Theologie in der islamischen Welt, bestehenden theologischen Traditionen in der westlichen Welt und den Islamwissenschaften beginnt gerade erst. Insbesondere gibt es bisher kaum gezielte Debatten zur Konturierung der einzelnen islamisch-theologischen Disziplinen.

Genau an dieser Stelle will der vorliegende Tagungsband einsetzen und einige der zentralen von der islamischen Tradition her vorgegebenen Disziplinen islamischer Gelehrsamkeit (Qurʾānexegese, Sunna, Fiqh und Kalām) im Dialog mit Philosophie, Moderne und den pädagogischen Herausforderungen an die Theologie vorstellen. Ziel ist es, in jedem dieser Themenbereiche an einem Beispiel in inhaltliche Debatten einzusteigen, die erste Konturen des Selbstverständnisses Islamischer Theologie sichtbar machen. Die Zweisprachigkeit des Tagungsbandes verdeutlicht dabei, dass die Entwicklung Islamischer Theologie nur erfolgreich sein kann, wenn sie an internationale Diskussionen anknüpft. Die Einbeziehung international renommierter islamischer Gelehrter soll zeigen, wie wichtig ihr Beitrag für den Aufbau Islamischer Theologie in Deutschland ist. Wenn wir versuchen in den verschiedenen Themenbereichen herausragende Denker aus der islamischen Welt und der Islamischen Theologie untereinander und mit ausgewählten Vertretern christlicher Theologien und Islamwissenschaften ins Gespräch zu bringen, macht das deutlich, dass Islamische Theologie in Deutschland nicht im luftleeren Raum entsteht, sondern den fruchtbaren Austausch mit ihren Nachbardisziplinen genauso braucht wie die internationale Vernetzung.

Eröffnet wird unser Band durch eine Auseinandersetzung mit der Hermeneutik des Qur'ān. Denn Islamische Theologie hat ihren entscheidenden normativen Bezugspunkt im Qur'ān, so dass die Auseinandersetzung mit ihm und sein angemessenes Verstehen am Anfang jeder Islamischen Theologie stehen muss. Wie vielfältige Rezeptionsmöglichkeiten des Qur'ān sich für die gegenwärtige Islamische Theologie bieten, zeigt gleich der erste Beitrag des islamischen Philosophen und Theologen *Milad Karimi*, der Wege für eine ästhetische Rezeption des Qur'ān skizziert und dadurch einen alten Weg der Betonung der Unnachahmlichkeit des Qur'ān für modernes Verstehen zugänglich macht. Die Berliner Qur'ānforscherin *Angelika Neuwirth* verdeutlicht in ihrem Beitrag, dass der Qur'ān auch als Text der Spätantike zu lesen ist, der ebenso wie der Islam zu Europa gehört und Europa positive Impulse zu geben vermag. Der türkische Philosoph und Theologe *Burhanettin Tatar* erörtert schließlich die Bedeutung von Raum und Zeit für den qur'ānischen Text, was den türkischen Theologen *Kemal Ataman* zu einigen Bemerkungen zur Verstehbarkeit von Texten veranlasst.

Nach dieser exemplarischen Auseinandersetzung mit modernen Formen der Qur'ānhermeneutik wendet sich der zweite Teil des Bandes der Verhältnisbestimmung von Glaube und Vernunft und der Aufgabenbestimmung Systematischer Theologie (Kalām) zu. Denn nach muslimischer Überzeugung will Gott durch den Qur'ān verstanden werden, so dass es spannend ist, genauerhin zu bestimmen, in welchem Verhältnis die menschliche Vernunft zum göttlichen Wort steht. In diesem Zusammenhang gilt es einerseits das Verhältnis Islamischer Philosophie zur Islamischen Theologie zu klären und andererseits die Herausforderungen zu reflektieren, die sich einer modernen systematischen Islamischen Theologie stellen und wie sie sich zu den klassischen Kalāmwissenschaften verhält. Zunächst skizziert in diesem Teil der muslimische Herausgeber dieses Bandes *Mouhanad Khorchide* sein Verständnis Systematischer Theologie, indem er aus ihrer Perspektive das Gott-Welt-Verhältnis beschreibt und ein zugleich qur'āngemäßes und vernunftkompatibles Verständnis des Begriffs des Menschen als Diener Gottes konturiert. Danach stellt *Klaus von Stosch* einen christlichen Blick auf muslimische Perspektiven auf das Theodizeeproblem vor, der insbesondere die neueren Arbeiten von Navid Kermani würdigt und zeigt, was christliche Theologie hier von islamischen Reflexionen lernen kann. Beide Texte illustrieren in ihrer Weise, wie starke Berührungspunkte es in der Aufgabenstellung Systematischer Theologie für Christen und Muslime gibt und wie sehr sie dabei voneinander lernen können.

Nach diesen beiden deutschen Theologen kommen drei theologisch gebildete und interessierte Philosophen zu Wort, zwei Muslime und ein Christ, die aus philosophischer Sicht das Verhältnis von Glaube und Vernunft reflektieren. Zunächst verdeutlicht der international renommierte ägyptische Philosoph *Hassan Hanafi*, mit welchen hermeneutischen Mitteln traditionelle Islamische Theologie ihre Befreiungspotenziale aktivieren kann, um auf diese Weise gegenwärtigen Krisen in Europa entgegenzutreten. In den Fußstapfen von M. Arkoun und M. Al Jabri nimmt danach der marokkanische Philosoph *Mohamed Mesbahi* eine Verhältnisbestimmung von Islam, Vernunft und Moderne vor, die einige Inspirationen aus der Denklinie von Ibn Rušd / Averroes aufnimmt. Diese Inspirationen sind Anlass für den Kölner Philosophen *Andreas Speer* diese aristotelisch geprägte Denklinie in ihrer christlichen Rezeptionslinie zu würdigen und anhand von Thomas von Aquin zu überlegen, wie Theologie als Wissenschaft gedacht werden kann.

Um zu verdeutlichen, dass Religionspädagogik nicht bloß als Reflexion auf das Vermittlungsgeschehen theologischer Inhalte gedacht werden darf, sondern weitergehende theoretische Ansprüche hat und durchaus auch Lernort für die Theologie sein kann, kommt nach diesen systematischen Reflexionen zunächst einmal die Islamische Religionspädagogik zu Wort, bevor mit dem Recht und der Ethik zwei weitere sehr wichtige Bereiche systematischer muslimischer Glaubensreflexion in den Blick kommen. *Mohamad Nur Kholis Setiawan* lenkt in diesem Teil den Blick auf seine Heimat Indonesien und stellt mit ihr ein Beispiel dafür dar, wie vielfältig schulische Bildungsprozesse aus muslimischer Sicht strukturiert sein können. Die Katholische Religionspädagogin *Monika Tautz* repliziert auf diesen Beitrag, indem sie in produktiver und solidarischer Weise einige grundsätzliche Nachfragen zur Konzeption Islamischer Religionspädagogik stellt. Diese werden von der Paderborner Religionspädagogin *Tuba Işık* in ihren konzeptionellen Überlegungen zur Islamischen Religionspädagogik in Deutschland aus muslimischer Perspektive aufgegriffen. Besonderes Gewicht legt sie dabei auf das Konzept des performativen Religionsunterrichts, das sie mit Blick auf das muslimische Ritualgebet erläutert.

Der letzte Teil unseres Sammelbandes nimmt die normative Dimension Islamischer Theologie für die Praxis in den Blick, indem einerseits Grundprinzipien Islamischer Ethik bedacht werden und andererseits Herausforderungen für die Weiterentwicklung des Islamischen Rechts (*fiqh*) aufgegriffen werden. Der bekannte, aber auch umstrittene iranische Reformtheologe *Mohammad Mojtahed Shabestari* betont die überragende Bedeutung der Islamischen Ethik für die Islamische Theologie und stellt dabei insbesondere den Zusammenhang von Ethik und Mystik heraus. In ihrer Replik formuliert die Mainzer Theologin *Christiane Tietz* ihre eigene, aus Sicht der evangelischen Theologie formulierte Aufgabenbestimmung theologischer Ethik und entwickelt daraus einige Rückfragen an die muslimische Position. Zum Abschluss des Bandes plädiert der bekannte Oxforder Theologe *Tariq Ramadan* für ein angemessenes Verhältnis zwischen heiligen Texten und ihren Auslegern, in dem der jeweilige Kontext ausreichend reflektiert werde. Dabei gelte es, sowohl dem Text verpflichtet zu bleiben, als auch Lösungen für Probleme der Gegenwart aus ihm zu generieren und dafür mit Wissenschaftlern aller Disziplinen zusammenzuarbeiten. Der weltbekannte Rechtsgelehrte *Khaled Abou El Fadl* (Los Angeles) schließlich setzt sich in seinem Beitrag für eine Theologie ein, die Gott und seine Offenbarung als ihren Mittelpunkt und Ausgangspunkt begreift. In seinem Ansatz jenseits von Reformismus und Salafismus erinnert er daran, dass jedem Muslim für seinen Lebensweg Zeichen Gottes geschenkt sind, die er mit Hilfe der grundlegenden Prinzipien des Qur'ān für sein Leben fruchtbar machen kann.

Dem Band lag eine Tagung zugrunde, die großzügigerweise durch einen namhaften Zuschuss des Bundesministerium des Innern gefördert wurde, sowie durch Beiträge der Universitäten Münster und Paderborn. Unser herzlicher Dank gilt deswegen diesen Institutionen und auch der Stiftung Mercator, die den Aufbau der Islamischen Theologie an beiden Standorten durch ihr Graduiertenkolleg unterstützt. Unser besonderer Dank gilt den vielen Mitarbeiterinnen und Mitarbeitern in Münster und Paderborn, die uns bei der Vorbereitung und Durchführung der Tagung, der Transkription und Redaktion der englischsprachigen Beiträge unterstützt haben. Namentlich erwähnen möchten wir Carolin Asisa Hammad, die diese Arbeit in gewohnt verlässlicher Weise koordiniert und mit hohem persönlichen Einsatz vorangebracht hat. Sie hat sich auch der mühevollen Arbeit des Korrekturlesens unterzogen und das Personenregister erstellt. Herrn Lukas Trabert danken wir für die unkomplizierte Zusammenarbeit und die Hilfe des Herder-Verlags beim Drucklegungsprozess.

Die gesamte Tagung zu den Herausforderungen an die Islamische Theologie in Europa war geprägt von intensiven inner-islamischen Diskussionen, in der das leidenschaftliche Ringen um eine Neuausrichtung des Islam zum Ausdruck kam: Immer wieder wurde deutlich, dass das reiche islamische Erbe so fruchtbar gemacht werden muss, dass es für Probleme der europäischen Gegenwart hilfreiche Antworten geben kann. Während der verschiedenen Vorträge wurde eine große innerislamische Vielfalt von Ansätzen sichtbar, wie mit den Herausforderungen der Moderne umzugehen sei. Das Gesprächsniveau war dabei wohltuend differenziert, und wir hoffen, dass dieser Band ein Zeugnis dafür ablegen kann, dass die Entwicklung Islamischer Theologie in Deutschland an beachtliche Vorleistungen aus den Ländern der Islamischen Welt und anderer westlicher Länder anknüpfen kann. Zugleich kann er verdeutlichen, dass der innerislamische theologische Diskurs offen für Anregungen aus Nachbardisziplinen wie den christlichen Theologien, der Philosophie und der Islamwissenschaft ist und dass gerade eine interdisziplinär vernetzte und anschlussfähige Islamische Theologie der deutschen Universitätslandschaft einiges zu bieten hat.

Münster / Paderborn im Juni 2012

Mouhanad Khorchide und Klaus von Stosch

I. Moderne Qur'ānhermeneutik – Zeitgemäße Lesarten des Qur'ān

Versuch einer ästhetischen Hermeneutik des Qur'ān[1]

Ahmad Milad Karimi, Freiburg i. Br.

„χρὴ δὲ τά γ' εἰς θεοὺσμηδὲν ἀσεπτεῖν."[2]

Qur'ānexegese hat Tradition. Und nicht alles, was vergangen ist, gilt es zu überwinden. Was heißt aber moderne und zeitgemäße Qur'ānhermeneutik? Es heißt wohl, den Qur'ān mit den modernen Methoden der Forschung und zugleich in einem Dialog mit den bestehenden Traditionen für unsere Zeit fruchtbar zu denken. Die Tradition zu denken ist selbst Tradition und im gleichen Atemzug eben modern, ist doch das Denken immer schon selbst tradiert. Neues zu denken ist bestenfalls Erinnerung[3] (*ḏikr*). Wolfgang Rihm spricht pointiert, wenn er konstatiert: „Tradition kann immer nur ‚meine Tradition' sein. Ich muss bei mir erforschen, woher ich komme. Aber das ist nicht Leben-füllend. Viel interessanter ist es herauszufinden, *wohin ich gehe*" (Schmidt-Bergmann, 13). Anders gewendet: Die Verpflichtung vor der Tradition ist selbst Tradition. Was tradiert wird, ist Zugehörigkeit. Der Sinn der Zugehörigkeit erschöpft sich nicht bloß darin, dass eine fraglose Linie angenommen wird, an der der Denkgegenstand gebunden sei. Zur Qur'ānhermeneutik gehört also wesentlich „Vertrautheit und Fremdheit".[4] Aus dieser Verstricktheit heraus können sich dann Bedingungen in den

---

[1] Einige Gedanken der folgenden Ausführung sind in essayistischer Form in der katholischen Zeitschrift Communio erschienen. Vgl. Internationale katholische Zeitschrift Communio, 457–465.

[2] Sophokles, Antigone, 1349f.

[3] Zum reflexionslogischen Status des Begriffs Erinnerung vgl. Hegel, 13.

[4] Gadamer schreibt: „Die Hermeneutik muß davon ausgehen, daß wer verstehen will, mit der Sache, die mit der Überlieferung zur Sprache kommt, verbunden ist und an die Tradition Anschluß hat oder Anschluß gewinnt, aus der die Überlieferung spricht. Auf der anderen Seite weiß das hermeneutische Bewußtsein, daß es mit dieser Sache nicht in der Weise einer fraglos selbstverständlichen Einigkeit verbunden sein kann, wie sie für das ungebrochene Fortleben einer Tradition gilt. Es besteht wirklich eine Polarität von Vertrautheit und Fremdheit, auf die sich die Aufgabe der Hermeneutik gründet." (Gadamer, 300).

Verstand erheben, unter denen sich das Qur'ānverstehen ereignen kann. Zur paradoxen Natur der Tradition gehört nämlich auch, dass sie nicht abgeschlossen ist. Qur'ānhermeneutik suggeriert Offenheit, Offenheit gegenüber dem Qur'ān und zugleich Offenheit gegenüber der Methode, wodurch der Qur'ān in seinem Sinnzusammenhang ans Licht gebracht werden soll. Die Methode scheint zunächst ein Instrumentarium zu meinen, welches – um es in der Terminologie des deutschen Idealismus zu sagen – „äußerlich" (Hegel, 49; vgl. auch Gadamer, 468), ja gleichsam wie ein Werkzeug, den Qur'ān zum Verstehen verhilft, das Qur'ānverständnis eröffnet. Dies ist jedoch eben bloß der Schein. Die Methode erwächst vielmehr aus der Sache selbst. Die zu interpretierende Sache konstituiert die Methode, sie ist ihre eigene Möglichkeit. Der Qur'ān, soll er verstanden werden, muss aus sich selbst die Methode konstituieren, die ihm eigen ist. Das Ganze der Überlieferung fordert, dass das Überlieferte stets *mit* der jeweiligen Zeit verstanden wird. Versteht man den Qur'ān überhaupt, dann immer anders. Der Qur'ān differiert in sich, weil wir, die ihn vernehmen, stets zeitigen. Der Zeitabstand ist somit keine Kategorie, die überwunden werden muss, damit das eigentlich Gemeinte und Wahre zum Ausdruck komme, weil die Zeit von dem Wahren trenne und fernhalte; vielmehr ist gerade die Zeit und mithin die Vergänglichkeit eine affirmative und produktive Möglichkeit des Verstehens überhaupt. Die Geschichtlichkeit der eigenen Zeit zu begreifen ermöglicht somit eine adäquate Haltung zum Qur'ān als ein offenes Werk, das sich stets fortschreibt. Wird der Versuch unternommen, den Qur'ān als Einheit, ja als das Ganze zu verstehen, so ist es unabdingbar, das Ganze aus dem Einzelnen und das Einzelne aus dem Ganzen zu erfahren (vgl. Hegel, 221f). Dass dieser Vorgang keine bloße Zirkelbewegung ist, keinen methodologischen Formalismus bedeutet, sondern das ontologische Strukturmoment des Verstehens selbst darstellt, ist entscheidend.[5]

---

[5] Bekanntlich bezieht sich Gadamer an diesem Punkt auf Heideggers Analysen von Sein und Zeit (vgl. Heidegger, 7; 142–167).

1. Der Qur'ān als das Wort Gottes?

Die Frage, was der Qur'ān ist, erweckt den Eindruck, als handele es sich dabei um eine Scheinfrage – zumindest für die Muslime. Denn das Verhältnis der Muslime zum Qur'ān ist gleichsam in die Wiege gelegt. Islamisches Leben beginnt mit dem Qur'ān, wird vom Qur'ān getragen und endet bestenfalls mit der Besinnung auf denselben. Was der Qur'ān ist, scheint dabei keine Frage zu sein. Der Qur'ān wird erlebt. Dieses alltägliche Erleben des Qur'ān lässt aber nicht den Qur'ān in seinem ontologischen Status fragwürdig werden. Fragwürdig und mithin von entscheidender Bedeutung ist die Frage insofern, als die Frage nach dem Verständnis des Qur'ān damit innigst verwoben ist. Ist der Qur'ān zum Beispiel bloß das Produkt Muhammads eigener Phantasie oder gar die Inlibration Gottes selbst, so wäre der Zugang zum Qur'ān jeweils entschieden anders konzipiert.

Was ist nun der Qur'ān? Bereits seit den Anfängen der islamischen Geschichtsschreibung hat die Muslime jedoch die Frage, was der Qur'ān ist, das Forschen der Exegeten, aber auch das der Rechtsgelehrten und nicht zuletzt des einfachen Gläubigen in Atem gehalten. In gewisser Weise verstummte die Frage aber auch von da an, als sich eine Antwort in den Geistern einschlich, dass der Qur'ān schlicht das Wort Gottes sei. Naheliegend ist dabei diese Einsicht deshalb, weil der Qur'ān worthaft (qua *logos*) vermittelt ist. Der Qur'ān sei das reine Wort Gottes, unübersetzbar, unwandelbar und übertrefflich.[6] Im Wesentlichen hat dieses Verständnis seine Plausibilität, soll er doch nach dem qur'ānischen Zeugnis selbst die klare Botschaft Gottes repräsentieren. Mit dieser Einsicht ist aber bestenfalls das Problem verschoben. Geklärt ist damit nämlich gar nichts; vielmehr – und darin liegt auch ein Aspekt dieser Problematik – verstummt die Frage: Was ist eigentlich der Qur'ān? Warum ausgerechnet Gott das Medium Wort gewählt habe, um sich mitzuteilen, ist nicht ohne Weiteres selbstverständlich; bedenkt man dabei, dass sich in der christlichen Theologie mehrheitlich die Idee durchgesetzt

---

[6] Bekanntlich heißt es in einem Ḥadīṯ des Propheten: „Es gibt keinen Propheten, dem nicht Zeichen gegeben waren, damit die Menschen an ihn glauben. Was mir gegeben wurde, sind nichts als die Worte, die mir Gott offenbart hat [...].“ Ṣaḥīḥ Buḫārī, XCVII/1 (Nr. 7274); zit. nach Kermani, 239.

hat, Gott habe sich *ad personam* der Welt offenbart, so ließe sich schon fragen, warum der Ewige dann für den Islam bloß das Wort bevorzugt. Ist es überhaupt eine adäquate Annahme, dass Gott spreche? Welche theologische Implikation hat diese Einsicht, wenn zugleich der personale Charakter Gottes negiert wird? Warum spricht Gott dann ausgerechnet arabisch? Weshalb sind dann im Qur'ān Worte zu finden, die keineswegs einen arabischen Ursprung haben? Was heißt das überhaupt, dass der Qur'ān das Wort Gottes sei? Was ist das Wort? Warum soll der Qur'ān nicht übersetzbar sein, wenn die arabische Sprache eine menschliche Sprache ist? Was bedeutet es dann, dass Gott menschlich spricht? Wird der Qur'ān unkritisch mit dem Wort, mit dem reinen Wort Gottes identifiziert, so avanciert der Qur'ān zu einem Abstraktum.

Ein flüchtiger Blick in den Qur'ān wird nicht wenige Fragen hervorrufen, was denn das reine Wort Gottes nun bedeutet, wenn der Qur'ān keine monotone Ansprache Gottes wiedergibt. Der Qur'ān kennt bekanntlich keine Fußnoten, aber durchaus wird im Qur'ān adäquat zitiert. So kann man aus guten Gründen von einem dialogischen Charakter des Qur'ān sprechen, ist doch der Qur'ān durch seinen polyphonen Charakter – dem u. a. der Literaturwissenschaftler Nasr Hamid Abu Zaid aus guten Gründen große Bedeutung zugemessen hat – in seinem Duktus vielschichtig (vgl. Abu Zaid, 66–68). Bei Lichte besehen ist der Qur'ān nicht nur an mehrere Instanzen adressiert, sondern diese Adressaten kommen selbst zu Wort. Inmitten dieser intralingualen Verflechtungen, die den eigentümlichen Charakter des Qur'ān unterstreichen, ist die eindimensionale Identifikation des Qur'ān mit der Formel *das Wort Gottes* zumindest nicht unproblematisch.

2. Von der Genese des Qur'ān

Welche Geltung der Qur'ān hat und mithin welcher Zugang zu demselben angemessen ist, lässt sich aus der Betrachtung seiner Genese erarbeiten. Die Genese des Qur'ān hat bekanntlich eine eigentümliche Dramaturgie. Rainer Maria Rilke beschreibt in einem im Sommer 1907 in Paris mit dem schönen Titel *Mohameds Berufung* geschriebenen Gedicht die Dramaturgie des ersten Offenbarungsereignisses im Islam mit den Worten:

Da aber als in sein Versteck der Hohe,
sofort Erkennbare: der Engel, trat,
aufrecht, der lautere und lichterlohe:
da tat er allen Anspruch ab und bat
bleiben zu dürfen der von seinen Reisen
innen verwirrte Kaufmann, der er war;
er hatte nie gelesen – und nun gar
ein solches Wort, zu viel für einen Weisen.
Der Engel aber, herrisch, wies und wies
ihm, was geschrieben stand auf seinem Blatte,
und gab nicht nach und wollte wieder: Lies.
Da las er: so, dass sich der Engel bog.
Und war schon einer, der gelesen hatte
und konnte und gehorchte und vollzog.

Die Dramatik dieser Szene ist insofern für das islamische Bewusstsein von Bedeutung, als die Mitteilung Gottes diesen Menschen ergreift; sie berührt seine Sinne. Der Engel, der ihn herrisch zum Vortrag einlädt, der Ruf, der seine Berufung werden soll, lässt ihn bloß ein Fragment vernehmen. Ergriffen ist der Prophet von der Empfindsamkeit dieses Augenblicks, der ihn entschieden prägen soll. Zitternd lässt ihn der Engel zurück. Und er, der Suchende, der Sinnende, hat nicht *den* Qurʾān. Er hat bloß eine Erinnerung, eine sinnende, eine suchende Erinnerung. Er ist, möchte man ein Gleichnis prägen, der wandelnde, der lebende Qurʾān, die Erinnerung selbst, der den Namen Muhammad trägt; einer, der sich in die Höhe des Berges begab, von der Erde abhob, in eine Berghöhle flüchtete, statt dem Licht der Vielheit, welche durch den Topos der Stadt repräsentiert ist, die Finsternis der Höhle bevorzugte, sich der Einsamkeit zwischen Himmel und Erde anvertraute, ja sich von allem Weltlichen entleerte „in sein[em] Versteck der Höhe" – wie es Rilke nennt –, um den Engel Gabriel, so die islamische Tradierung, zu empfangen. Gabriel überreichte ihm jedoch nicht den Qurʾān als Buch; vielmehr sollte er fortan für dreiundzwanzig Jahre in unregelmäßigen Abständen den Qurʾān hören und das Gehörte zum Gehör bringen.

Der Qurʾān wird also nicht in einem Zug offenbart; Muhammad erhält auch keine Schriftzüge oder -tafel. Die später entstandene Qurʾānsammlung als Schrift ist und bleibt eine genuin menschliche Tat. Inwiefern hat also die Berufung Muhammads eine Bewandtnis für das Verständnis des Qur'ān? Bezieht man sich bei der Qur'ānhermeneutik allein auf die Schrift, so wird verkannt, dass dieselbe als Material der Untersuchung einen entschieden sekundären Charakter hat. Das erste Offenbarungsereignis ist weder ein einmaliges noch ein einzigartiges Erlebnis, das Muhammad erfuhr; vielmehr soll Muhammad über zwei Jahrzehnte immer wieder und immer erneut durch die Qur'ānmitteilung erschüttert werden. Muhammads Brust[7] wird geweitet, wie sich der Qur'ān ausdrückt, für die Offenbarung Gottes. Dabei erlangt er nicht „nur" Einsicht für die Prinzipien des Islam; vielmehr berührt ihn der Qur'ān; die religiösen Einsichten werden ihm sinnlich, eben ästhetisch erfahrbar: Der Qur'ān geht ihm durch die Haut.

Seine ersten Hörer – wie spätestens Navid Kermani mit seiner bahnbrechenden Studie *Gott ist schön. Das ästhetische Erleben des Koran* gezeigt hat – vernehmen den Qur'ān, ja erleben ihn als eine akustische, atmosphärische und mithin ästhetische Erfahrung.

3. Die Historizität des Qur'ān

Als Textkorpus ist der Qur'ān – daran kann kein Zweifel bestehen – historisch entstanden, historisch tradiert, allmählich überliefert, in einer menschlichen Sprache verfasst. Die Genese des Qur'ān ist für das Verständnis desselben unabdingbar. Etwa die mekkanischen (vgl. Neuwirth 1981) Suren unterscheiden sich in ihrem Duktus und zuweilen auch in ihrem Inhalt gravierend von den medinensischen Suren (vgl. Nöldeke; Weil; Nagel). Dass nämlich der Qur'ān erst durch Muhammad in einer bestimmten historischen Situation, in einem bestimmten Raum und in bestimmter Weise verkündet wurde, wird selbst von den Muslimen nicht in Abrede gestellt. Allein ein flüchtiger Blick wäre genügend, um zu konstatieren, dass der Qur'ān selbst sich überwiegend zu bestimmten historischen Ereignissen verhält und vor allem sich selbst historisch einordnet.[8]

---

[7] „Haben wir dir nicht geweitet die Brust
und dir abgenommen die Last,
darum du gebeugt dich hast?" Qur'ān, 94: 1–3.

[8] Neben der arabischen Sprache des Qur'ān und der Benennung der Quraisch

Insofern ist es nur legitim festzustellen, dass der Qur'ān durch und durch historisch ist, ja einen genuin historischen Kern hat. Der Qur'ān hat sich nicht in einem Akt der Unmittelbarkeit generiert. Im Gegenteil: Der Qur'ān ist in einem begrenzten Zeitraum entstanden, so dass nach jedem Offenbarungsereignis der Prophet den Qur'ān in arabischer Sprache vortrug. Dieser Vortrag galt und gilt als die ursprüngliche Quelle der Offenbarung. Bereits zu Lebzeiten Muhammads gab es Personen, die den qur'ānischen Vortrag im Gedächtnis bewahrten und darüber hinaus zahlreiche Verse auf direkte Anweisung des Propheten niederschrieben. Aufgezeichnet wurden die Teile des Qur'ān vor allem auf Papyruszetteln, Palmstengeln und Knochen. Das Niedergeschriebene diente allerdings ausschließlich als Gedächtnisstütze, besaß doch die mündliche Überlieferung insofern den absoluten Vorrang, als die Mündlichkeit den wesentlichen Charakter des Qur'ān selbst repräsentiert. So verwundert es nicht, dass nach dem Tod Muhammads der Qur'ān in der gegenwärtigen Form noch nicht existierte. Erst unter dem dritten Kalifen ʿUṯmān (reg. 644–656) wurde der Versuch vollendet, eine Qur'ānausgabe hervorzubringen, die mit dem Schriftbild des heute vorhandenen Qur'ān fast identisch ist. Der bedeutende Unterschied besteht darin, dass in der frühen arabischen Schrift ausschließlich Konsonanten, Diphthonge und zum Teil auch die langen Vokale niedergeschrieben, aber die kurzen Vokale nicht notiert wurden. Mithin bildete das ʿuṯmānische Textgerüst ein offenes Feld für unterschiedliche Vortragsarten und Deutungen, aber nicht der ʿuṯmānische Text, sondern die Kenntnis der Rezitation war für die entschiedene Deutung des Qur'ān grundlegend. Somit entwickelten sich mit der Zeit auf der Grundlage des ʿuṯmānischen Konsonantentextes (*rasm*) sieben kanonische Vortragstraditionen.[9] So weit die bekannte Entstehungsgeschichte (vgl.

(Qur'ān, 106) kann u. a. die Erwähnung Muhammads (Qur'ān, 47) selbst genügen, um den historischen Bezug des Qur'ān zu konstatieren.

[9] Im ausgehenden 8. Jahrhundert, vor allem in Basra und Kufa gehörte die Lehre der Rezitationsarten des Qur'ān (*qirā'āt*) zu einer der wichtigsten Bereiche der Qur'ānexegese. Der Qur'āngelehrte Ibn Muǧāhid (gest. 936) brachte diese sieben Rezitationsarten zusammen, die auf Rezitationsvarianten der damaligen Zentren islamischer Gelehrsamkeit des 8. Jahrhunderts zurückgingen: Basra, Damaskus, Medina, Mekka und drei Lesearten aus Kufa. Vgl. Sezgin, 8–14; vgl. auch Bobzin, 104.

Schoeler, 37; vgl. auch Neuwirth 2011). Die Frage ist, welche theologische Implikation diese Faktizität hat. Es handelt sich hierbei nämlich nicht um eine bloß linguistische Einsicht, wie sich die vorwiegend orale Tradierung einer Mitteilung zur Schriftlichkeit verwandelt hat; denn erstens hat sich der Qur'ān keineswegs zur Schriftlichkeit reduziert, wenn auch die qur'ānischen Buchstaben und der Qur'ān als Buch in der Volksfrömmigkeit verehrt werden, und zweitens fordert die ästhetische Erfahrung des Qur'ān notwendig eine ästhetische Theologie, die wiederum in ihrer Betrachtung die Schriftlichkeit des Qur'ān mit einschließt.

Den Qur'ān im Kontext seiner eigenen Historizität zu betrachten ist indessen in der islamischen Geistesgeschichte selbst seit jeher verankert. So ist der Qur'ān erstens nicht von der Person des Propheten Muhammad[10] und seinem Lebensvollzug zu abstrahieren und zweitens gibt es bereits zahlreiche Sammlungen – bekannt als „Anlässe der Herabsendungen" –, die minuziös den irdischen, d. h. eben den historischen Anlass der jeweiligen Qur'ānverse dokumentieren.

Für eine adäquate Hermeneutik des Qur'ān ist die Verschriftlichung desselben jedoch weit mehr als eine organische Entwicklung. Der Qur'ān gilt fortan – ob historisch oder nicht – als Schrift[11] (*kitāb*). Dieser – um es mit J. Derrida zu sagen – Logozentrismus verdeckt aber den eigentlichen Charakter des Qur'ān. Zunächst ist daran zu erinnern, dass der Qur'ān nicht primär als geschriebener Text überliefert ist, sondern mündlich tradiert, ja überhaupt ist der Qur'ān als ein phonetisches Ereignis zu begreifen; so dass die Textualität des Qur'ān von sekundärer Bedeutung ist – vor allem in theologischer Hinsicht.

[10] Kurz und scharf: Es gibt keinen Qur'ān (als Offenbarung!) ohne Muhammad, und es gibt keinen Muhammad (als Prophet) ohne den Qur'ān.

[11] So heißt es im Qur'ān: „Und Wir haben dir herab gesandt die Schrift mit der Wahrheit, um zu bestätigen, was vor ihm war von der Schrift, und darüber Gewissheit zu geben." (Qur'ān, 5: 48); vgl. u. a. auch den Anfang der Sure 2, der *expressis verbis* den Qur'ān als Schrift bezeichnet.

4. Der Qur'ān als das Offenbarwerden Gottes

Wird der Qur'ān ausschließlich auf seinen historischen Charakter reduziert, so bleibt die eigentliche Essenz des Islam als eine Offenbarungsreligion verkannt. Die Historizität des Qur'ān markiert nämlich den einen Aspekt desselben. Das Historische nämlich wird in dem Augenblick transzendiert, in dem der Offenbarungscharakter des Qur'ān hervortritt. Selbst die so für selbstverständlich gehaltene Textualität des Qur'ān entschwindet.

Eine Familienähnlichkeit hat der Qur'ān nämlich mit der Oper; auch eine Oper ist nicht primär verständlich, wenn man sich allein dem Studium des Libretti hingibt. Allein, der Inszenierung eines Opernstücks beizuwohnen, lebendig, heißt einen primären hermeneutischen Zugang zu demselben zu haben. Bedenkt man, dass die Oper die erhabenste und vielleicht die vollkommene Kunstform darstellt, die die Kultur des Abendlandes hervorgebracht hat, wo Text, Stimme, Melodie, Spiel, Rhythmus, Klang, Gesang, Poesie, Theatralik, Farben und Gerüche in einem Schlag auf der Bühne in Szene gesetzt werden, so dass der Zuschauer von Emotionen, von zarten Berührungen, von der Tragik, von der Gewalt und der Vernunft, von Liebe und Hass, aber auch von Unverständlichkeit, Vertrautheit und Fremdheit ergriffen wird. Gelungen ist die Inszenierung, wenn der Zuschauer seine je eigene Historizität, seine eigene Zeitlichkeit, seine eigene Gegenwart vergisst, ja dass er sich selbst vergessen bleibt. So ist auch der Qur'ān kein Sammelsurium toter Buchstaben auf einem Papier; vielmehr ist der Qur'ān ein dynamisches Ereignis. Die zunächst an den Propheten Muhammad ergangene Offenbarung, welche sich allmählich zu einem literarisch einzigartigen Textkorpus, dem Qur'ān, gebildet hat, ist die bewegende Mitte der Religion des Islam. Der Terminus ‚Offenbarung' soll zunächst nicht mehr heißen als das intendierte Offenbarwerden des Göttlichen. Bewegend ist der Qur'ān als eine genuin ästhetische Erfahrung, begreift man ihn wesentlich im Sinne einer mündlichen Inszenierung. Der Sinn (der Mitteilung) zeigt sich in der Sinnlichkeit, ja die Sinnlichkeit generiert den Sinn; d. h.: Sinn und Sinnlichkeit gewinnen im Akt des Rezitierens eine lebendige Einheit. Religiöse Rührung, getragen von der tiefen Einsicht in die Hingabe vor dem einen Gott, ergreift den gläubigen Muslimen beim nahezu musikalischen Vortrag des Qur'ān derart, dass er seine je eigene Historizität, seine eigene Zeitlichkeit, seine Gegenwart vergisst, ja dass er sich selbst vergessen bleibt. Was ereignet sich aber, wenn der Qur'ān zum Erklingen kommt? Es ist eine fundamentale Einsicht, dass im Zuge des Qur'āngesangs sich die Gegenwart Gottes nicht *durch* den Qur'ān, sondern *in* diesem Akt selbst mitteilt. Was sich ereignet, unmittelbar und rein, ist die Gegenwart der Einheit und zugleich die Einheit der Gegenwart; dies entzieht sich ihrer Natur nach a priori der Historizität.

5. Die (Un-)Übersetzbarkeit des Qur'ān

In seiner Gesamtkomposition erhebt der Qur'ān den Anspruch, unnachahmlich zu sein; unnachahmlich sei der Qur'ān, so die Ansicht der Theologen, Rechtsgelehrten und Rhetoriker, zunächst in seiner sprachlich-poetischen Dimension, so dass sich allmählich die Überzeugung durchsetzte, dass der Qur'ān als Qur'ān mit der arabischen Sprache unzertrennlich verstrickt sei.[12] Daraus ging sodann die Idee hervor, dass der Qur'ān mithin unübersetzbar sei. Doch in Wahrheit ist der Qur'ān übersetzbar und zugleich unübersetzbar. Unübersetzbar ist der Qur'ān insofern, als im Grunde kein literarisches Werk übersetzbar ist, wenn Übersetzung bedeuten soll, dass die ureigene Identität des Originaltextes restlos in die Übersetzung übergeht, denn es liegt in der Natur der Originalität, dass sie nicht duplizierbar ist. Ist das Übersetzen mehr als „quasi dasselbe mit anderen Worten" (Umberto Eco) zu sagen, dann schafft der Übersetzer stets ein anderes Werk als das Originalwerk. Das tragische Moment der Übersetzung liegt aber darin, dass der Übersetzer stets das Originalwerk erringen will im Bewusstsein seiner Verfehlung. Übersetzung ist ein ständiges Scheitern; doch in diesem Akt des Scheiterns entsteht Neues, Neues im alten Sinne. Das andere, übersetzte Werk ist gleichsam die innere Möglichkeit des Originals selbst; denn dadurch, dass die Übersetzung zwar ein anderes Werk ist als das Original, aber zugleich mit jedem Zeichen, mit jedem Atemzug auf das Original bezogen bleibt, ist sie stets das Andere des Originals und nicht bloß ein anderes Werk, ein Kom-

---

[12] Für dieses Argument liefert selbst der Qur'ān expressis verbis den Hinweis, dass der Qur'ān in arabischer Sprache verfasst sei, vgl. Qur'ān, 12: 2.

mentar. Kurz, durch die Übersetzung wird der Qur'ān aus seiner inneren Möglichkeit heraus fortgeschrieben. Der Qur'ān selbst schreibt sich fort in der Übersetzung, er schafft seine eigene Übersetzung und fordert zugleich die Reflexion; denn jede Übersetzung ist erst aus dem Bewusstsein des Originals zu verstehen.

Dass die Übersetzung keine mechanische Tätigkeit ist, dass die Sprache mehr beinhaltet als Buchstaben, Worte und ein Regelwerk, wodurch die Worte eine sinnvolle Bedeutung gewinnen, zeigt vorzüglich der Qur'ān. Die einzigartige Dostojewski-Übersetzerin Swetlana Geier sagte einmal: „… man übersetzt nicht von links nach rechts, wie eine Raupe kriecht, sondern nachdem man sich den Satz angeeignet hat. Er muss nach innen genommen, ans Herz gelegt werden. Ich lese das Buch so oft, bis die Seiten Löcher kriegen. Im Grunde kann ich es auswendig. Dann kommt ein Tag, an dem ich plötzlich die Melodie des Textes höre." Doch die Geschichte der Qur'ān-Übersetzungen insbesondere in deutscher Sprache verlief mit anderen Konzeptionen der Übersetzung. Nicht die Idee der Übersetzung und vor allem eine adäquate Qur'ānhermeneutik standen im Vordergrund, sondern eine bestimmte Intention dahinter. Der heilige Petrus Venerabilis als Abt von Cluny etwa müsste sehr enttäuscht gewesen sein, als er die erste Qur'ānübersetzung gelesen hat. Er war der erste, der die Übersetzung des Qur'ān im Jahre 1143 in Toledo selbst in Auftrag gegeben und sogar die Finanzierung derselben auf sich genommen hat. Sein Ziel, „das Gesetzbuch selbst, den Koran, aus dem Arabischen in das Lateinische zu übertragen", wie er dies in einem Brief an den heiligen Bernhard von Clairvaux schreibt, war erkenntlich zu machen, „dass man diesen Irrglauben, ist erst einmal seine Verwerflichkeit und Dummheit aufgedeckt, verfluchen und mit Füßen treten muss, ebenso wie man ja erkennt, dass schon fast die halbe Welt von seinem tödlichen Pesthauch infiziert ist." Entrüstet müsste der heilige Abt gewesen sein, festzustellen, dass der Qur'ān doch kein starres Gesetzbuch sei, wie erwartet. Es gibt im Qur'ān einige Verse, die den Charakter einer Bestimmung oder eines Befehls haben, aber keinesfalls kann der gesamte Qur'ān als ein Gesetzesbuch kategorisiert werden. Eine ähnliche Idee der Übersetzung hatte Friedrich Megerlin. Aus seiner Feder stammt die erste deutsche Qur'ānübersetzung, die er für die „türkische Bibel" erachtete. Seine Enttäuschung als Übersetzer ist gravierend einzuschätzen, wollte er doch

„den Antichrist Mahumed, als auch sein Lügenbuch den Koran" (Megerlin, 29) besser kennenlernen, wie er dies im Vorwort seiner Übersetzung bemerkt. Allein über „Mahumed" durfte er nicht wirklich viel erfahren haben. Nur selten wird der Name Muhammad erwähnt und über seine Person ist der qur'ānische Text sehr schweigsam. Jedoch den Qur'ān als „türkische Bibel" aufzufassen, hat zwar humoreske Züge, die in seinem historischen Kontext verständlich sein mag, aber für das Verständnis des Qur'ān ist es vollkommen irreführend. Weder ist der Qur'ān türkisch noch im eigentlichen Sinne biblisch. Der Qur'ān ist noch nicht einmal historisch oder in irgendeinem Sinne chronologisch aufgebaut. Genauer betrachtet, handelt der Qur'ān weder vom Leben des Propheten noch von einer Gesetzesordnung. Abermals mag enttäuschend klingen, dass nicht leicht angegeben werden kann, was eigentlich der Gegenstand des Qur'ān sein soll. In den folgenden Jahrhunderten bis zu unserer Gegenwart erfolgten und erfolgen zahlreiche Übersetzungen, die – ob von Muslimen oder Nichtmuslimen – allein das Ziel im Auge haben, den Inhalt des Qur'ān, ja die Botschaft, die darin enthalten ist, in die Zielsprache zu vermitteln. Was hierbei vollkommen übersehen wird, ist die immense Bedeutung der sprachlichen und mithin literarischen Charakteristik des Qur'ān. Der Qur'ān ist Poesie, wenn auch nicht im altarabischen Sinne; Rhythmus, Klang, Melodie, Atempausen und Wiederholungen, um nur einige wenige Elemente der Rezitationslehre zu erwähnen, werden bei den Übersetzungen vollkommen ausgeblendet.[13] Es wird ein Habitus an den Tag gelegt, als hätte man mit einem gewöhnlichen Prosatext zu tun, ohne den historischen Kontext und Stellenwert des Qur'ān zu bedenken. Muhammad gab nicht die ihm ergangenen Offenbarungen schriftlich weiter, sondern er trug den Qur'ān vor; er trug ihn vor einer Gemeinschaft der Zuhörer vor. Genau dieser Aspekt der besonderen Mitteilung ist im qur'ānischen Stil wahrnehmbar. Aus der Anordnung der Worte sind atmosphärische Spannungen sowie das Interagieren zwischen

[13] Friedrich Rückert bleibt eine Ausnahme. Der Romantiker, der einen großen Teil des Qur'ān übersetzt hat, setzte auf die Form der Mitteilung. Zwar ist die nämliche Übersetzung inzwischen philologisch überholt, aber keine andere Übersetzung im deutschsprachigen Raum hat die qur'ānische Atmosphäre in ihrer poetischen Kraft einfangen können wie die Übersetzung Rückerts.

einem Vortragenden und seiner Zuhörerschaft nachempfindbar. Diese Nuancen haben eine eminente Bedeutung für die Qur'ānexegese und überhaupt für eine adäquate Qur'ānhermeneutik, die ohne die ästhetische Dimension des Vortragstextes nicht zu erschließen wäre. Wird der Qur'ān übersetzt, so muss die Übersetzung aus der poetischen Atmosphäre des Textes heraus generiert werden; denn die Frage ist nicht, ob der Qur'ān übersetzbar ist oder nicht, sondern die primäre Frage ist die Geltungsfrage. Gilt der Qur'ān als bloß die reinen Worte Muhammads, so die Annahme der nichtmuslimischen Übersetzer nämlich, dann ist es zwar verständlich, dass die Übersetzungen etwas nüchtern ausfallen, wie es vor allem bei Rudi Paret der Fall ist, aber mit einer derartigen „Übersetzung", die nicht selten an eine Art Beamtendeutsch erinnert, wird die Grundquelle des Islam verfremdet. Die muslimischen Übersetzer wiederum lassen die literarische Dimension völlig außer Acht und arbeiten mit zahlreichen Kommentierungen und Angaben der unterschiedlichen Übersetzungsvarianten, die aber durch die grundsätzliche Furcht vor Irrtum ausgezeichnet sind, dass der Qur'ān doch ohnehin nicht übersetzbar sei. Denen kann man vielleicht mit Hegel entgegenhalten, dass die „Annahme, wodurch das, was sich Furcht vor Irrtum nennt, sich eher als Furcht vor Wahrheit zu erkennen gibt" (Hegel, 70).

6. Der Qur'ān als Gegenwart Gottes

Zunächst ist zu konstatieren, dass der Islam eine Offenbarungsreligion ist. Eine Religion, die dem Christentum ähnelt, gilt doch Christus dort als die Selbstoffenbarung Gottes. Im Islam aber ist weder Gott Mensch noch ist er Wort geworden. Denn während der *logos*, der im Christentum in Christus als inkarniert erscheint, so ist er gemäß der Auffassung im Islam nicht im Qur'ān „inlibriert"[14] derart, dass man sagen könnte: Gott ist Buch geworden. Und doch versteht sich der Islam als eine Offenbarungsreligion. Es wäre missverstanden, zu glauben, dass Gott im Islam sein Wort offenbare, denn so müsste man annehmen, dass er von seinem

[14] Vgl. hierzu Annemarie Schimmel, die gerade von der Inlibration des Qur'ān spricht (vgl. Schimmel, 5).

Wort differiere; es bestünde also ein Verhältnis zwischen Gott und seinem Wort *qua* Qur'ān. Wir hätten demnach Gott, sein Wort und das Verhältnis derselben. Diese Logik ist etwas verführerisch, weil sie zunächst plausibel erscheint, aber sie entspricht nicht der genuin islamischen Auffassung.

Gott offenbart mit dem Qur'ān seine eigene Gegenwart. Somit wird der Qur'ān nicht als Text und mithin als eine alte Schrift, die im 7. Jahrhundert n. Chr. entstanden ist, begriffen; vielmehr gilt der Qur'ān als ein ästhetisches Ereignis. Der Qur'ān ereignet sich im Akt der Rezitation. Durch die Rezitation gewinnt der Qur'ān als Qur'ān an Realität. Allein in diesem Akt wird die Gegenwart Gottes sinnlich wahrnehmbar. Anders gewendet: Erst innerhalb einer sinnlichen und sinnhaften Atmosphäre, die kraft der Rezitation entsteht, ereignet sich die Offenbarung Gottes. Diese Eigenschaft, die Offenbarung Gottes zu sein, bestimmt wesentlich den Zugang zum Qur'ān. Gilt er denn als ein bloß historisches Dokument, von dem eine bestimmte Anzahl von Menschen glaubt, dass es durch einen illiteraten Araber aus dem 7. Jahrhundert, der sich zudem noch als der Gesandte Gottes vorgestellt hat, überliefert ist, dann ist die hermeneutische Situation fundamental anders als der affirmative Zugang zum Qur'ān als die Offenbarung Gottes.

Beide Momente, Historizität und A-Historizität, sind konstitutiv für das Verständnis des Qur'ān als Offenbarung. Mit Gadamer kann man sagen: „In diesem Zwischen ist der wahre Ort der Hermeneutik." (Gadamer, 300) Das historische Moment des Qur'ān ist insofern konstitutiv, als der Sinn einer Offenbarung eben darin besteht, in die Geschichte hinein zu fließen. Dieser Fluss ist jedoch selbst ein geschichtlicher Akt. Wird der Qur'ān aber allein als ein historischer Bericht verstanden, dann entschwindet die Seele der Offenbarung, was bleibt, ist noch nicht einmal der Körper, sondern nur noch der Leichnam. Sich nicht in dieser Trauerfeier zu verlieren, wenn auch zuweilen der Leichenschmaus köstlich ist, heißt eben die Herausforderung anzunehmen, eine islamische ästhetische Theologie zu entwerfen, die gerade die einer jeden Offenbarung innewohnende Verstricktheit von historisch und nicht-historisch denkerisch leisten kann.

Weit mehr über eine deskriptive Erläuterung der ästhetischen Dimension des Qur'ān liegt die Einsicht nahe, dass der Qur'ān in theologischer Hinsicht die Herrlichkeit Gottes repräsentiert. Offenbarung handelt also von einem ästhetischen Erleben der Schönheit Gottes. Eröffnet wird die Brust des Menschen für Gott im Akt der Rezitation des Qur'ān. Die Beziehung des Menschen zu Gott, ja zu seinem Gott wird mit dem Qur'ān dergestalt generiert, dass der Mensch von seinem Gott überwältigt ist. Nicht der Verstand oder gar die Moralität binden Muslime zu ihrem Gott, obgleich diese und andere Kategorien sehr wohl von höchster Bedeutsamkeit für die Religiosität der Muslime sind; vielmehr erobert der Herr aller Welten das Herz des Menschen mit seiner Herrlichkeit. Der Qur'ān fungiert somit nicht als Mittel zu einem oder zu mehreren Zweck(en), sondern er ist die Offenbarung Gottes als dieses Ereignis der Schönheit. Selbstverständlich verharren die Muslime ja nicht bei dieser Entzückung. Aber die ästhetische Offenbarung Gottes ist derart bedeutsam, dass sich die religiösen Prinzipien aus dem Bewusstsein der Ästhetik, ja aus dem Geiste der Ästhetik begründen sollten. So ließe sich eine islamische Ethik erst aus dem Geiste der Schönheit gebären. Der Gott, der die Menschen derart berührt, offenbart seine Gegenwart nicht *primär* als der Meister, Lehrer und Erlöser; vielmehr tritt der Gott im Islam auf als der Liebende, der Schöne, der Berührende. Dies ist nämlich der Ausdruck seiner Offenbarung: der Qur'ān. In seiner ewigen Liebe, zerbrechlich und zart, weiß Gott nämlich zu fragen: „Bin ich nicht euer Herr?"[15] Wer nämlich den Qur'ān erkennt, der erkennt Gott. Denn die vom Qur'ān Berührten begegnen, genauer, finden sich vor in der Gegenwart Gottes, indem sie Ihn, ja seine Herrlichkeit gleichsam erleben. Im gleichen Atemzug begegnen sie aber auch Muhammad. Muhammad wird insofern begegnet, d. h. seine Gegenwart erlebt, als die Rezitation des Qur'ān in Wahrheit zugleich die exakte Wiederholung *seines* Erlebnisses ist. Der Rezitator wiederholt den Akt jener an Muhammad ergangenen Offenbarung und den durch Muhammad mitgeteilten Vortrag. Die Rezitation wiederholt also immerfort und immer erneut die Offenbarung Muhammads (*genitivus subiectivus et obiectivus*). Das rezitative Element des ästhetisch vermittelten Qur'ān lässt sich also als Akt der Ver*gegenwärtigung* Gottes und seines Gesandten begreifen. Jedoch gewinnt diese ‚Theodramatik' ihren Höhepunkt erst dadurch, wenn sich dem Qur'ān Hingebenden seine eigene Gegenwart ge-

[15] Qur'ān, 7: 172.

wahr wird;[16] denn es sind eben Muslime selbst, die mit der Rezitation des Qur'ān die Schönheit Gottes zum Erklingen bringen und dieselbe vernehmen. Der Qur'ān, wird er im Modus seines ästhetischen Offenbarungscharakters erfahren, lässt Gott, Muhammad und die Menschen im Schönen vereinen. Die Frage nach dem Subjekt des Qur'ān kann demnach wie folgt differenziert werden: Gott ist das logische, Muhammad das tradierte und der Mensch das zeitliche Subjekt des Qur'ān. Die ästhetische Hermeneutik lässt den Qur'ān in dieser Verflechtung begreifbar machen. Warum also Gott schön sei, fordert notwendig eine Offenbarung, die den Qur'ān in seinem Wesen als ein ästhetisches und mithin als ein offenes Kunstwerk zu verstehen versucht. Dieses Verstehen ist gerade in seiner ästhetischen Verfasstheit immer schon ein „Vorgriff der Vollkommenheit" (Gadamer, 300) als eine Grundvoraussetzung, die insofern der Qur'ān erfüllen muss, als er dabei seine Botschaft in Gänze kommuniziert.

Literatur

Al Ghasâli, Abu Hamid Muhammad, Das Elixier der Glückseligkeit. Aus dem persischen und Arabischen übertragen von H. Ritter, München 2008.

Abu Zaid, Nasr Hamid/ Sezgin, Hilal, Mohammed und die Zeichen Gottes. Der Koran und die Zukunft des Islam, Freiburg 2008.

Bobzin, Hartmut, Der Koran. Eine Einführung, München 1999.

Eco, Umberto, Quasi dasselbe mit anderen Worten. Über das Übersetzen, aus dem Italienischen von B. Kroeber, München 2009.

Gadamer, Hans-Georg, Wahrheit und Methode. Grundzüge einer philosophischen Hermeneutik, Tübingen ^{7}2010.

Hegel, Georg Wilhelm Friedrich, Werke. In 20 Bänden. Auf der Grundlage der Werke von 1832–1845 neu hg. v. E. Moldenhauer und K. H. Michel, Band 6, Frankfurt a. M. 1969–71.

Heidegger, Martin, Sein und Zeit, Tübingen ^{3}1993.

Karimi, Ahmad Milad, Der Koran – Gottespoesie oder Menschenwort. In: Internationale katholische Zeitschrift Communio 40 (2011) 457–465.

Kermani, Navid, Gott ist schön. Das ästhetische Erleben des Koran, München 2000.

Megerlin, David Friedrich, Die türkische Bibel, oder des Korans allererste teut-

[16] So konstatiert Muḥammad al-Ġazālī – an den Worten des Propheten selbst erinnernd – in seiner Schrift *Das Elixier der Glückseligkeit*: „Wisse, der Schlüssel zur Erkenntnis Gottes ist die Selbsterkenntnis. Daher ist gesagt worden: ‚Wer sich selbst erkannt hat, der hat seinen Herrn erkannt.'" (Al Ghasâli, 35).

sche Uebersetzung aus der Arabischen Urschrift selbst verfertiget, Frankfurt a. M. 1972.
Nagel, Tilman, Medinensische Einschübe in mekkanischen Suren, Göttingen 1995.
Neuwirth, Angelika, Studien zur Komposition der mekkanischen Suren, Berlin/New York 1981.
Ders., Der Koran: Handkommentar mit Übersetzung. Band 1: Poetische Prophetie. Frühmekkanische Suren, Frankfurt a. M. 2011.
Nöldeke, Theodor, Geschichte des Qorâns, Göttingen 1860.
Schmidt-Bergmann, Hansgeorg, Etwas Neues entsteht im Ineinander. Wolfgang Rihm als Liederkomponist. Die Gedichtvertonungen, Freiburg 2012.
Schoeler, Gregor, Charakter und Authentie der muslimischen Überlieferung über das Leben Mohammeds, Berlin/New York 1996.
Schimmel, Annemarie, Das Buch der Welt. Wirklichkeit und Metapher im Islam, Würzburg 1996.
Sezgin, Fuat, Geschichte des arabischen Schrifttums, Bd. I, Leiden 1967.
Weil, Gustav, Historisch-kritische Einleitung in den Koran, Bielefeld 1844.

Der Qur'ān – islamisches Erbe und spätantikes Vermächtnis an Europa

Angelika Neuwirth, Berlin

Seit an fünf deutschen Universitäten Institute für Islamische Theologie eingerichtet worden sind, ist der Qur'ān als Grundurkunde des Islam zu einem erstrangigen Gegenstand auch deutschsprachiger akademischer Forschung und Lehre aufgerückt. Diese Rangerhöhung des Qur'ān zu einem aus dem europäischen Kontext nicht mehr wegzudenkenden Text betrifft aber nicht nur die muslimischen Lehrer und Studierenden an den neuen Instituten in Frankfurt, Münster, Osnabrück, Erlangen und Tübingen, sie kann auch der nicht-muslimischen Öffentlichkeit nicht gleichgültig sein. Wir stehen vor der dringenden Aufgabe, dem Qur'ān einen Platz in der bislang noch weitgehend als geschlossen jüdisch-christlich verstandenen Kultur Europas zuzuweisen. Diese Aufgabe ist eine Herausforderung, die sich Muslimen und Nicht-Muslimen gemeinsam stellt, doch scheint hier die westliche Qur'ānforschung, die das Bild des Qur'ān in der Öffentlichkeit bisher weitgehend geprägt hat und es nun kritisch zu hinterfragen hat, in besonderer Weise in der Pflicht zu stehen.

1. Ein Blick in die Geschichte und ihr Nutzen für die Gegenwart

Das Programm, das sich die Berliner Qur'ānforschung dazu gestellt hat, ist die Erforschung des Qur'ān in seiner Bedeutung „als spätantiker Text"[1]. Das mag als eine provokante und auf den ersten Blick irritierende Zuordnung erscheinen. Denn allgemein gilt der Qur'ān als ein „islamischer Text", sogar als *der* islamische Text schlechthin. Das hat zweifellos seine Berechtigung. Der Qur'ān ist die religiöse Grundurkunde des Islam und als solche die Basis der

---

[1] Siehe zu dem Akademienvorhaben Corpus Coranicum Marx 2008; vgl. die als *pilot studies* zu dem Projekt kürzlich erschienenen Monographien von Neuwirth 2010 und 2011.

islamischen Frömmigkeit und der Theologie in ihrem gesamten Spektrum von Einzeldisziplinen. Er ist auch Gegenstand einer inzwischen 13 Jahrhunderte andauernden intellektuell anspruchsvollen Kommentartätigkeit, die seine immer neue Signifikanz durch die Epochen bezeugt. Diese Seite des Qur'ān, seine Lebendigkeit als islamisches Erbe, deckt aber noch nicht seine volle Bedeutung. Denn historisch, von seiner Entstehung her betrachtet ist der Qur'ān noch kein islamischer Text. Seine mündliche Verkündigung durch den Propheten Muhammad – die man in die Zeit zwischen 610–632 datiert – galt noch keineswegs Muslimen. Denn Muslime gibt es erst nach der und durch die qur'ānische Verkündigung. Man kann mit Wahrscheinlichkeit annehmen, dass die Begleitumstände dieser Verkündigung, von denen die islamische Tradition berichtet – Muhammads Auftreten vor einem zunächst kleinen, sich dann aber rasch erweiternden Hörerkreis, seine Konflikte mit den paganen Landsleuten in Mekka, die schließlich seine Auswanderung in das ca. 120 km entfernte Medina erzwangen, wo er – bis zu seinem Tod 632 – als geistlicher und politischer Führer einer nun gewachsenen und verschiedene Stämme einenden Gemeinde wirkte –, im Wesentlichen tatsächlich historisch sind.[2] Dagegen ist das Bild, das die überlieferten Berichte von den frühesten Rezipienten zeichnen, kritisch zu hinterfragen: Nicht theologisch unwissende, erst durch die Verkündigung zu belehrende Hörer haben wir uns unter den Adressaten des Propheten vorzustellen, sondern Personenkreise, die man am ehesten als ein „spätantik gebildetes Publikum" zu bezeichnen hat. Was heißt das konkret? Mit „Spätantike" bezeichnet man die Epoche, in der zunächst Juden und dann Christen die antiken philosophischen Debatten unter neuem, religiösem Vorzeichen wieder aufnahmen und sie in theologische

---

[2] Wenn diese Sicht auch nicht auf zeitgenössische Dokumente gestützt ist, so wirft die hier gebotene Rahmengebung für die Qur'āngenese doch weniger Probleme auf als die Rekonstruktionsversuche jener revisionistischen Forscher, die diese Einbettung des Qur'ān in Geschichte für Fiktion erklären. Sie schulden nach wie vor eine Erklärung für das totale Schweigen der sonst äußerst detailinteressierten islamischen Tradition über die vermeintlich „wirklichen Hergänge", die sie selbst konstruieren und in eine spätere Zeit und an einen anderen Ort verlegen wollen. Inzwischen erschlossene neueste Handschriftenfunde lassen zudem wenig Raum für Hypothesen mit zeitlicher Verschiebung der Qur'āngenese, siehe dazu Neuwirth 2010, 68–119.

Debatten überführten. Spätantike Theologen geben neue Antworten auf universale Fragen der Zeit, etwa die Frage nach der Entstehung der Welt, nach dem Wesen der Gottheit, nach Zeitlichkeit und Ewigkeit. In diese Debattenkultur hinein, die noch Jahrhunderte fortwirkte und sich geographisch über den Mittelmeerraum und den Nahen Osten erstreckte, wird der Qur'ān geboren.

Will man den Qur'ān aus seiner Entstehungssituation, als Botschaft an noch nicht islamische Hörer verstehen, kann man ihn natürlich nicht, wie es weithin bis jetzt geschieht, ausschließlich durch spätere islamische Kommentare erklären; denn dort stößt man auf bereits „islamische Lösungen", die nichts mehr über die anhaltenden Kontroversen, das Ringen mit Nachbartraditionen um bestimmte theologische Positionen erkennen lassen.[3] Man muss den Qur'ān vielmehr „rückläufig" lesen, d. h. ihn wieder in den Rahmen vorislamischer, spätantiker Traditionen stellen. Er gibt dann Antwort auf Fragen einer Zeit, in der auch jüdische und christliche Theologen, Rabbinen und Kirchenväter, zentrale Probleme diskutierten, etwa das menschenähnliche oder -unähnliche Gottesbild, Gottes Eingreifen in die Geschichte, die jenseitige Vergeltung oder die schuldtilgende Macht des Opfers – eben die Fragen, die auch im Qur'ān zentral sind. Der Qur'ān ist so gelesen von seinen Aussagen her eine weitere Stimme im Konzert jener Debatten, die in der Spätantike über die Religionsgrenzen hinweg zwischen Schriftgelehrten geführt wurden. Es sei an dieser Stelle ausdrücklich betont, dass dies keineswegs der prioritäre Zugang zum Qur'ān sein kann noch auch sein sollte. Die Islamische Theologie steht vielmehr vor der Aufgabe, den Qur'ān für unsere Zeit neu zu deuten. Was die im Westen seit dem 19. Jahrhundert etablierte Qur'ānwissenschaft dazu beitragen kann, ist aber zweierlei: die in der islamischen Tradition weitgehend – wenn auch nicht gänzlich – marginalisierte Vorgeschichte des Qur'ān, seine monotheistischen

---

[3] Es sollte freilich nicht der Eindruck entstehen, als behaupteten die „traditionalistischen" Forscher das Feld. Doch liegen diejenigen Ansätze, die den Qur'ān ent-historisieren und wie eine christliche Apokryphe, einen zeitlich und örtlich nicht determinierbaren Text, behandeln, insofern außerhalb unseres Diskussionshorizonts als sie dem Qur'āntext seine Funktion als Verkündigung an eine historische Gemeinde bestreiten und so sich die Möglichkeit zu einer Debatte über Qur'ānlektüren, die für Muslime und Nichtmuslime gleichermaßen relevant sein sollten, von vornherein verbauen.

Wurzeln in der Spätantike, ins Relief setzen und zugleich durch die „Übersetzung" der qur'ānischen Botschaft in die Hermeneutik westlicher, jüdisch und christlich akkulturierter Leser für ein tieferes und ökumenisch anschlussfähiges Verständnis des Qur'ān werben, d. h. den Qur'ān als „gemeinsames Vermächtnis der Spätantike" erkennbar machen.

2. Verkündigung, nicht Buch

Der Blick auf den Qur'ān nicht als *fait accompli,* sondern als einen noch im Entstehen befindlichen Text ist keine Neuentdeckung. Der Universalgelehrte al-Ǧāḥiẓ aus Basra hat bereits im 9. Jahrhundert auf der Zeitbedingtheit des Qur'ān, vor allem aber auf seiner Interaktion mit Hörern einer bestimmten Bildung und Erwartungshaltung, insistiert. Er sieht in dieser besonderen Entstehungssituation die eigentliche Auszeichnung des Qur'ān vor den anderen heiligen Schriften, wie deutlich aus seiner Einordnung der prophetischen Botschaften hervorgeht:

> Jedem Propheten wurde ein Zeichen gegeben, das die Wahrheit seiner Botschaft beweist: Gott sandte Mose zu einer Zeit, in welcher der Pharao an die Allmacht der Zauberei glaubte, sein Zeichen war daher ein magisches: die Verwandlung des Stabes in eine Schlange; er sandte Jesus in einer Epoche, in der die Heilkunst in hohem Ansehen stand, Jesus musste daher ein wissenschaftliches Wunder wirken: die Auferweckung von Toten. Zu Muhammads Zeit konnte man mit solchen materiellen Wundern nicht mehr beeindrucken, er trat vor eine Hörerschaft, bei denen Redekunst den höchsten Rang behauptete, sein Zeichen war deshalb ein sprachliches: das rhetorische Wunder des Qur'ān. (al-Ǧāḥiẓ, 278–280)

So wenig Empathie dieser Text auch für die prophetischen Botschaften vor Muhammad aufbringen mag, die für die Beglaubigung ihrer transzendenten Dimension auf zusätzliche Mirakel angewiesen sind – so treffend bringt er doch einen zentralen Wesenszug des Qur'ān auf den Punkt: den gleichzeitigen Anspruch auf theologisch-semantische *und* ästhetisch-hermeneutische Signifikanz. Al-Ǧāḥiẓ begründet diesen Anspruch historisch, mit der besonderen sprachlichen Sensibilität seiner Zeit – ein Urteil, das moderne Literatur-Forscher bestätigen würden, die die identitätsstiftende Wirkung der altarabischen Dichtung betonen. Indem sich der Qur'ān der hoch-rhetorischen altarabischen Dichtersprache bedient, diese sogar vielfach innovativ übertrifft, verfügt er in der Tat über ein hermeneutisches Potential, das gegenüber einer arabischen Hörerschaft effektiver als irgendein sichtbares Wunder die Evidenz seiner übernatürlichen Herkunft manifestieren konnte.

Die Erhebung der Sprachform zum Authentizitätsbeweis der Botschaft ist aber auch aus einem anderen Grund durchaus verfechtbar: Der Qur'ān ist in der Tat – anders als die hebräische Bibel und die Evangelien – trotz des hohen Anteils narrativer Passagen von Anfang bis Ende *Rede*, oft genug sogar Referat von Wechselrede. Dabei bewegt sich diese Rede nicht nur in der gelebten Wirklichkeit, sondern in mindestens gleichem Maße in der biblischen Textwelt. Solche Textreferentialität des Qur'ān ist bei einem spätantiken Text nicht verwunderlich: In der biblischen Tradition selbst hatten bereits einige Jahrhunderte früher Schrift-Gelehrte die Rolle der alten Propheten teilweise übernommen. Denn – wie der Judaist James Kugel festhält – „wenn das Wort Gottes (zu einer bestimmten Zeit) nicht mehr verlässlich von erwählten, von Gott an Israel gesandten prophetischen Boten verkündigt werden konnte, dann deswegen, weil dieses Wort bereits in Schrift festgehalten war, niedergelegt in jener Bibliothek göttlicher Weisheit, die sich in der Schrift manifestierte" (Kugel, 17). Ähnlich wie die Schriftgelehrten beruft sich auch der Sprecher des Qur'ān ständig auf die früheren Schriften und passt sie den Wissenshorizonten seiner Hörer an. Zugleich wahrt die qur'ānische Rede die Form der spontanen prophetischen Mitteilung. Der Prophet Muhammad lässt sich deswegen nicht angemessen bloß als Prophet bezeichnen, er ist vielmehr beides: Prophet im alten Sinne und Schrift-Ausleger nach dem Modell der Schriftgelehrten (vgl. Neuwirth 2010, 725–727).

Die hier geforderte Drehung der Perspektive um 180 Grad vom bereits islamischen zum spätantiken Qur'ān ist aber nicht nur methodisch gefordert, sie hat auch eine für die heutige Zeit politisch hochrelevante Implikation; denn sie macht den Qur'ān – zugespitzt ausgedrückt – als europäisches Vermächtnis erkennbar, als eine Stimme in dem Konzert von Traditionen in einer Zeit, die wir gewohnt sind, als formative Epoche für das spätere Europa zu reklamieren. Eine Trennungslinie zwischen den drei Traditionen zu ziehen, die jüdische und christliche Stimme gegen die islamische auszuspielen, ist schwer zu rechtfertigen. Der Qur'ān ist, so gesehen, einfach ein weiterer auf der hebräischen Bibel aufbauender Text der plurikulturellen Spätantike und damit ein für Europäer signifikanter Text, ein Text, der nicht-muslimische Europäer und Muslime verbindet.

3. Ein Blick in die Forschungsgeschichte

Um den Qur'ān aus dieser Perspektive sehen zu können, muss man sich allerdings von der Vorstellung befreien, der Qur'ān sei ein „vorbedacht konzipiertes Buch". Und hier wird ein „neuer Zugang" wichtig. Denn in der islamischen Tradition existiert die bis heute weit verbreitete Sicht, nach welcher der Qur'ān Verbalinspiration, wortwörtliche Eingebung göttlicher Rede ist und ihm folglich das Vorwissen Gottes über alles in der Verkündigung erst nach und nach Mitgeteilte zugrunde liegt. Dieser Vorstellung nach erscheint der Qur'ān als ein von Gott verfasstes, geschlossenes Buch, das keinerlei Interaktion mit realen Gesprächspartnern und so auch keinen Entwicklungsprozess spiegelt. Eine solche Deutung löscht gewissermaßen die spätantike Entstehungsgeschichte des Islam aus. Doch auch innerislamisch stehen dieser Sicht ganz andere Wahrnehmungen gegenüber, nach welchen durchaus konkrete Situationen der Gemeinde die historischen Auslöser – *asbāb* – für einzelne qur'ānische Aussagen waren. In diesen Traditionen kommen auch spätantike Gelehrte mit konkreten Fragen zur Sprache, auf die der Qur'ān Antworten gibt. Da es im Islam keine streng verbindlichen Dogmen gibt, bestehen beide Auffassungen, die von der Bedingtheit und die von der Unbedingtheit der von Muhammad übermittelten Botschaft, nebeneinander. Gerade in neuerer Zeit gilt der ersteren Auffassung, die sich auf eine ausgedehnte Literatur zu den am Verkündigungsprozess beteiligten „Anlässen der Offenbarung" stützen kann, wieder erhöhte Beachtung.

Umso bedauerlicher ist es, dass in der traditionellen westlichen Forschung bis heute fast durchweg eine vereinfachte Form der islamischen Wahrnehmung des Qur'ān als eines „Buches" vertreten wird, nämlich die Vorstellung, dass Muhammad der Autor des

Qur'ān sei, der den Text als ein „vorbedachtes Buch" konzipiert habe. Dieser Versuch, die islamische Tradition gleichsam zu säkularisieren, indem einfach statt Gott als Autor der Prophet eingesetzt wird, macht den Qur'ān zu einem von Haus aus „islamischen Buch". Historisch angemessen muss der Qur'ān stattdessen als das, was er zuerst war, nämlich als *mündliche Verkündigung*, gelesen werden. Dabei ist konsequent auf die im europäischen 18. und 19. Jahrhundert entwickelte Methodik der Bibelwissenschaft zurückzugreifen, die die jüdischen und christlichen heiligen Schriften erstmals systematisch historisch zu lesen begann. Statt die heiligen Schriften als Grundlagen, als „Ursprünge", der später entwickelten theologischen Traditionen des Judentums und Christentums zu lesen, drehten die Bibelwissenschaftler die Perspektive gleichsam um: Sie stellten die Schriften zurück in ihren Entstehungskontext und interpretierten sie aus dem Milieu ihrer Herkunft heraus. Die Bibel wurde mit altorientalischen, das Neue Testament mit hellenistischen Schriften zusammengestellt und auf die jeweils neuen theologischen Stoßrichtungen hin untersucht.

Das ist allerdings – vor allem bezogen auf den Qur'ān – kein ganz unproblematisches Unternehmen. Man muss sich erinnern, dass historisch-kritische Forschung nicht zuletzt eine Suche nach dem „Urtext", nach der ältesten Tradition einer Darstellung, ist – eine Suche, die man zunächst auf die Bibel anwandte. Dort erwies sie sich als sehr fruchtbar, denn sie förderte zahlreiche – dem biblischen Text unterliegende – altorientalische Traditionen zutage, die – wie etwa der Rechtskodex des Hammurabi, der vielen mosaischen Gesetzen zugrunde liegt – geeignet waren, Licht auf die historische Einbettung der biblischen Bücher zu werfen. Diese alten Kontexte konnten aber kaum je ernsthaft mit den viel raffinierteren und vor allem theologisch begründeten Neuformulierungen aus der Feder der biblischen Autoren konkurrieren. Die Bibel blieb letztlich der überlegene Text, nicht zuletzt natürlich dank ihrer theologischen Autorität als Wahrheitszeugnis, die zwar hinter dem geschichtlichen Interesse zurückzutreten hatte, aber doch nie gänzlich auszublenden war. Im Fall des Qur'ān, der im 19. Jahrhundert ebenfalls erstmals einer historischen Analyse unterzogen wurde, schienen die Dinge gerade umgekehrt zu liegen: Was man in den Dreißigerjahren des 19. Jahrhunderts bei der historischen Analyse des Qur'ān auf der Suche nach „Urtexten" vorfand, waren nicht wie bei der Bibel diskursive Vorstufen, noch unfertige Einzelelemente einer Theologie, sondern der prestigereichste Text, der überhaupt denkbar war, die hebräische Bibel selbst. Was Forscher wie Abraham Geiger[4] im Qur'ān zu sehen vermochten, war bestenfalls eine Art „Blütenlese" biblischer und nachbiblischer Traditionen, die der vermeintliche „Autor des Qur'ān", Muhammad, aus dem Judentum aufgenommen hatte, um eine Schrift zur Rechtleitung seiner Gemeinde zu komponieren. Und da Abweichungen von einem so autoritativen Text nur als Verzerrungen gelten konnten, stellte sich der Qur'ān als eine gescheiterte Nachahmung der Bibel dar. Von diesem Makel der Nachahmung, der „Epigonalität", hat sich der Qur'ān in der westlichen Forschung bis auf den heutigen Tag nicht erholt. Er wird immer noch nicht auf Augenhöhe mit den beiden anderen heiligen Schriften wahrgenommen. Er gilt immer noch als ein exotischer Text, als Symbol einer „ganz anderen Kultur". Um diesem – falschen – Eindruck entgegenzutreten, muss die alte, im 19. Jahrhundert begonnene historische Erforschung des Qur'ān mit neuen Methoden fortgesetzt werden.

Man könnte sich natürlich fragen, ob ein neuerlicher Versuch, die historisch-kritische Lektüre auf den Qur'ān zu übertragen, nicht eine Gegnerschaft zu unseren muslimischen Nachbarn gewissermaßen programmieren müsse. Solche Zweifel an der Sinnhaftigkeit historischer Forschung können jedoch leicht ausgeräumt werden. Denn der hier empfohlene historisch-kritische Ansatz bleibt nicht wie derjenige der Forscher im 19. Jahrhundert bei der Feststellung und Begründung von Ähnlichkeiten stehen, sondern will gerade das Kreativ-Neue, das der Qur'ān aus den älteren Traditionen entwickelt, herausarbeiten. Diese Lesart des Qur'ān soll im Folgenden an zwei Beispielen demonstriert werden. Das erste betrifft die Frage nach der Überwindung der Gottesferne, die durch die Annahme der Transzendenz der Gottheit in den monotheistischen Religionen ein zentrales Problem darstellte. Ist göttliche Gegenwart an seinem Eingreifen in die Geschichte ablesbar? Oder kann sie aus seiner Schöpfung abgeleitet werden? Diese beiden Ideen beherrschen zwei formal eng miteinander verwandte Texte in der hebräischen Bibel und im Qur'ān. Sie laden deswegen zu einem Vergleich ein, der zeigen kann,

---

[4] Siehe zu ihm und den späteren Qur'ānforschern aus der Wissenschaft des Judentums die Beiträge in Hartwig u. a. 2008.

wie der Qur'ān aus der Verhandlung biblischer, aber auch arabisch-dichterischer Traditionen ein neues Weltbild konstruiert.

4. Die Entwicklung der Gemeinde und des Kanons entlang einer Diskursfolge

Doch nun endlich zum Qur'ān selbst. Als Dokument eines Kommunikationsprozesses zwischen dem Propheten und seinen Hörern gesehen hat der Qur'ān *zwei* große Errungenschaften hervorgebracht: eine heilige Schrift und eine islamische Glaubensgemeinde – beide sind gewissermaßen Zwillinge. Nicht nur trug die Verkündigung des Qur'ān dazu bei, eine Gemeinde zu bilden, der Text selbst dokumentiert gewissermaßen auch diese Gemeindebildung. Die Hörerschaft, so wie sie sich im Qur'ān spiegelt, gelangt schrittweise zu einer eigenen Identität, – ein Prozess, der sich im Groben rekonstruieren lässt. Es lässt sich eine Folge von Problemkreisen, ‚Diskursen' – theologischen, ethischen und liturgischen – benennen, die die Gemeinde während der Wirkungszeit des Propheten beschäftigt haben sollte und an denen entlang sich die Textentwicklung verfolgen lässt. Fünf solche Diskurse seien kurz vorgestellt.

4.1 Erster Diskurs: Gotteslob und Erinnerung an Gottes Fürsorge

Die ersten qur'ānischen Verkündigungen lassen sich als ein gottmenschliches Gespräch in der Sprache der Psalmen beschreiben. Nicht nur in ihrer poetischen Form und Metaphorik, ihrem zentralen Interesse an Gotteslob und Fürsorge-Erinnerung, sondern auch in der Haltung ihres Sprechers als eines Dialogpartners Gottes reflektieren sie die Sprache der Psalmen, wie sie aus der jüdischen und christlichen Liturgie geläufig war. Dennoch sind die frühen qur'ānischen Verkündigungen nicht einfach arabische Psalmen, vielmehr sind sie von einem neuen Gedanken durchdrungen, der die biblische Aussage überlagert: das dem Menschen von Gott geschenkte Wissen. Betrachten wir den Anfang einer der ältesten Suren.

iqra' bi-smi rabbika llaḏi ḫalaq	Rezitiere im Namen deines Herrn, der erschuf

ḫalaqa l-insāna min ʿalaq	Erschuf den Menschen aus geronnenem Blut
iqraʾ wa-rabbuka l-akram	Rezitiere, denn dein Herr ist der Edelmütige,
allaḏi ʿallama bi-l-qalam	der gelehrt hat mit dem Schreibrohr,
ʿallama l-insāna mā lam yaʿlam	gelehrt den Menschen, was er nicht wusste.

Obwohl dieser Hymnus in biblischer Tradition steht – Schöpfung ist auch in den Psalmen der bedeutendste Akt Gottes –, ist er deutlich ein Text der Spätantike. Denn was im Qurʾān Gottes Großmut ausmacht, ist nicht wie in den Psalmen seine Erhaltung der Schöpfung, sondern seine Ausstattung der Geschöpfe mit der Fähigkeit des Verstehens und mehr noch ihre Belehrung durch Schrift. Göttliches Wissen, vermittelt durch den Akt des Schreibens, hier evoziert durch das Schreibrohr, ist es, das Gott großzügig (*akram)* mit seinen Geschöpfen teilt. Die Verleihung von Schrift-Wissen gehört nicht zum biblischen Inventar göttlicher Güte, sie passt dagegen in das Gottesbild, das etwa in den Traktaten des syrischen Kirchenvaters des 4. Jhds., Ephrem von Nisibis, gezeichnet wird (vgl. Becker). Gerade die neue Zentralität dieses Gedankens reflektiert eine jener „religiösen Mutationen der Spätantike", auf die Guy Stroumsa für Judentum und Christentum hingewiesen hat – der Qurʾān stellt sich deutlich in dieselbe Tradition (vgl. Stroumsa, 53–85). Biblische Formen liturgischer Sprache erhalten im Qurʾān eine neue zusätzliche – argumentative – Funktion. Das hier so deutlich fokussierte göttlich vermittelte Wissen ist Gegenstand des Gotteslobs – es bildet aber vor allem die Grundlage, die Vorbedingung, für die Verantwortung des Menschen, der am Jüngsten Tag zur Rechenschaft gerufen wird. Der Hinweis auf das Wissen steht also im Dienst der Hörer-Überzeugung von einer neuen qurʾānischen *Lehre,* nämlich der jenseitigen Abrechnung.

4.2 Zweiter Diskurs: Jüngstes Gericht und Jenseitsglaube

Diese endzeitliche Rechenschaft, und im weiteren Sinne die Eschatologie, die Lehre von der jenseitigen Welt, ist der zweite qurʾānische Diskurs, der in zahlreichen frühen Suren verhandelt wird.

Man kann seine Bedeutung für die Entwicklung der qur'ānischen Verkündigung gar nicht überschätzen. Die Einführung des jüdisch-christlichen Gerichtsgedankens muss in einer Gesellschaft, die rein diesseitig ausgerichtet an tribalen Werten orientiert ist, erhebliche Irritation auslösen. Indem sie dem einzelnen zumutet, am Jüngsten Tag von seinem Clan isoliert für sich selbst und nur für sich selbst Rechenschaft abzugeben, erschüttert sie das Vertrauen in die bestehenden sozialen und ideologischen Strukturen. Diese neue Lehre dürfte es gewesen sein, die die Gemeinschaft der paganen Mekkaner und der Anhänger Muhammads spaltete, die nun neue – wie Uri Rubin (vgl. Rubin, 40–67) gezeigt hat – an jüdisch-christlichen Modellen orientierte – Gebetszeiten annahmen und sich so separat, als eine eigene Gemeinde formierten.

4.3 Dritter Diskurs: Anschluss an die jüdisch-christliche Heilsgeschichte

Danach ist es nur folgerichtig, dass die Gemeinde – einmal kultisch unabhängig geworden und nun nicht mehr den paganen, sondern den christlich-jüdischen Gebetszeiten folgend – sich auch an den Strukturen dieser monotheistischen Gebetsgottesdienste orientierte. Und damit kommen wir zum dritten Diskurs, dem Anschluss an jüdisch-christliche Heilsgeschichte. Allmählich treten anstelle der – zunächst kurzen – Suren längere Verkündigungen, die deutlich erkennbar die Form eines jüdischen oder christlichen Gottesdienstes spiegeln. In ihrem Zentrum stehen eine oder mehrere biblische Erzählungen, ihr gehen Gebete oder Gotteslob voraus, predigtähnliche Teile schließen die Sure ab. Ein Wortgottesdienst ähnlich dem christlich-jüdischem hat sich offenbar herausgebildet, der mit dem Surenvortrag inszeniert wird. Biblische Erinnerung, die in der Mitte dieses Gottesdienstes steht, wird nun für die Hörergemeinde zu einem Gegengewicht zu den vorher ihr religiöses Leben dominierenden altarabischen Riten. Zu derselben Zeit, etwa in der Mitte der Wirkungszeit des Propheten in Mekka, wird die erste Sure, die *Fātiḥa,* eingeführt, die mit ihrer litaneihaften Anrufung Gottes offenbar als Gemeindegebet gedacht ist, und mit der nun der Gemeinde selbst eine Stimme im Gottesdienst verliehen wird. Die *Fātiḥa* wird als ein bereits in Gebrauch befindliches Gebet in einem ‚mittelmekkanischen' Text, Sure 15, triumphal als neue Errungenschaft gefeiert.

Dieselbe Sure 15 bezeugt auch noch eine weitere wichtige Errungenschaft der Gemeinde: ihre bereits in der Präexistenz, vor der Entsendung der Menschen auf die Welt, erfolgte Erwählung als neues Gottesvolk. Diese Auszeichnung ist in eine Erzählung (Q 15:26–43) gekleidet, die kurz resümiert das Folgende besagt: Nach der Schöpfung der Welt sollen sich die Engel vor dem neu erschaffenen Adam niederwerfen. Einer von ihnen, Iblis, eine dem Satan aus dem Hiob-Buch verwandte Figur, weigert sich jedoch, indem er sich auf seinen Status als aus Feuer geschaffener Geist beruft, der dem aus Lehm geformten Menschen überlegen ist. Er zieht damit den Fluch Gottes auf sich. Bevor er aber der Strafe anheimfällt, erbittet er sich den Auftrag, die Menschen durch Verführung auf die Probe zu stellen. Er wird ihm gewährt, doch auf eine Gruppe hat er keinen Zugriff: auf die „reinen Diener" Gottes. Diese privilegierte Gruppe wird noch im selben Text mit den historischen Hörern des Qur'ān identifiziert. Die qur'ānische Gemeinde ist in der Präexistenz von Gott erwählt, sie sind damit den Israeliten ebenbürtig, deren Führer, Mose, typologisch ein Vorgänger des Propheten ist, der wie Muhammad selbst seine Gemeinde zum monotheistischen Bekenntnis ‚erzieht'. Es ist bei dieser Privilegierung wenig verwunderlich, dass die Gemeinde ihre neue Zugehörigkeit zur biblischen Tradition durch die Annahme der Gebetsrichtung der älteren Religionen, die Verneigung nach Jerusalem, auch äußerlich kenntlich macht, um ihre Präferenz der biblischen Tradition gegenüber der lokalen mekkanischen zum Ausdruck zu bringen.

4.4 Vierter Diskurs: Verhandlung und ‚Korrektur' älterer Traditionen; Aktionsräume der Gottheit: Geschichte oder Schöpfung?

Um zu einer Schriftgemeinde zu werden, bedurfte es für die Hörer des Qur'ān jedoch noch mehr als göttlicher Erwählung. Zentrale Texte der älteren Tradition mussten neu gelesen und dem neu entstehenden Weltbild wie auch den Maßstäben der arabischen Sprache und Rhetorik angepasst werden – ein vierter qur'ānischer Diskurs. Die Neulektüre von Psalm 136 in *Surat ar-Raḥmān* reflektiert dieses ehrgeizige Projekt in besonders deutlicher Form. Eine Anzahl gemeinsamer Züge, darunter das einzigartige Phänomen des Refraingebrauchs, legen nahe, dass *Surat ar-Raḥmān* nicht einfach ein Echo von Psalm 136 ist, sondern ein ‚Gegentext', der als solcher beabsichtigt ist. Die im Islam als *ʿarūs al-qurʾān*, „Braut des Qurʾān“, gefeierte Sure 55 kann als einer der poetischsten Texte des Qurʾān gelten, der eine zentrale theologische Aussage, die vollkommene Symmetrie der göttlichen Schöpfungsordnung, nicht nur semantisch, sondern auch grammatisch, d. h. durch morphologische und syntaktische Formen, gestaltet. Bei diesem Text wollen wir uns etwas aufhalten, da er in mehrfacher Hinsicht die in mittelmekkanischer Zeit erreichte Eigengesetzlichkeit der qurʾānischen Verkündigung reflektiert: ihre Insistenz auf der Vollkommenheit, ja der Symmetrie der Schöpfung, ihre Universalisierung der Privilegien des auserwählten Volkes, ihre ambivalente Einschätzung der Geschichte u. a. m. (vgl. Neuwirth 2008, 157–190).

Wir können in diesem engen Rahmen nur eine dieser Errungenschaften diskutieren: die radikale Umdeutung eines vorgefundenen Geschichtsverständnisses, wie es der Psalm deutlich reflektiert, der das Vertrauen in die Sorgewaltung Gottes aus den göttlichen Heilstaten in der Geschichte ableitet.

Bereits die beiden Refrains der Sure und des Psalms dokumentieren den essentiellen Unterschied zwischen den beiden Texten: Der Psalm wiederholt nach jedem Vers die hymnische Formel „denn seine Güte währet ewiglich“ – die das Vertrauen in die göttliche Sorgewaltung aus der Geschichtserfahrung ableitet, während der qurʾānische Refrain lautet: „welche Zeichen eures Herrn wollt ihr beide – Geister und Menschen – leugnen?“ Er ist als eine provokant formulierte Anrede an Menschen und Dämonen insgesamt zu verstehen, ein Aufruf an die gesamte Schöpfung, die göttliche Selbstbezeugung in Gestalt seiner ‚Zeichen‘, d. h. seiner in der Schöpfung immanenten Lehre, zu erkennen. Die Erinnerung an die *historische Erfahrung* der Gottesgegenwart, die in der jüdischen Tradition zentral ist und sich besonders deutlich in Psalm 136 artikuliert, hat einer Erinnerung an die mit der Schöpfung gegebene Verstehbarkeit der Welt, ihre „Lesbarkeit“ Platz gemacht, denn Gottes Schöpfung hat diese Welt nicht nur hervorgebracht, sondern sie mit an den Verstand appellierenden Zeichen, *ayāt*, „kodiert“. *Sūrat ar-Raḥmān* beginnt:

ar-raḥmān
ʿallama l-qurʾān
ḫalaqa l-insān
ʿallamahu l-bayān

Der Barmherzige
Er lehrte den Qur'ān
Er erschuf den Menschen
Er lehrte ihn die klare Sprache.

Die in Vers 2 und 4 thematisierte Vermittlung von Lehre und Fähigkeit zu klarem Denken und Sprechen zum einen und die in Vers 3 geweckte Erinnerung an Schöpfung zum anderen sind die beiden großen Themen der Sure. Während der Text semantisch fast durchweg der Schöpfung bzw. ihrer Erfüllung im Paradies gewidmet ist, wird das zweite Thema, die Lehre und klare Sprache, vor allem durch rhetorische Mittel entfaltet. Ausgewogene Ordnung ist also ein Charakteristikum des Bezeichneten, der Schöpfung, wie auch des Zeichens selbst, der Sprache. *Zwei* im Schöpfungswerk selbst angelegte Ideen durchziehen die Sure: die ausgewogen-symmetrische Ordnung der Welt und ihre hermeneutische Verständlichkeit.

Integraler Teil der Schöpfung ist also von Anbeginn die göttliche Botschaft und die Klarheit der menschlichen Sprache, die seine Verständnisfähigkeit (*bayān*) beweist. Gott hat die Welt als Manifestation seiner Gegenwart geschaffen, als einen aus Zeichen zusammengesetzten Paralleltext zu seiner verbalen Offenbarung, und er hat den Menschen die Fähigkeit zum Verstehen beider geschenkt. Der Text von *Sūrat ar-Raḥmān* mit seiner Insistenz auf Symmetrie und paarigen Strukturen orchestriert diesen doppelten theologischen Anspruch auf ein Zeichensystem in der Schöpfung *und* in der Schrift. Er entfernt sich mit dieser Selbstreferentialität von der zentralen Aussage des Psalms.

Gerade weil sich beide Texte, die eingangs das Schöpfungswerk preisen, zunächst semantisch sehr nahestehen, fällt ihre ganz verschiedene Stoßrichtung auf. Der Gedankenverlauf der Sure biegt in dem Moment von dem des Psalms ab, wo dieser sich ausführlich mit Geschichte befasst. Der auch für das Judentum wichtigen Akzentsetzung auf die Geschichtserinnerung als Garant einer göttlichen Verheißung setzt der Qur'ān sein diametrales Gegenteil, eine eschatologische Zukunftsprojektion, entgegen. Die Teilhabe an der jenseitigen Seligkeit wiederum ist durch ein gottgefälliges Leben, d. h. die Einlösung des Wissenspfandes, gewährleistet, das dem Menschen mit der erkennbaren Schöpfungsstruktur und der sprachlich verständlichen Verkündigung gegeben wurde. Eschatologische Zukunft hat den Platz von historischer Vergangenheit eingenommen.

4.5 Fünfter Diskurs: Der Antritt des jüdisch-christlichen Erbes

Während in Mekka biblische Traditionen Teil der allgemeinen Bildung gewesen sein dürften, der Prophet und seine Gemeinde also Traditionen verschiedener Herkunft als „monotheistisches Wissen" verhandeln konnten, ändert sich die Situation in Medina radikal. Hier treten die legitimen Erben – Juden und Christen – selbst auf die Bühne, um ihr Monopol auf die Exegese der biblischen Tradition einzuklagen.[5] Debatten über einzelne theologische Positionen der verschiedenen nun in ein Gespräch einbezogenen Gruppen haben ihre Spuren im Qur'ān hinterlassen. Ein kurzes und doch sprechendes Beispiel ist *Sūrat al-Iḫlās* (112), „Der reine Glaube". Der arabische Text lautet:

> *Qul huwa llāhu aḥad*
> *Allāhu ṣ-ṣamad*
> *lam yalid wa-lam yulad*
> *wa-lam yakun lahu kufuwan aḥad,*
>
> Sprich: Gott ist Einer,
> Gott, der Feste,
> er hat nicht gezeugt, noch ist er gezeugt.
> Und keiner ist ihm gleich.

Es ist schwer zu überhören, dass sein Anfangsvers: „Sprich: Er, Gott ist Einer", *qul huwa llāhu aḥad,* eine Übersetzung des jüdischen Glaubensbekenntnisses ist, „Höre Israel: Gott, unser Herr ist Einer", *shema' Yisra'el, adonay elohenu adonay eḥad* (Dtn 6:4), dessen Schlüsselwort „Einer", *eḥad*, in arabischer Lautung *aḥad*, im Qur'āntext noch durchklingt. Diese „Mehrstimmigkeit" zweier Texte in einem ist erkauft durch eine „Ungrammatikalität", einen Verstoß gegen die arabische Grammatik, die hier statt des im Reim stehenden Nomens *aḥad* das Adjektiv *wāḥid* erfordern würde. Ungrammatikalität bezeichnet in der Theorie des Poetikers Michael Riffaterre ein sprachliches Phänomen, das durch seine Auffälligkeit

[5] Vgl. zu den medinischen Entwicklungen Neuwirth 2010, 510–560.

im eigenen Text auf einen anderen Text verweist, in dem es ‚normal‘ ist (vgl. Riffaterre, 92). Was zunächst als Regelwidrigkeit erscheint, erweist sich – nach Erkennen des ‚anderen Textes‘ – als Brücke zwischen zwei einander erhellenden Texten: Dieser andere Text ist in unserem Fall das jüdische Credo.

Der jüdische Text blieb also durch die qur'ānische Version hindurch hörbar. Warum? Dieses noch hörbare Sprachen-übergreifende Zitat ist Teil einer Verhandlungsstrategie, mit der das jüdische Credo qur'ānisch annehmbar gemacht werden soll. Die qur'ānische Wiedergabe wird dazu verändert, aus einem konfessionsspezifischen Text – durch die Anrede „höre Israel“ signalisiert – zu einem von *allen* Menschen nachzusprechenden, universalen Text. Dennoch bleibt der qur'ānischen Version – durch die klangliche Präsenz des jüdischen Credo – die von dem älteren Text behauptete Autorität erhalten. Ein politisch wichtiges Strategem. Denn die Sure klingt wie eine Herausforderung an jüdische Hörer, die während der ersten medinischen Jahre für die neue Bewegung gewonnen werden sollten.[6]

Es ist nicht zu übersehen, dass die kurze Sure noch auf ein weiteres Credo Bezug nimmt. Das jüdische Glaubensbekenntnis war in der Spätantike trinitarisch neu interpretiert worden. Der „eine“ im Shema' Jisrael gepriesene Gott wurde christlich als eine Dreiheit von Vater, Sohn und Heiligem Geist verstanden, eine Deutung, auf die der Qur'ānvers Bezug nimmt: V. 3: „Er zeugte nicht, noch ist er gezeugt“, klingt wie ein Echo der Aussage über den Sohn im nizänischen Glaubensbekenntnis: „gezeugt – nicht geschaffen“. Der Qur'ānvers weist allerdings die Aussage des Nizänums *genethenta – ou poiethenta,* „gezeugt nicht geschaffen“, unmissverständlich zurück. Er setzt dazu einen gegenüber dem Original kaum weniger emphatischen Doppelausdruck ein: „er zeugte nicht, noch ist er gezeugt“, *lam yalid wa-lam yulad,* bleibt also in seiner rhetorisch markanten Form eng am „übersetzten“ Text haften. Eine negative Theologie wird hier ausgedrückt – durch die eindeutig als solche erkennbare Umkehrung eines lokal geläufigen Schlüsseltextes –,

[6] Unsere Deutung ist eng verwandt mit der von Mehmet Paçaci, geht aber insofern über sie hinaus, als sich Pacaci auf die biblischen Referenzen für die Sure beschränkt, ohne ihre qur'ānische Umdeutung – in unseren Augen ein Reflex des gemeindlichen Konsenses – in den Blick zu nehmen.

nun aber nicht der Juden, sondern der Christen. Diese negative Theologie wird in V. 4 zusammengefasst: „Und keiner ist ihm gleich“ – *wa-lam yakun lahu kufuwan aḥad.* Dieser Vers kehrt nicht nur die nizänische Formel der Wesenseinheit des Sohnes mit dem Vater, *homoousios to patri,* um – sondern schließt den Gedanken an irgendein Wesen aus, das mit Gott ranggleich sein könnte, von einem Sohn ganz zu schweigen. Und doch übersetzen auch diese Verse wieder ihren Grundtext, indem sie die rhetorische Strategie der Steigerung übernehmen. Theologie wird verändert – Rhetorik bleibt erhalten.

5. Neue Reflexionen über alte Geschichte

Unser Versuch der Relokalisierung der Qur'ängenese in die Spätantike, unsere „europäische Lektüre“, will also keinen Generalschlüssel zum Qur'ān liefern. Er beansprucht zunächst einmal kulturkritische Relevanz – und dies für beide, die europäische und die nahöstliche Seite: Beide Seiten müssen sich – um nicht einer historischen Selbsttäuschung zu erliegen – ihrer engen Verwandtschaft von neuem bewusst werden.

Es ist daher kein Wunder, dass sich unser neuer Ansatz in substantiellen Punkten mit dem Anliegen avantgardistischer arabischer Intellektueller trifft, die – wie der libanesische Historiker Samir Kassir – ihrerseits eine klare Grenzziehung zwischen Spätantike und Islam als verhängnisvoll für die eigene Identitätspolitik anprangern. Denn der dominierenden islamischen Sicht zufolge beginnt relevante arabische Geschichte erst mit der qur'ānischen Offenbarung; „von den vorhergehenden Zeiten bleibt“ – so Kassir – „nur ein chaotisches Bild zurück, das sich in dem Begriff *djāhiliyya*, verstanden als ‚Zeit der Unwissenheit‘, verdichtet“ (Kassir, 38f). Dieser alles auf die Rolle Muhammads zurückführende Ursprungsmythos lässt die Vorgeschichte des Islam als dunkle Kontrastfolie für die vom Islam gebrachte neue Zivilisation erscheinen. Kassir geht so weit, von einer kopernikanischen Wende zu sprechen, die erforderlich sei, um das Monopol des mit der Islamentstehung konstruierten Goldenen Zeitalters zu brechen.

Kassirs Forderung nach einer Wiederverbindung der arabisch-islamischen Geschichte mit der jüdisch-christlichen Spätantike ist aber nur die Hälfte der erforderlichen Neubesinnung: Die in der islamischen Diskussion gegenwärtig so virulente Frage nach der Bewertung des Vorislam, der *ǧāhilīya* hat ihre Entsprechung in der westlichen Diskussion über die Spätantike, die gleichermaßen heftig umstritten ist. Denn die westliche Spätantike-Konstruktion schloss lange Zeit den Islam rigoros aus, der geradezu als ein Faktor des kulturellen Bruchs, verantwortlich für den ‚Niedergang' der pluralen in der Spätantike noch fortlebenden älteren Kulturen des Nahen Ostens galt – eine Vorstellung, die erst in neuerer Zeit durch eine inklusivere Sicht erledigt zu werden beginnt. Es ist gegenwärtig einzig der Qur'ān selbst, der immer noch nicht als Teil der Spätantike akzeptiert wird.

Um zu dieser überfälligen Revision der beiden alten Geschichtskonstruktionen beizutragen, nach welcher aus islamischer Sicht mit dem Islam etwas absolut Neues – aus europäischer Sicht etwas substantiell ‚anderes' – beginnt, ist eine historische Neulektüre des Qur'ān ein wichtiger, wenn nicht sogar ein grundlegender Beitrag. Sie kann natürlich nicht in Isolation von den muslimischen Trägern der Tradition erfolgen. Es ist unumgänglich, eine Sprache zu finden, die beide Ansätze, den westlichen und den nahöstlichen, diskursiv wieder zusammenführt. Dazu wird man zunächst Arbeitsteilung betreiben müssen: Mit Recht wird von nahöstlichen Gelehrten darauf bestanden, dass man den Wissenskanon, wie er in der islamischen Qur'āngelehrsamkeit gelehrt wird, auch seitens der westlichen Wissenschaft zur Kenntnis nehmen müsse. Eine einzigartige Chance zur Verwirklichung dieser Integration des islamischen Wissenskanons in den westlichen Forschungshorizont versprechen die neu eingerichteten Institute für Islamische Theologie.

In Zukunft – so ist zu hoffen – wird sich zunächst das Modell eines „Aufeinanderzuarbeitens" durchsetzen: islamischerseits durch Herantragung von neuen, vor allem textwissenschaftlichen Methoden und Fragestellungen an die eigene Tradition – westlicherseits durch Neulektüre des Qur'āntexts im Licht der spätantiken jüdischen und christlichen vorislamischen Traditionen. Der dabei zu erhoffende Gewinn ist für beide Seiten erheblich: Die Re-integration des Qur'ān und des frühen Islam in die traditionell von Europa monopolisierte Spätantike wird einerseits den Muslimen neue, lange versperrte Horizonte ihrer Geschichte von neuem eröffnen, sie wird andrerseits den Europäern endlich den noch unbeachteten Beitrag des Qur'ān zu einer gemeinsamen Theologie- und Kultur-Geschichte sichtbar machen. Sie wird aber vor allem etwas von dem verwirklichen, was gegenwärtig vielerorts, unvergessen in der Festrede des ehemaligen Bundespräsidenten, als Aufgabe erkannt worden ist, nämlich unseren exklusiven, nicht zuletzt in einem verkürzten Spätantike-Verständnis verankerten Begriff eines nur jüdisch-christlichen Europa neu zu überdenken.

Literatur

Becker, Adam, Fear of God and the beginning of wisdom. The School of Nisibis and Christian scholastic culture in late antique Mesopotamia, Philadelphia 2006.

Hartwig, Dirk u. a., Im vollen Licht der Geschichte. Die Wissenschaft des Judentums und die Anfänge der kritischen Koranforschung, Würzburg 2008.

Kassir, Samir, Das arabische Unglück, Berlin 2006.

Kugel, James, The Bible as It Was, Cambridge 1989.

Marx, Michael, Ein Koranforschungsprojekt in der Tradition der Wissenschaft des Judentums. Zur Programmatik des Akademienvorhabens Corpus Coranicum. In: Dirk Hartwig u. a. (Hg.), Im vollen Licht der Geschichte. Die Wissenschaft des Judentums und die Anfänge der kritischen Koranforschung, Würzburg 2008, 41–54.

Neuwirth, Angelika, Die Psalmen – im Koran neu gelesen (Ps 104 und 136). In: Dirk Hartwig u. a. (Hg.), Im vollen Licht der Geschichte. Die Wissenschaft des Judentums und die Anfänge der kritischen Koranforschung, Würzburg 2008, 157–190.

Dies., Der Koran als Text der Spätantike. Ein europäischer Zugang, Frankfurt a. M. 2010.

Dies., Der Koran Band 1: Frühmekkanische Suren. Poetische Prophetie. Handkommentar mit Übersetzung, Berlin 2011.

Paçaci, Mehmet, Sag, Er, Gott ist einziger – ahad/echad. Ein exegetischer Versuch zu Sure 112 in der Perspektive der semitischen Religionstraditionen. In: Felix Körner S. J. (Hg.), Alter Text – neuer Kontext. Koranhermeneutik in der Türkei heute, Freiburg 2006, 166–203.

Ders., Sola Scriptura? In: Felix Körner S. J. (Hg.), Alter Text – neuer Kontext. Koranhermeneutik in der Türkei heute, Freiburg 2006, 130–163.

Riffaterre, Michael, Semiotics of poetry, Bloomington 1978.

Rubin, Uri, Morning and Evening Prayers in Early Islam. In: JSAI 10 (1987) 40–67.

Stroumsa, Guy, Das Ende des Opferkults. Die religiösen Mutationen der Spätantike, Berlin 2011.

The Problem of the Relevance of Time and Space to the Qur'ānic Text

Burhanettin Tatar, Samsun

The relevance of time and space to the qur'ānic text has been one of major problems of the tradition of qur'ānic interpretation. This problem has been brought to light by different communities of interpreters, according to their handling of the notions of 'time' and 'space'.

The majority in the early Muslim community appears to have considered 'time' and 'space', in their social and historical senses, as a sort of horizon or field where human desires, will, actions, and hopes take shape. Interpretation has the task of finding a point of relevance of the constantly changing social and historical aspects time and space to the qur'ānic text. The word 'relevance' signifies here a form of immediate address of the qur'ānic text, as the early Muslim community received the Qur'ān as an immediate historical and social address *(ḫiṭāb)* of God. For the early Muslim community, the Qur'ān was a 'phenomenon' in its fullest sense that 'speaks to/demands something from the people here and now'. In this context, interpretation is a kind of hearing/responding to the voice of the Qur'ān; specifically, it is a form of turning consciously toward the speaking phenomenon and receiving it in its immediate sense within the experienced time and space.

The development of Islamic theology looks to have radically changed the meaning of 'interpretation' by considering 'time' and 'space' in their theological sense. Islamic theology, as a 'discourse' *(kalām)* on the qur'ānic text, has attempted to elevate/transfer 'time' and 'space' from their social and historical senses to a rationally elaborated conceptional sense. In this latter sense, they are fundamentally related to the universal life and laws of *logos (ʿaql, kalām)*. Put differently, Islamic theology has aimed to satisfy pure human rationality by disclosing the world of logical and metaphysical reason *(asbāb, ʿillat)* behind the social and historic senses of the qur'ānic text. Muslim theologians have hoped to show the perfect correspondence between pure human rationality/

existence *(fiṭra)* and rationally explored qur'ānic revelation.[1] Therefore, they created a closed circle between human reason and revelation in terms of their basic assumption of 'correspondence'.

Accordingly, time and space, in their theological sense, appear to be a horizon/field of the disclosure of reason *(asbāb, ʿillat)* as the 'unsaid' in what is said in the qur'ānic text. In other words, time and space gain their relevance to the qur'ānic text as the moment and place of the satisfaction of human rationality regarding the revelation. From this perspective, time and space, in their social and historical senses, are empty to a certain degree simply because human rationality cannot be fulfilled there with appropriate logical and metaphysical meaning. The social and historical senses of time and space are semi-opaque, which prevents human reason from bringing the universally/theologically valid meaning of the qur'ānic text into view.

Hence, Islamic theology has focused mostly on the 'spoken side' (rational content) of the qur'ānic text by putting its 'speaking activity' to immediate social and historical time and space at a lower level. This change of view has resulted in the 'de-contextualization' of the qur'ānic text so that it can be 're-contextualized' within a new horizon, to use the notions of Paul Ricoeur. This movement from 'de-contextualization' to 're-contextualization' was actually a transformation of the qur'ānic text from 'being a *ḫiṭāb' (immediate address, speech, rhetoric)* to 'being a sign' (*āyāt,* signifier). In short, this movement was a 'categorical transformation' of the qur'ānic text.

In this new category, the qur'ānic text is not a 'phenomenon' in its full sense simply because it is a signifier that directs our attention beyond the text itself to something that is signified (the concept). That which is signified here (the concept) is a realm/kingdom of *logos* that discloses the rational structure of universe *(ʿālam)* and human destiny *(qadar)*.[2] The qur'ānic text as a signifier functions as a threshold *(dihliz)*[3] that manifests itself by leading us toward

---

[1] For general orientation on Islamic notion of *fiṭra* / 'innate human primordial nature', see Mohamed.

[2] For detailed information on the classical theological and philosophical evaluation of 'certain knowledge' (logos, *ʿilm al-yaqīn*), see Acikgenc, 11–53.

[3] For this notion, see Izutsu, 45–49.

the conceptual realm of *logos*. Accordingly, when reading the Qur'ān, human rationality encounters what is already most familiar to it. Human rationality moves from what is semi-strange and opaque to the most familiar and transparent.

This movement is nothing other than an elevation (ascension, *mi'rāğ*) of human rationality from bodily, earthly, and symbolic senses of the qur'ānic text to intellectually, heavenly, and conceptually organized levels of meaning. In a sense, it is a form of transcending locality toward universality.

The words 'elevation' and 'transcending' above show us how the meaning of 'space' related to the qur'ānic text has changed immensely in its theological application. In this new meaning of space, time appears to be at a 'standstill'. To use Aristotelian words, 'time' within theological sense of 'space' lays open to view as a moment of truth, an end of movement due to the disclosure of *telos (fi'l, pure activity, energeia).*

However, the categorical transformation of the qur'ānic text reflected in itself the divisions between 'earthly, symbolic sense and heavenly, conceptual sense', 'signifier and signified', 'locality and universality', 'social/historical space-time and theological space-time', mass *('awāmm)*, and eminent *(ḫawaṣṣ)*, thus creating the problem of a nexus or watershed between these divisions. At a deeper level, this transformation gave rise to the problem of the status of the Qur'ān as a 'text'.

How is it possible to move from one side to another in these divisions? Is the latter side of these divisions a projection or implication of the former side? Alternatively, are they a construction of human rationality to be freed from the restriction of the locality of qur'ānic speech? Because theological thought validates the movement from the former side to latter, it posits itself as a kind of mediation and translation between the divided realms. However, is the latter side a construction of a new text that satisfies the demands of human rationality more than the former?

What is the function of the qur'ānic text when we move to/rest in the realm of the signified (the kingdom of *logos*)? Does not the Qur'ān lose its textual character in the sense of being a point of constant return in each moment of understanding when the conceptual realm is fixed and validated universally by theological thought? By fixing the conceptual realm, does not theological thought assert itself as a meta-narrative of which the Qur'ān functions as a sub-narrative? Finally, does not theological thought approach the Qur'ān from the viewpoint of substitution *(iqāma)* theory in which the Qur'ān is taken to be a temporal substitution of rationally valid meaning, i.e., something sacrificed for the sake of the universal truth of Islam?

Ironically, Islamic Sufism seems to follow the same pattern of thought when severely criticizing Islamic theology. By replacing the theological sense of space and time with a spiritual and semi-mythic sense of space and time that moves from the external (physical) world to the internal (psychological) world without any discontinuance or interruption,[4] Islamic Sufism appears to be a form of the application of substitution *(iqāma)* theory. It also moves from the realm of signifier to the realm of signified (kingdom of love and spiritual experiences, union with God), and it aims to reach a world of meaning that satisfies the demands of human spirituality. Like Islamic theology, Islamic Sufism asserts itself as a mediation between social and historical space-time and spiritual and metaphysical space-time. Thus, it posits itself as a meta-narrative of the sub-narrative of the qur'ānic text.

Islamic philosophy can be taken to be the third form of the same pattern of thought that was followed by theologians and Sufis. When Islamic philosophers conceptualized the qur'ānic text as the revelation of metaphysical truth via symbols, they posited a philosophical endeavor to gain *'logos'* as a metaphor in its original sense of 'transfer' *(metaphora)*.[5] In this experience of *metaphora*, human reason *(ʿaql)* moves from its potential *(hayūlānī)* state to an actual (*fiʿl*) state, where it assumes the true form (*sūrat,* being) of what is encountered.

From this perspective, what is externally surrounding human reason (i.e., external world) is merely a signifier that functions as an element in the course of the preparation of human reason for

---

[4] This continuity can be observed, for instance, in the Sufi narratives concerning authentication of some hadith in terms of dreams where a Sufi directly asks Prophet Muhammad if a given hadith was spoken to by Himself.

[5] Henry Corbin employs the Arabic term *ta'wīl* for meta-phora as 'transfer' in order to reveal that what is actually transferred/transformed is the 'being' of a philosopher at the time of receiving a *sūrat* (concept). See Corbin, 28–35.

gaining true forms (*suwar)* from Active Intellect. For Islamic philosophy, human rationality reaches its satisfaction in the time-space of disclosure of the metaphysical structure (light, *nūr*) of being. Accordingly, the qur'ānic text represents a threshold leading toward the kingdom of light. From this perspective, it represents space-time of the occurrence of twilight. In the final analysis, Islamic philosophy invites us to cross the border between the divided worlds so as to reach the metaphysical level by leaving the level of earthly and bodily sense behind.

The above narrative shows how Islamic philosophy has approached the qur'ānic text in terms of substitution *(iqāma)* theory. The qur'ānic text, as a symbolic expression of metaphysical truth, performs its role in social and historic time-space as a signifier *(išārat)* to a signified concept (*sūrat*, being). Therefore, the qur'ānic text substitutes temporally and spatially for 'real meaning', which can be gained by philosophical thinking. Accordingly, the qur'ānic text exists in the category of 'one for the sake of another'. As articulated above, it represents the time-space of occurrence of twilight, and demands that we wait for the full, shining space and time of sunlight.

It should be noted that the levels of the former and latter time and space are categorically different: while the former belongs essentially to the faculty of imagination, the latter belongs to the faculty of human rationality. Thus, there is a change of horizon in the time-space of the full disclosure of form. Time-space functions as different horizons of experiencing the truth of beings at the imaginative and rational levels. The task of each intelligent person is to prepare himself/herself for the elevation/ascension *(mi'rāğ)* from the former horizon of time-space to the latter horizon. In the final analysis, time and space receive their meaning according to the degree of occurrence of the truth of beings. Specifically, time-space at the imaginative (social and historical) level relates more to possibilities, whereas at the rational (ontological) level, it relates more to actualities.

Nevertheless, Islamic philosophy, like theology and Sufism, posits itself as a meta-narrative of the sub-narrative structure of the qur'ānic text. Thus, Islamic philosophy constructs another 'grand discourse', one that does not take the speaking activity *(ḫiṭāb)* of the qur'ānic text into account. Because the qur'ānic text is not something that reveals conceptual truth here and now, it is merely a 'matter' of philosophical discourse that aims at disclosing its *telos* or 'actual meaning'. The essential character of the qurʾānic text, in the eyes of the philosophers, is not a 'speaking activity', but merely a 'showing' or 'indicating'. For that reason, 'actual space and time' cannot be related to the qurʾānic text simply because time and space gain their actual sense in terms of the occurrence or happening of the truth of beings. Unless they are fulfilled with the self-presence of metaphysical truth, time and space can be considered in terms of possibilities.

We can draw the following conclusion from what has been explored above: Muslim theologians, Sufis, and philosophers have approached the qurʾānic text in terms of their notion of cosmology, assuming a line of division between matter and reason, earth and heaven, imagination and rationality, the sensible and intelligible, locality and universality, the physical and metaphysical, and the signifier and signified. Due to their assumption of the hierarchy between these two levels, they preferred 'vertical thinking', which struggles to move from the lower level to the higher level. Accordingly, the problem of the relevance of time and space to the qurʾānic text has been taken to be a problem of the ascension of the human being from the expression of the Qurʾān to the truth of the Qurʾān. Transcending the expression of the qurʾānic text for the sake of reaching its truth is a form of 'flight from *logoi*' (word, speech, argument, *logos*) in its

Socratic sense.[6] Thus, at the level of expression, time and space are a problem of flight, i.e., something to be escaped, a kind of prison, something to be sacrificed, a moment of anxiety; whereas at the level of truth, time and space are something to rest in, a real home, a promised land, a terminal point, a moment of happiness.

If our above analysis is correct, then we can raise the following questions: Does the Qurʾān, as a text addressing the 'world of human being', demand our flight from *logoi?* Alternatively, does it demand our flight into the *logoi?* In other words, does the truth of the Qurʾān reveal itself in front of or beyond its text? Moreover, when we wholly deny or reject the classical cosmological and onto-

[6] For a detailed discussion on the Greek word '*logoi*', see Smith.

logical divisions as referred to above, what kind of relevance does time and space have regarding the qur'ānic text?

Due to constant change in scientific, philosophical, and cultural views concerning matter, spirit, the universe, the physical world, history, and religious truth, among others, the problem of the relevance of time and space to the qur'ānic text appears to have a different sense than that of its classical formulation. This different sense presents a new task for exploring new senses of time and space. Specifically, the course of globalization continually changes the semantics of the concepts 'time' and 'space' by creating new spaces and times. For this reason, the task above seems to be endless. We can propose some ideas only provisionally, tentatively, and sketchily.

In a sense, this new situation demands that we focus on the present time and, hence, the space we stand in. Constant global changes in the semantics of the concepts of time and space prevent us from formulating the problem of the relevance of time and space to the qur'ānic text in a universal way, which is another way of saying that we cannot explore the full sense of the problem itself due to our limited and temporal reflectivity. Thus, in our contemporary period, the word 'relevance', as stated above, would mean the temporal, semi-reflective relation between the qur'ānic text and the present time-space. The semi-reflective character of the 'relation' indicates that we cannot take flight from the *logoi*. We are not able to witness the disclosure of qur'ānic truth within universal and pure rational concepts due to the constant formation of our own concepts.

Therefore, time and space today are not something we relate to the qur'ānic text in a fully conscious state. Rather, they continuously put our relation to the qur'ānic text into question by temporalizing the 'relation' itself, that is, by destructing its metaphysical foundation, which, the classical Muslim thinkers assumed, paved the way to human relation to the Qur'ān. Briefly, we are in an age of temporal relation, deprived of a universal foundation. Thus, the problem of the relevance of time and space to the qur'ānic text is not something we can neglect in the time-space of the self-presence of truth. Rather, as both a bridge and barrier between us and the qur'ānic text, time and space establish themselves as a subject matter of constant thinking.

The temporality of our relation to the qur'ānic text tears the schema of the classical division between signifier and signified and allows us to encounter it only with the realm of signifiers, which is a way of saying we can merely be in front of the text. Thus, the truth of the text can disclose itself not in a metaphysical conceptual time and space, but rather within our temporal relation to the text. Therefore, the truth of the Qur'ān is temporal and limited within the human world.

This new condition demands that we approach the problem of the relevance of space-time to the qur'ānic text not from the viewpoint of conceptualizing/metaphysical thinking, but from the perspective of poetical thinking. By the term 'poetical thinking', I mean the way of thinking oriented by the construction of poems. A poem has a special construction in which words have a unique relation to each other, so much so that human rationality is unable to apply its logical categories onto the poem. Accordingly, a poem displays unique and surprising relations between its words by which it reminds human thought that it is only a thought. Put differently, poems function as phenomena that force human thought to reflect on itself so that it cannot substitute anything other than itself. Therefore, poems perform an antagonistic role against substitution *(iqāma)* theory, which paves the way to representational thinking. Contrary to substitution theory, poems force human thought to experience signifiers in their unique relations. Finally, the poem indicates that human thought cannot substitute its concepts for beings or the truth of beings.

From this perspective, the relevance of space and time to the qur'ānic text is not an epistemological problem; rather, it appears to be a problem of *kairos* in the sense of the revelation of time-space as the opportunity to say and do the right thing here and now. To understand the constantly changing times and spaces as a form of revelation of new opportunities would allow us, as interpreters, to discover new potentialities in front of the text. Hence, the word 'relevance' in this context would mean 'free space' for new discoveries, actions, and interpretations.

References

Acikgenc, Alparslan,"Islam'da Bilgi Nazariyesi" (Erkenntnistheorie im Islam). In: Erul Bunyamin (ed.), Islam'a Giris. Ana Konulara Yeni Yaklasimlar, Diyanet Işleri Baskanligi Yayinlari (Die Einführung in den Islam. Neue Ansätze zu den Hauptthemen), Ankara 2007.

Corbin, Henri, Avicenna and The Visionary Recital, translated from French by W. R. Trask, Princeton, New Jersey: Princeton University Press 1988.

Izutsu, Toshihiko, Creation and Timeless Order of Things. In: Ebrahim Moosa, Ghazali. The Poetics of Imagination, Chapel Hill: The University of North Caroline Press 2005.

Mohamed, Yasien, "The Definition of Fitrah" at http://www.angelfire.com/al/islamicpsychology/fitrah/fitrah.html (viewed on 10 March 2011).

Smith, P. Christopher, Hermeneutics and Human Finitude, New York: Fordham University Press 1991.

Some Reflections on the Intelligibility of the "Text"

Kemal Ataman, Uludağ

Many of the questions we face revolve around one fundamental issue: The Other. The Other is problematic, as it creates a deep conceptual crisis for every religious tradition and culture, causing fear, unease and insecurity. The Other here represents each individual whose life is arranged according to principles different from our own: for example, someone who speaks a different language, whose eating habits are different, or who follows another religious tradition – one considered to be "alien" to the home religion and culture. Two central questions in need of exploration in engaging with the idea – and reality – of the Other are how to prepare for interactions with, and what attitude to take towards, the Other.

Current literature on this issue reveals three conceptual frameworks: exclusivism, inclusivism, and pluralism.[1] These are in fact three responses to the same problem of how to prepare for encounters with the Other. I argue that none of these frameworks are sufficient to explain the radical diversity of religious traditions and their address of the Other. Obviously, religious, cultural, social, and political reasons underlie their insufficiency; I find, however, that the most important deficiency is the fact that all of the proponents of these categories establish their theories vis-à-vis the Other, through an *a priori* theory building process. This, I emphasize, both objectifies and reifies the Other before any genuine encounter takes place, irregardless of whether the Other is a person, an idea, a cultural form or a religious doctrine (the latter considered to be "text" or "text-analogue" that begs understanding, in effect challenging our tradition-sanctified truth-claims and ways of life). This attitude is questionable not only because it attempts to study a cultural form or a pattern of thought simplistically – as a phenomenon to be explored and determined – but also because it violates

---

[1] For a detailed discussion of the above approaches the reader is referred to the following surveys: Race; D'Costa; Knitter 1995; The most comprehensive treatment of the three approaches, however, has been Knitter's book, (Knitter, 1986); Ataman.

the basic ethical notion of seeing others not as means to an end but as ends in themselves.

Among the shared shortcomings of all three categories, the most important is the lack of a genuine interest in gaining understanding and how to develop willingness to engage in an open dialogue. One therefore needs to explore the meaning of understanding on a theoretical (philosophical) level, examining the levels of possibility and intelligibility in order to gauge whether efforts made to gain understanding are worthwhile. This issue can be analyzed through Gadamer's doctrine of the fusion of horizons (*Horizontverschmelzung*), for it provides a compelling hermeneutical framework that renders the understanding of others possible. As a visual metaphor, the doctrine of the fusion of horizons illustrates the expansion and transformation that occurs on both sides when two horizons fuse as an event or happening of truth. This procedure presupposes a dialectical play between one's own (the interpreter's) horizon (understanding) and the horizon of the *interpretandum*, thereby reaching a new understanding of the subject matter (*Sache*).

In our analysis of the fusion of horizons, we see that the term "horizon" plays a significant role in the process of understanding, since a horizon is described, at least in one sense, as "the range of vision that includes everything that can be seen from a particular vantage point" (Gadamer, 307–308). Here, to have a horizon means that one's vision is always limited to what can be seen in a given time, from a specific angle. However, the limits or boundaries of a horizon are not fixed; they can move and evolve, just as an individual changes if he/she is willing to move, reading boundaries not as barriers but instead as gates to new horizons. A boundary therefore makes it possible to see what lies behind and beyond the immediate horizon, for what makes a limit a limit is the very knowledge of what exists on both sides of the boundary. However, because each person, cultural form and tradition has its own distinctive horizon, the Other always remains an Other, refusing assimilation into the subjectivity of the interpreter – an insight that defines the Other as an interlocutor engaged not in subversion or conversion, but rather open to conversation (Ataman, 33).

On the other hand, because every horizon is open, there always exists the possibility that different horizons, supposedly existing independently of one another, can interact and eventually fuse, resulting in an understanding of the subject matter at hand (Gadamer, 311). These insights make us aware of the fact that we, as the interpreters of the subject matter, are at once finite beings and constantly exposed to the effects of the time in which we live, which continuously shapes and reshapes our horizons. This interpretation concludes that our grasp of the *interpretandum* is always interpretation and, therefore approximation – an idea that allows us to let go of our pretensions of holding a monopoly over the truth, whatever that "truth" might mean.

Allow me to remind us again of the unique contribution of al-Bīrūnī, to comparative theology and cultural hermeneutics. Al-Bīrūnī's method, at once phenomenological, dialogical, and comparative, confirms our conviction that there tends to be an inherent intuition of every culture to see itself as the center of the universe. For al-Bīrūnī, there is no exception to this rule, for in his own words "folly is an illness that does not recognize any cultural, ethnic or religious boundary" (al-Bīrūnī, 18–19). According to this intuition, there is only one true culture, religion, and interpretation that represents that which is called Truth. This intuition, commonplace among various cultures and religious traditions, appears to be incompatible with the radical diversity of religious and cultural worlds. This is especially so in the contemporary world, in which diversity is considered not only enriching, but also enabling. The purpose, then, should be to alter this intuition, achieved through respectful understanding the religious and cultural forms of other peoples, through such means as personal encounters, textual studies, and observation. Therefore, a student who seeks to venture into the climate of different cultures and religious traditions must be conscious of the radical diversity not only among him/herself and the culture he/she is studying, but even within the same culture, and must welcome the Other in their otherness so that he/she may also be welcomed by the Other, the text.

This is not an easy task to accomplish, since it requires openness to the unknown, the alien. By being open to the unknown, and therefore to new possibilities, one is implicitly forced to revise – at times even completely overhall – one's deepest convictions. It is this very openness that enabled al-Bīrūnī to greatly contribute to overcoming the Muslim misconceptions of Hinduism, which he not only individually accomplished, but also left as a legacy to subsequent generations. Although al-Bīrūnī did not explicitly state that he considered the Hindus as *ahl al-kitāb*, the People of the Book, his genuine interest in Hindu religion and culture led him to include aspects of Hindu society into his own moral and religious world (Ataman, 62). Of course, al-Bīrūnī is not the only example of openness to the unknown in the intellectual history of Islam.

Is it possible to move beyond the exclusivist/absolutist/objectivist and pluralistic/relativistic interpretations to a more up-to-date model for discourse in understanding others in their otherness? I believe that there at once exists a great flexibility and penetrability in various theoretical frameworks with respect to certain issues, as well as certain "core beliefs" that uniquely distinguish a religious tradition or culture. This understanding protects us from the pitfalls of the two extremes of objectivism-exclusivism, which argue that a particular interpretation is the embodiment of the entire truth, so that other interpretations are either already presented in our truth or simply wrong. An equally detrimental scenario appears within a certain kind of pluralistic interpretation, according to which every truth claim is true and valid for each person or each religious tradition because no objective criteria can determine the validity or falsity of any claim, leading to radical relativism. This leads us nowhere in all sorts of texts, but especially with the Scriptures, which are the most important sources – as well as justifying forces – of a religious tradition and even culture. In other words, too much divergence altogether ceases to be divergence: it merely changes the subject-matter under discussion.

To avoid these pitfalls, a fruitful strategy requires openness to the possibility that a certain truth claim might articulate a particular issue better than the competing truth claim. In other words, one truth claim (interpretation) can be valid with respect to a particular issue, while another truth-claim can be valid with respect to another issue. Each truth-claim (interpretation) is subject to new interpretations. As suggested earlier, every interpretation is an approximation. The validity or falsity of each claim is measured not by the interpreter belonging to a certain a priori defined theoretical framework, but instead by the effectiveness of each interpretation at making the subject matter more intelligible. In other words, an individual, a particular religious tradition or a culture is not inherently exclusivist, inclusivist, or pluralist. Rather, as a participant in a certain tradition, an individual may assume one or more attitudes belonging to that tradition, with respect to certain issues at a given time. This approach makes it possible for a particular religious tradition or culture to learn from other cultural perspectives and thereby to at once evolve and to protect the "core belief"/identity of a religion or culture (Vokey, 27). It is this genuine commitment, openness, and what may be called "soft exclusivist" or "non-absolutist" stance that continues to encourage conversation, leading to a fusion of horizons with respect to the subject matter *(Sache)* at hand through the medium of language.

I refer to this process as "an ongoing conversation", believing that it is not possible to discover "the meaning" of a text or text analogue once and for all, for not only does the text contain multiple meanings, but also the interests and purposes of the interpreter determine the meanings unveiled. These interests drive the interpretive process towards certain ideas and away from others, effectively suppressing other possible meanings in this process. We cannot exhaust the possible meanings of a classical text, scriptures in our case. More importantly, however, classical texts cannot exhaust our interests. If they could exhaust our interests and intentions, then they would cease to be "interesting", becoming irrelevant and therefore analytically dead. What a tragic end for a text or a text-analogue!

References

Al-Bīrūnī, taḥqīq mā li-l-hind min maqūla maqbūla fī al-ʿaql aw marṯūla, ed. E. Sachau, Hayderabat 1958.

Ataman, Kemal, Understanding Other Religions. Al-Biruni and Gadamer's "Fusion of Horizons",Washington, DC: The Council for Research in Values and Philosophy 2008.

D'Costa, Gavin,Theology and Religious Pluralism. The Challenge of Other Religions, London: Basil Blackwell 1986.

Gadamer, Hans-Georg, Wahrheit und Methode. Grundzüge einer philosophischen Hermeneutik, Tübingen ^{5}1986.

Knitter, Paul F., One Earth Many Religions. Multifaith Dialogue & Global Responsibility, New York: Orbis Books 1995.

– No Other Name? A Critical Survey of Christian Attitudes Towards the World Religions, New York: Orbis Books 1986.

Race, Alan, Christian and Religious Pluralism. Patterns in Christian Theology of Religions, New York: Orbis Books 1982.

Vokey, Daniel, Moral Discourse in a Pluralistic World, Notre Dame, University of Notre dame Press 2001.

II. Glaube und Vernunft. Zur Aufgabenbestimmung Systematischer Theologie (Kalām)

Mit Gott im Dialog – die Notwendigkeit eines Paradigmenwechsels in der Islamischen Systematischen Theologie (Kalām) – am Beispiel der Bestimmung des Menschen als Diener Gottes

Mouhanad Khorchide, Münster

Der Qur'ān spricht vom obersten Gebot, Gott zu dienen. So heißt es in der zweiten Sure, Vers 21: „Ihr Menschen! Dient eurem Herrn, der euch und die Menschen vor euch erschaffen hat." Dies haben laut Qur'ān alle Propheten als zentrale Botschaft verkündet; so zum Beispiel der Prophet Noah: „Wir entsandten Noah zu seinem Volk und er sprach zu ihnen: ‚O mein Volk! Dienet Gott; ihr habt keinen andern Gott als Ihn'" (Q 7:59); der Prophet Hud: „Und zu dem Volk Aad entsandten wir ihren Bruder Hud. Er sprach zu ihnen: ‚O mein Volk! Dienet Gott; ihr habt keinen anderen Gott als Ihn'" (Q 7:65); der Prophet Saleh: „Und zum Volk Thamud entsandten wir ihren Bruder Saleh. Er sprach zu ihnen: ‚O mein Volk! Dienet Gott; ihr habt keinen anderen Gott als Ihn'" (Q 7:73). Der Qur'ān bringt es auf den Punkt und sagt: „Ich habe den *ǧinn* [Geistwesen] und den Menschen […] nur aus dem Grund erschaffen, dass sie mir dienen." (Q 51:56) Der arabische Begriff, der im Qur'ān für „dienen" verwendet wird, lautet: „*ʿabada*", ein Diener ist ein „*ʿabd*", im Plural: „*ʿibād*". Gott sucht also nach Dienern, die ihm dienen. Aber warum sucht Gott nach Dienern? Braucht Gott das Dienen des Menschen? Und wie lässt sich dies mit seiner Allmacht vereinbaren?

1. Kritik an der ašʿarītischen Position

Spätestens mit dem Gelehrten al-Ġazālī (gest. 1111 n. Chr.) hat sich die ašʿarītische[1] Gottesvorstellung unter den muslimischen Gelehrten etabliert. Problematisch bei dieser Gottesvorstellung ist,

[1] Die ašʿarītische Schule wurde nach dem Gelehrten Abū l-Ḥasan al-Ašʿarī (gest. 935 n. Chr.) benannt.

dass sie Gott als willkürlichen Herrscher erscheinen lässt. So scheint es für al-Ġazālī legitim zu sein, dass Gott von seinen Dienern Handlungen verlangt, zu denen sie nicht in der Lage sind: „Wir sagen, es ist legitim, dass Gott von seinen Dienern verlangt, wozu sie gar nicht im Stande sind und es ist legitim, dass er seine Diener bestraft, ohne dass sie etwas verbrochen haben, und er muss in seinen Entscheidungen und Handlungen nicht das Bessere für sie berücksichtigen. Er muss nicht das Gute belohnen und das Böse bestrafen, der Mensch ist durch seine Vernunft zu nichts verpflichtet, nur die Verkündung ist die Grundlage von Geboten und Verboten [...] Wenn Gott keine Propheten entsandt hätte [um die Botschaft Gottes zu verkünden], wäre dies nichts Verwerfliches von Gott." (al-Ġazālī 1994, 144ff.)

Weiter kritisiert er die Muʿtaziliten[2], weil sie die Meinung vertraten, dass Gott das Bessere (arab.: *al-aṣlaḥ*) für die Menschen wählen muss: „Sie haben Gott in seinen Handlungen eingeengt, indem sie sagen, er ist verpflichtet, das Bessere zu tun, wir können ihnen viele Beispiele aus der Praxis für Gottes Handlungen zeigen, die für seine Diener nichts Nützliches an sich haben." (ebd., 163f.) Er führt dann ein Beispiel eines Ungläubigen an, den Gott am Gerichtstag in die Hölle schicken müsste, und argumentiert: Würde Gott immer nach dem Guten handeln, hätte er diesen Ungläubigen aber schon als Kind sterben lassen müssen, bevor er seine Vollmündigkeit erreicht und damit im Jenseits zur Rechenschaft über seinen Unglauben gezogen werden kann.

Al-Ġazālī argumentiert dann weiter, dass Gott niemanden für seine guten Taten belohnen muss: „Wenn er [Gott] alle Ungläubigen belohnen und alle Gläubigen bestrafen würde, würde dies ihm zustehen, dies würde auch keinem göttlichen Attribut widersprechen, denn die Verpflichtung des Menschen ist eine Handlung Gottes in Bezug auf sein Eigentum, die Belohnung hingegen ist eine andere Handlung, die Gott aus seiner Großzügigkeit her vollzieht, [...] und wenn ein Diener für seinen Herrn etwas tut, dann hat der Diener keinen Anspruch auf Belohnung, denn es ist die Pflicht des Dieners seinem Herrn zu dienen, würde er dafür eine Belohnung bekommen, wäre dies kein Dienen mehr." (ebd., 165)

[2] Die Muʿtazila gilt als rationalistische Schule im Islam, die ihre Höhepunkte im 8. und 9. Jahrhundert hatte.

Während für die Muʿtaziliten die Gerechtigkeit ein Handeln nach dem Guten und dem Interesse des Menschen bedeutete, ist Gerechtigkeit für die Ašʿarīten das Handeln in der Verfügungsmacht Gottes, Gerechtigkeit folgt dem göttlichen Willen. Bei den Muʿtaziliten entspricht der göttliche Wille der Gerechtigkeit. Die Ašʿarīten betonten damit die Andersheit Gottes und die Abhängigkeit des Menschen: „Die Kreatur hat nur ein von Gott zugeteiltes Sein, und diese Zuteilung begründet keine über eine bestimmte Zeitspanne reichende Verfügungsgewalt, sondern wird von Gott in jedem Augenblick erneuert – oder auch nicht, ganz nach seinem undurchschaubaren Ratschluss." (Nagel, 186)

Die ašʿarītische Schule versteht unter dem Begriff „Diener Gottes" einen Sklaven, der seinem Herrn gehört und daher nichts zu sagen oder zu entscheiden hat. Er muss nur gehorchen und Befehle ausführen. Und weil er Eigentum seines Herrn ist, hat er im Grunde keinen Anspruch auf Belohnung. Wenn sein Herr ihm trotzdem etwas gibt, dann nicht als Belohnung für einen Verdienst, sondern aus der Großzügigkeit seines Herrn.

Der Mensch als Diener in diesem Sinne besitzt keine Freiheit, er ist eben nicht mehr als ein Sklave, dem nichts gehört. Es lässt sich aber auch fragen, warum Gott Sklaven möchte, die ihm dienen, was hat er davon?

Die traditionelle Islamische Systematische Theologie (*kalām*) ging vom Paradigma aus, die Souveränität Gottes bewahren zu wollen, und hat dadurch Gott weit vom Menschen entfernt. Eine zeitgenössische islamische systematische Theologie fragt hingegen nicht nach der Souveränität Gottes, sondern nach der Gestaltung einer dialogischen Beziehung zwischen Gott und Mensch.

Ich möchte hier versuchen, eine andere als die ašʿarītische Antwort auf die Frage nach dem Grund der Erschaffung des Menschen zu geben, um zu veranschaulichen, dass in einer zeitgenössischen islamischen systematischen Theologie die dialogische Beziehung zwischen Gott und Mensch im Mittelpunkt steht.[3]

---

[3] Renz merkt zu Recht an, dass die Frage der Personalität des qurʾānischen Gottes bisher nur selten seitens islamischer Theologen thematisiert wurde (vgl. Renz).

Wenn Gott größer ist, als gedacht werden kann (arab.: *allāhu akbar*) (Khorchide, 72–90), kann er den Menschen nicht deshalb erschaffen haben, um von ihm verherrlicht zu werden, denn ein vollkommener Gott ist auf jeden Fall größer als ein Gott, der die Schöpfung benötigt, um verherrlicht zu werden und dadurch eine Bestätigung seiner Majestät zu bekommen. Gott sucht keineswegs nach einer Selbstbestätigung seiner Allmacht, auch strebt er nicht nach Demonstration seiner Herrlichkeit, er ist in sich genügsam, er ist auf niemanden angewiesen (vgl. al-Qabbanǧi, 35ff.). Der Gedanke, Gott habe die Menschen erschaffen, weil er verherrlicht oder angebetet werden will, macht aus Gott einen minderwertigen, egoistischen „Diktator", der auf der Suche nach sich selbst ist. Das ist dann aber nicht mehr Gott, denn „Gott wird durch nichts anderes, er wird nur durch sich selbst bestimmt" (Werbick, 368).

Wenn es Gott aber nicht darum geht, verherrlicht zu werden, warum hat er dann den Menschen erschaffen? Sure 55, die den Namen „Der Allbarmherzige" (arab.: *ar-raḥmān*) trägt, gibt eine klare Antwort darauf: aus seiner bedingungslosen Barmherzigkeit heraus. Der Qur'ān drückt dies so aus: „Es ist der Allbarmherzige, der dem Menschen den Qur'ān gelehrt hat, der den Menschen erschaffen hat."[4] Gott hat den Menschen in seiner Eigenschaft als Allbarmherziger erschaffen, und das wissen Muslime durch den Qur'ān, also durch die Mitteilung Gottes. In obigen Versen ist nicht die Begründung der Schöpfung angesprochen, etwa: „Weil Gott barmherzig ist, hat er sich für die Erschaffung des Menschen entschieden", denn Gott ist immer entschieden, er ist das Unbedingte, das Absolute, das nicht in der Zeit lebt und nicht in der Zeit Entscheidungen trifft, mit anderen Worten: Die Entschiedenheit Gottes für die Erschaffung des Menschen geht auf seinen ewigen Willen zurück, sie ist Bestandteil seiner Eigenschaft als Allbarmherziger. Es besteht eine ewige Entschiedenheit Gottes, mit diesem Menschen Kontakt aufzunehmen und sich ihm mitzuteilen. Diese ewige Entschiedenheit realisiert sich jedoch in einer zeitlichen Dimension, die sich nicht außerhalb von Gott befindet. In Gott befindet sich die ganze Schöpfung, die der Zeit unterworfen

[4] Qur'ān, 55: 1–3.

ist. Gott selbst unterliegt der Zeit nicht, hat aber diese zeitliche Dimension in sich, die sein Eingreifen in der Zeitlichkeit, also in der Geschichte, möglich macht. Würde man die Zeit-Dimension außerhalb von Gott lokalisieren wollen, müsste man eine Grenze definieren, wo bzw. wann Gott aufhört, damit etwas anderes, was außerhalb von ihm ist, beginnen kann. Da Gott aber absolut ist, kann er (das Absolute) nicht eingegrenzt werden. Somit ist die ganze Schöpfung von Gott umfasst. Diese panentheistische Vorstellung unterscheidet sich von einer pantheistischen. Der Panentheismus drückt nämlich aus, dass die Welt zwar in Gott enthalten ist, Gott aber umfassender ist, als die Welt gedacht wird. Gott und Welt sind hierbei, anders als beim Pantheismus, ausdrücklich nicht identisch. Der Panentheismus steht so in der Mitte zwischen Pantheismus (Immanenz Gottes in der Welt) und Theismus (Transzendenz Gottes zur Welt). Da Gott ewig und absolut ist, ist die zeitliche Dimension in ihm nicht irgendwann entstanden, sondern war seit jeher in ihm existent. Er greift in diese durch sein Wort ein. So heißt es im Qur'ān zum Beispiel: „Wenn wir eine Sache wollen, dann sagen wir zu ihr nur: ‚Sei!', dann ist sie.",[5] „Hierauf wandte er sich zum Himmel, der aus Rauch bestand, und sagte zu ihm und zur Erde: ‚Kommt her, freiwillig oder widerwillig!' Sie sagten: ‚Wir kommen freiwillig'."[6]

Gott war also immer für die Schöpfung entschieden und dies aus seiner absoluten Barmherzigkeit heraus, weil er Mitliebende sucht. Jedoch, wie schon gesagt, nicht deshalb, weil er Mitliebende braucht, sondern weil er seine Liebe und Barmherzigkeit teilen will, und dies tut er eben aus seiner Liebe und Barmherzigkeit in Freiheit[7] heraus. Er wollte also immer seine Liebe teilen und ist deshalb mit seinem Wort, das der Qur'ān mit „Sei!" symbolisiert, immer in Beziehung gewesen. Dieses Wort findet seine Verwirklichung in der Schöpfung des Menschen. So sagt Gott im Qur'ān: „Wenn ihr euch abwendet, dann wird Gott Menschen bringen, die er liebt und die

[5] Qur'ān, 16:40.

[6] Qur'ān, 41:11.

[7] „Schöpfer und Geschöpf können keinesfalls im Verhältnis von Ursache und Wirkung interpretiert werden; denn zwischen Schöpfer und Geschöpf steht weder ein Denkgesetz noch ein Wirkgesetz noch sonst irgendetwas" (Bonhoeffer, 31).

ihn lieben."[8] Hier sagt der Qur'ān unmissverständlich, worum es eigentlich geht; Gott sucht Mitliebende, und er macht den ersten Schritt: Seine Liebe kommt als Angebot für den Menschen, sie anzunehmen und zu erwidern. Gott benötigt nicht zuerst die Schöpfung, um barmherzig zu sein, oder zur Vollendung seiner Barmherzigkeit. Die Barmherzigkeit war als Gottes Wesenseigenschaft immer da. Absolute Barmherzigkeit ist nichts anders als Gott und Gott ist die absolute Barmherzigkeit. Nur die Offenbarung dieser Barmherzigkeit, die Offenbarung Gottes selbst, seine Selbstmitteilung, bedarf der Akteure, die in der Lage sind, diese in der Zeitlichkeit zu erfahren, damit die göttliche Intention, Mitliebende zu gewinnen, Wirklichkeit wird. Die Offenbarung der Barmherzigkeit Gottes kann sich nur in Beziehung zur Schöpfung verwirklichen. Die ewige Entschiedenheit zur Offenbarung seiner Barmherzigkeit geht eben aus dieser Barmherzigkeit selbst hervor.

3. Wer ist ein Diener Gottes?

Der Prophet Muhammad erzählte: „Im Jenseits wird Gott einen Mann fragen: ‚Ich war krank und du hast mich nicht besucht, ich war hungrig und du hast mir nichts zu essen gegeben und ich war durstig und du hast mir nichts zu trinken gegeben', der Mann wird daraufhin erstaunt fragen: ‚Aber du bist Gott, wie kannst du krank, durstig, oder hungrig sein?!', da wird ihm Gott antworten: ‚Am Tag soundso war ein Bekannter von dir krank und du hast ihn nicht besucht, hättest du ihn besucht, hättest du mich bei ihm gefunden, an einem Tag war ein Bekannter von dir hungrig und du hast ihm nichts zum Essen gegeben und an einem Tag war ein Bekannter von dir durstig und du hast ihm nichts zum Trinken gegeben.'"[9] Gott begegnet uns also in der Liebe und Barmherzigkeit, die wir veranlassen. Wer liebevoll, barmherzig und gütig handelt, der veranlasst dadurch die Liebe und Barmherzigkeit Gottes, er veranlasst die Offenbarung Gottes. Gott sucht also Mitliebende, die seine Intention, Liebe und Barmherzigkeit zu offenbaren, Wirklichkeit werden lassen. Und genau diese Menschen, die sich zur

---

[8] Qur'ān, 5:54.

[9] Überliefert nach Muslim, Ḥadīṯ Nr. 2569.

Verfügung stellen, die sich also bereit erklären, mit Gott zu kooperieren, um seine Barmherzigkeit zu offenbaren, diese sind die Diener Gottes. Sie dienen Gott nicht dadurch, dass sie ihm etwas geben, ihm Arbeit abnehmen oder seinen Befehlen folgen. Sie dienen ihm, indem sie seiner Schöpfung dienen, dadurch veranlassen sie zugleich und im selben Moment die Offenbarung seiner Barmherzigkeit.

Gott zu dienen ist somit eine Befreiung zur Liebe, Befreiung von allem, was den Menschen daran hindert, Liebe und Barmherzigkeit zu Realität zu machen.

Gott greift nicht direkt in der Welt ein, sondern handelt durch den Menschen. Der Mensch ist ein Medium der Verwirklichung göttlicher Liebe und Barmherzigkeit hier auf der Erde. Gott heilt zum Beispiel Kranke durch Ärzte und Medikamente, die die Menschen selbst entwickeln. Je mehr sich Mediziner bemühen, zu forschen und Therapiemöglichkeiten und Medikamente zu entwickeln, ein desto größeres Medium für das Eingreifen Gottes werden sie bei der Heilung von Kranken. Es ist also kein Entweder-Oder: Ist es Gott oder der Mensch, der wirkt? Ist Gott derjenige, der Kranke heilt, oder der Arzt? Gott und Mensch kooperieren, indem Gott seine Intention durch den Menschen Realität werden lässt, ohne dabei die Freiheit des Menschen zu beeinträchtigen. „Andernfalls müsste immer gefragt werden, wie denn von Gottes Handeln die Rede sein kann, wenn sich menschliche Freiheiten füreinander entschließen. Die Pointe der gängigen Interpretationen des personalen Modells besteht an dieser Stelle in der Annahme, dass göttliche und menschliche Freiheit in Bezug auf innerweltliche Akte nicht in umgekehrt, sondern in direkt proportionalem Maße wachsen. Je mehr ein Mensch seine Freiheit realisiert, desto mehr handelt Gott in ihm bzw. wird die Intention göttlicher Freiheit durch ihn Wirklichkeit. Wenn ein Mensch liebt, handelt Gott durch ihn." (von Stosch, 27)

Gott macht lediglich Angebote, es ist dem Menschen überlassen, sich als Medium der Verwirklichung dieser Angebote, zur Verfügung zu stellen oder nicht. Und je mehr sich der Mensch vervollkommnet, auch im wissenschaftlichen und zivilisatorischen Bereich, desto mehr Möglichkeiten hat Gott, durch ihn einzugreifen und desto mehr dient der Mensch Gott, weil er eben seiner Schöpfung mehr dient: „Gottes Intention wird also um so mehr realisiert, je entschiedener Menschen aus Liebe handeln. Liebe, die nur dann sie selbst ist, wenn sie nicht von außen manipuliert wird, kann per definitionem nur in einer autonomen Entscheidung gründen. Wenn Gottes Intention also befreiende Liebe ist und Liebe nur Wirklichkeit ist, wenn sie aus freier Zustimmung heraus geschieht, kann Gott seiner Intention innerweltlich nur durch Akte der Freisetzung und Liebe Geltung verschaffen, die geschöpfliche Freiheit und Liebe nicht manipulieren, sondern bejahen und ermutigen." (ebd., 26f.)

Der Mensch ist dann nicht frei, wenn er verblendet ist, wenn er die Dinge nicht reflektiert, daher ist es ein Hauptanliegen der islamischen Botschaft, den Menschen zu einem freien Menschen zu machen.

Den Urzustand, in dem der Mensch erschaffen wurde, bezeichnet der Qur'ān als „fiṭra", ein ontologischer Zustand, der nach der Vervollkommnung des Menschen in Freiheit strebt und seine Verwirklichung darin findet – ein Zustand der Liebe und Barmherzigkeit. Freiheit bedeutet nicht nur die Abwesenheit von Zwang bzw. äußerlichen Hindernissen, auch nicht nur die Wahlfreiheit zwischen Alternativen; denn die vorhandenen Alternativen könnten alle schlecht sein. Freiheit ist dann gegeben, wenn man sich für das entscheiden kann, was man eigentlich als Ziel hat, wenn man seine Ziele verwirklichen kann. Wenn der Mensch seine *fiṭra* verwirklicht, seinen ontologischen Urzustand, der danach strebt, Liebe und Barmherzigkeit zur Wirklichkeit zu machen, dann ist seine Freiheit gegeben. Liest man im Qur'ān darüber, dass Gott den Menschen Propheten und Schriften schickte, so geht es dabei um die innere Vervollkommnung des Menschen, die sich auch in den Handlungen des Menschen widerspiegeln soll: „Gott ist es, der den Menschen einen Gesandten aus ihrer Mitte geschickt hat, um ihnen seine Verse vorzutragen, sie zu läutern [auch: vervollkommnen] und sie die Schrift und die Weisheit zu lehren."[10] Diese Aussage wiederholt sich in der dritten Sure, Vers 164. Es geht also um die Läuterung, um die Vervollkommnung des Menschen. Dies ist ein Prozess und bedarf der Ausschaltung von allen inneren Hindernissen, die zwischen dem Menschen und der Entscheidung für seine „fiṭra" und deren Erfüllung stehen. Die Läuterung des Menschen ist ein Prozess der inneren Befreiung. Sie impliziert, dass der Mensch sich

[10] Qur'ān, 62:2.

von allen schlechten Eigenschaften befreit. Denn diese würden den Menschen daran hindern, einerseits die Welt so zu sehen, wie sie ist, und andererseits ein empathisches Mitglied seiner Gesellschaft zu sein. Erst nach dieser Befreiung kann die Welt aus einer anderen Perspektive als nur der eigenen betrachtet werden. Dann ist die Empathiefähigkeit entwickelt. Die Welt ist dann nicht nur für einen selbst da, sondern für die ganze Menschheit. Dies verlangt ein Verständnis vom Glauben, das nicht lediglich an Glaubenssätzen hängen bleibt, sondern in die Handlungen des Menschen übersetzt wird (vgl. al-Ġazālī 2012, 31). Daher kommt im Qurʾān der Ruf zum Glauben fast immer gekoppelt an den Ruf zum aufrichtigen Handeln (vgl. al-Qabbanǧi, 110f.) vor.

Die islamische Formel „Es gibt keine Gottheit außer Gott" kann nicht anders denn als Ausdruck eines freien, unabhängigen Geistes verstanden werden. Die Formel verneint nämlich jegliche Abhängigkeit, jegliche Bevormundung, jegliche Verherrlichung von Menschen, Dingen, Ideen oder Gedanken. Einziges gültiges Leitprinzip ist Gott.[11] Und was ist Gott? Er ist die Barmherzigkeit, die Liebe. Liebe und Barmherzigkeit bilden den Rahmen, in dem sich der Geist frei entfalten kann und soll. In diesem Kontext müsste man auch den arabischen Begriff „širk" (Beigesellen), den der Qurʾān aufs Schärfste kritisiert, verstehen: Jede Handlung, die aus einer anderen Motivation als aus Liebe vollzogen wird, beinhaltet mehr oder weniger einen Aspekt des Beigesellens, denn aufrichtige Liebe ist nur die Liebe, die aus freier Zustimmung heraus geschieht und die also nicht durch egoistische Motive manipuliert ist. Nur dann, wenn man das Gute um des Guten willen macht, ist Liebe gegeben, nicht aber, wenn man durch egoistische Motive verblendet oder dazu gezwungen ist.

Gott schaut dabei nicht tatenlos zu, sondern kommuniziert mit dem Menschen mittels Propheten und Schriften, aber auch mittels Eingebung, die jeden Menschen erreicht (arab.: *waḥy*, auch: *ilhām*). Der Qurʾān führt dazu exemplarisch einige mit Propheten in Zusammenhang stehende Beispiele an. Dazu muss hier angemerkt werden, dass im Qurʾān Propheten nicht als Übermenschen gezeichnet werden, sondern als Prototyp des Menschen, um dadurch Aussagen über die Gott-Mensch-Beziehung zu machen. Gerade an-

[11] Vgl. Basyūnī; vgl. auch al-ʿAwwat.

hand der Prophetengeschichten verdeutlicht der Qur'ān die dialogische Beziehung zwischen Gott und Mensch. Die göttliche Eingebung hat die Funktion, dem Menschen neue Sichtweisen zu öffnen, sie erweitert seine Optionen, vor allem dann, wenn er nicht mehr weiter weiß. Ob der Mensch sich für diese neuen Optionen entscheidet, ist ihm selbst überlassen. Gott würdigt die Freiheit des Menschen und zwingt den Menschen daher zu nichts, er macht ihm lediglich Angebote. Auch wenn der Mensch diese Angebote ablehnt, hört Gott auf keinen Fall auf, dem Menschen immer und immer wieder Angebote zu machen und die Situation neu zu kalkulieren, sodass – egal wie oft der Mensch diese Angebote ablehnt – Gott immer das nächstbeste mögliche Angebot inspiriert. Und je mehr der Mensch frei ist, kritisch denkt und hinterfragt, desto empfänglicher ist er für die Angebote Gottes. Denn er lässt sich nicht verblenden, er ist frei von allem, was ihn daran hindern würde, die Wirklichkeit so zu sehen, wie sie ist.

Der freie Mensch, der sich in Freiheit für Liebe und Barmherzigkeit entscheidet und dies durch sein Handeln und Wirken bezeugt, das ist der Diener Gottes. Gott zu dienen heißt also keineswegs eine gezwungene Befolgung von Gesetzen, um irgendeiner Strafe im Dies- oder Jenseits zu entgehen bzw. um irgendeine Belohnung zu bekommen. Gott zu dienen heißt, ein Medium zur Verwirklichung von Gottes Intention der Liebe und Barmherzigkeit zu sein. Die Realisierung der Intention Gottes ist umso größer, je mehr der Mensch die göttliche Liebe und Barmherzigkeit in Freiheit wirksam werden lässt.

Gottesdienst ist daher keineswegs das Gebet, das Fasten oder das Verrichten der Pilgerfahrt. Diese religiösen Rituale sind nur ein Mittel zur Vervollkommnung des Menschen und ein Raum, in dem man Gott näher kommen kann, um die Bereitschaft zu vergrößern, ein Medium zur Verwirklichung von Gottes Intention der Liebe und Barmherzigkeit zu werden. Der Prozess der Verwirklichung der Intention Gottes durch das Handeln und Wirken des Menschen in der Welt, das ist Gottesdienst. Gottesdienst manifestiert sich hier und jetzt, im Dienst an seinen Mitmenschen.

Literatur

al-ʿAwwa, Muḥammad Salīm, Fi-n-niẓām as-siyāsī li-d-dawla al-islāmīya („Politische Grundlagen des islamischen Staates"), Kairo/Beirut 1989.

al-Qabbanǧī, Aḥmad, Al islām al-madanī (Der Islam als zivile Religion), Beirut 2009.

al-Ġazālī, Abū Ḥāmid Muḥammad, Al-Iqtisād fi-l-iʿtiqād (Das zielstrebige Vorgehen im dogmatischen Räsonnieren), Damaskus 1994.

Ders., Ayyuha-l-walad („Lieber Sohn"), Jeddah 2012.

Basyūnī, ʿAbdullāh ʿAbdulġanī, An-Nuẓum as-siyāsīya, Uṣūl at-tanẓīm as-siyāsī („Politische Grundlagen"), Beirut 1984.

Khorchide, Mouhanad, „Ich bin dem Menschen näher als seine Halsschlagader" (Sure 50,16). Gott und Mensch im Dialog. In: Andreas Renz u. a. (Hg.), Der stets größere Gott. Gottesvorstellungen in Christentum und Islam, Regensburg 2011, 72–90.

Nagel, Tilman, Geschichte der islamischen Theologie. Von Mohammed bis zur Gegenwart, München 1994.

Renz, Andreas, Der Mensch unter dem An-Spruch Gottes. Offenbarungsverständnis und Menschenbild des Islam im Urteil gegenwärtiger christlicher Theologie, Würzburg 2002.

Stosch, Klaus von, Gott – Macht – Geschichte. Versuch einer theodizeesensiblen Rede von Gottes Handeln in der Welt, Freiburg 2006.

Werbick, Jürgen, Gott verbindlich. Eine theologische Gotteslehre, Freiburg/Basel/Wien 2007.

Herausforderung Theologie

Ein christlicher Blick auf muslimische Perspektiven auf das Theodizeeproblem[1]

Klaus von Stosch, Paderborn

1. Rechtfertigung des Themas

Aufklärung und Moderne haben das Christentum in Europa dazu gezwungen, den eigenen Glauben in erheblichem Maße zu rationalisieren und eine Verantwortung des Glaubens auf dem Forum der Vernunft zu leisten. Dabei entwickelte sich die Auseinandersetzung um das Leiden in der Welt, also der Streit um die neuzeitliche Theodizeefrage, zum Modernisierungs- und Rationalisierungsmotor für die Theologie. Natürlich haben sich Menschen auch schon vor Aufklärung und Neuzeit bemüht, rationale Antworten auf die Frage zu geben, warum das Leben auch angesichts des Leidens zustimmungswürdig ist. Und natürlich waren ihnen die Religionen Christentum und Islam dabei eine wichtige Hilfe, so dass sich in beiden Religionen schon früh Theologien entwickelten, die sich mit dem Problem des Leidens in der Welt auseinandersetzten. Auch die Idee dabei auf dem Forum der Vernunft über den Glauben nachzudenken, ist keine Erfindung der Aufklärung, sondern war Christentum und Islam von Anfang an vertraut. Wenn man an einen guten und allmächtigen Gott als Ursprung der Welt glaubt, wäre ein grundlegendes Misstrauen gegenüber der Vernunft auch schwer verständlich. Denn wieso sollte Gott uns die Vernunft schenken, wenn beim Verwenden dieses Instruments immer Unsinn entstehen würde, wenn wir über ihn nachdenken? Aus einem grundlegenden Vertrauen gegenüber den Möglichkeiten der Vernunft, aber auch aus apologetischen Gründen begannen Theologen beider Religionen schon früh ihren jeweiligen Glauben auf dem Forum der Vernunft und das hieß zunächst im Horizont der griechischen Philosophie zu artikulieren.

[1] Für hilfreiche Anmerkungen zu einer ersten Version dieses Papers danke ich meinen beiden muslimischen Kollegen Dr. Fateme Rahmati und Dr. Elhadi Essabah.

Und doch änderte sich durch Aufklärung und Neuzeit etwas Entscheidendes. Durch die Philosophien Humes und Kants wurden die traditionellen Formen der Metaphysik und damit auch die herkömmlichen Grundlagen der Theologie als unwissenschaftlich entlarvt und insbesondere wurden die traditionellen Gottesbeweise schlüssig widerlegt.[2] Damit war der Atheismus keine irrationale Randerscheinung mehr, sondern spielte eine intellektuell immer wichtigere Rolle. Das Theodizeeproblem avancierte dabei zum Hauptkampfplatz zwischen Atheismus und Gottesglauben, weil das ungeheure Ausmaß des Leidens in der Welt von atheistischer Seite als das entscheidende Argument gegen die Existenz Gottes angesehen wurde. Man denke nur an das berühmte Diktum Stendhals, dass die einzige akzeptable Entschuldigung Gottes angesichts des Leidens darin bestehe, nicht zu existieren.

Hier war die Theologie gefordert und musste zeigen, dass es auch andere akzeptable Entschuldigungen Gottes für das Leiden gibt. Es ging also nicht mehr darum, dem Gläubigen das Leiden in der Welt verständlich zu machen, sondern darum, dem Ungläubigen zu erklären, warum man trotz des Leidens weiter an dem Glauben an einen guten und allmächtigen Gott festhalten darf. Nur weil sich das Christentum der Herausforderung solcher Einsprüche gegen den Glauben mit den Mitteln der Vernunft stellte, konnte sich in ihm so etwas wie die moderne Theologie herausbilden, die in mehrerer Hinsicht über das Projekt von Theologie in Antike und Mittelalter hinausgeht.[3]

Während der Islam im Mittelalter eine herausragende Theologie vorzuweisen hat und in diesem Zusammenhang auch für die

---

[2] Vgl. zu Kant meinen Aufsatz 2005, 46–94.

[3] Ohne dies hier näher ausführen zu können, denke ich an folgende Merkmale moderner Theologie, die auch eine Islamische Theologie kennzeichnen muss, wenn diese sich an der Universität artikulieren will. Erstens der Mitvollzug der methodischen Autonomie der anderen Wissenschaften. Auch die Argumente der Theologie dürfen die Existenz Gottes und das Gegebensein von Offenbarung nicht einfach voraussetzen, sondern müssen die Plausibiltät des religiösen Glaubens ohne Glaubensvoraussetzungen als plausibel erweisen. Auch die Theologie muss sich einem Denken etsi Deus non daretur aussetzen und darf Gott nicht zur Arbeitshypothese degradieren. Zweitens scheint mir ein Denken in Freiheitskategorien unerlässlich zu sein und drittens ein kritizistisches Denken, das die kopernikanische Wende ernst nimmt (s. Anm. 2).

damalige Zeit leistungsstarke Theodizeen herausgebildet hat, hat er sich bisher nicht genügend der Herausforderung der Aufklärung und Moderne gestellt, so dass sich bisher nur erste Ansätze für eine moderne Islamische Theologie herausgebildet haben. In meinem Beitrag möchte ich am Beispiel des Theodizeeproblems eine Spurensuche in der zeitgenössischen und klassischen muslimischen Glaubensreflexion unternehmen, um zu untersuchen, wie hier mit dem Theodizeeproblem umgegangen wird und ob die hier vollzogenen Denkbewegungen den Anforderungen einer modernen Theologie gerecht werden. Ich komme dabei zu der These, dass der Islam in Europa gegenwärtig vor der Herausforderung steht, eine moderne Theologie entsprechend westlicher Wissenschaftsstandards auszubilden, und zeige, dass es hierfür vielversprechende Ansätze gibt, die auch die christliche Theologie zu befruchten vermögen. Ich habe keine Zweifel, dass der Islam die „Herausforderung Theologie" bestehen kann, nehme aber wahr, dass nicht alle Muslime zu den dabei notwendigen Anpassungsleistungen an das Projekt Aufklärung und zu den enormen intellektuellen Anstrengungen, die es erfordert, bereit sind. Eine säkulare und multireligiöse Gesellschaft in Europa kann aber nur gelingen, wenn von muslimischer und christlicher Seite die „Herausforderung Theologie" angenommen wird. Von daher ist dieser kleine Beitrag als Einladung an Muslime zu verstehen, sich dieser Herausforderung zu stellen – eine Einladung, die aus der Erfahrung eines Christen motiviert ist, der Theologie als Befreiung und Bereicherung des eigenen Glaubens erlebt.

2. Anmerkungen zur Verweigerung der argumentativen Auseinandersetzung mit dem Theodizeeproblem

Die offensichtliche Tatsache, dass sich die Islamische Theologie insgesamt weniger mit dem Theodizeeproblem auseinandergesetzt hat als die christliche, wird von manchen Theologen und Islamwissenschaftlern als Charakteristikum der beiden Religionen angesehen[4]

[4] So sieht W. Montgomery Watt beispielsweise die Unverstehbarkeit des Leidens als typischen Ausdruck der nomadischen Existenz der Araber. „The unpredictable and unforeseeable was thus an essential part of the experience of the nomadic Arab." (Watt, 8) „Wisdom consists in learning to accept and cope with whatever

und insbesondere von islamischen Theologen noch einmal rational dadurch gerechtfertigt, dass in Frage gestellt wird, ob man sich überhaupt in argumentativer Weise mit dem Theodizeeproblem auseinandersetzen sollte. Hierbei wird dann in der Regel auf den Qur'ān verwiesen, der ja nicht auf die spekulative Frage nach dem Leiden antworten, sondern im Leiden beistehen will; „er zielt darauf ab, seine Gläubigen in der Weise zu formen, dass sie fähig werden, die Fälle von Leiden, Elend, Qual und Schmerz zu bekämpfen und eventuell fähig werden, die Versuchung zu besiegen, Böses zu tun" (Aslan, 32). Das Problem des Übels sei erst einmal kein logisches, sondern ein existenzielles Problem (vgl. ebd., 35). Es gehe darum, mit dem Übel klarzukommen und es zu bekämpfen, nicht darum es zu erklären (vgl. ebd. 37). Im Übrigen sei es – so Bülent Uçar – auch völlig aussichtslos, den Sinn des Leidens verstehen zu wollen. „Leid ist nicht immer zu verstehen. Es muss jedoch auch ohne es zu verstehen von einem Glaubenden im Vertrauen auf den Erbarmer angenommen werden. Die Akzeptanz des Leidens vom Verstehen abhängig zu machen, ist aus islamischer Sicht verwerflich." (Uçar, 82) Oder noch einmal in den Worten Adnan Aslans: „Zusammengefasst sehen Muslime Vorkommnisse von Leiden, Elend und Schmerz nicht als *Infragestellungen* der Existenz eines allmächtigen und gütigen Gottes an. Diese Vorkommnisse wurden in eine optimistische Lebenssicht integriert. Also konzentriert sich der Qur'ān, indem er die pessimistischen Elemente des Falls eliminiert, die persönliche Verantwortung betont und die Widrigkeiten des Lebens als Gelegenheiten zum Lernen und zur Selbsterprobung ansieht, darauf, die Gläubigen psychologisch mit angemessenen Mitteln auszustatten, mit Übeln umzugehen und sie zu überwinden." (Aslan, 47)

Hierzu ist festzuhalten, dass es nicht darauf ankommt, ob Muslime oder Christen sich durch das Leiden in ihrem Glauben in Frage gestellt fühlen. Es geht bei der Theodizeefrage um die Auseinandersetzung mit dem Atheisten.[5] Der Atheist sagt, dass er an-

---

happens without being anxious about possible future disasters. " (Watt, 9) Auch wenn an dieser genealogischen Deutung etwas dran sein sollte, rechtfertigt sie jedenfalls nicht, warum heute Muslime an dieser nomadischen Eigenart festhalten sollten – zumindest dann nicht, wenn sie mittlerweile sesshaft geworden sind.

[5] Das bedeutet nicht, dass sich nicht auch Gläubige beider Religionen innerhalb ihres Glaubens sehr ernsthaft mit dem Theodizeeproblem auseinandersetzen

gesichts des Leidens nicht an Gott glauben kann, ja dass es unmoralisch ist, angesichts des Leidens in der Welt an Gott zu glauben. Dem gilt es entgegenzutreten. Das ändert nichts daran, dass das Leiden erst einmal eine enorme existenzielle Herausforderung ist und dass diese existenzielle Herausforderung sicher viel wichtiger ist als die intellektuelle Auseinandersetzung mit der Theodizeefrage. Ich bezweifle auch nicht, dass es im Qur'ān wie auch in der Bibel wichtige Hilfestellungen bei der existenziellen Auseinandersetzung mit dem Leiden gibt. Nur kann man von dem Qur'ān, gerade dann, wenn man glaubt, dass er von Gott verfasst wurde, keine theologische Antwort auf die Theodizeefrage erwarten. Denn diese Frage setzt ja die Möglichkeit des Zweifels an Gott voraus. Wenn ich diese Zweifelsmöglichkeit dogmatisch eliminiere, indem ich aus der Perspektive Gottes argumentiere, verabschiede ich mich aus der wissenschaftlichen Diskussion, wie sie sich im Westen entwickelt hat.

Das kann man natürlich tun und auch dafür argumentieren, indem man etwa sagt, dass Gott jenseits unserer Vernunft ist und „die göttliche Freiheit ... absolut und in diesem Sinne jenseits von Gut und Böse“ (Görgün, 46) ist. Aber wenn ich tatsächlich annehme, dass Gott so sehr jenseits von gut und böse ist, dass eine Katastrophe wie Auschwitz oder das Erdbeben von Lissabon seine Güte nicht in Frage stellt, dann ist Gott nach unseren Maßstäben böse und wir haben nun einmal keine anderen Maßstäbe als unsere. Ein Mensch, der wenigstens versucht, gut zu sein, wäre dann moralisch besser als Gott, der jenseits von gut und böse ist. Für einen Menschen wäre es dann tatsächlich unmoralisch an Gott zu glauben, und jedenfalls würde die Antwort auf das zentrale Argument des Atheismus verweigert.

Wichtig ist dabei im Auge zu behalten, dass eine Antwort auf die Theodizeefrage nicht so sein muss, dass sie den Sinn des Leidens erklärt und Leiden also verstehbar macht. Es geht im Gegenteil darum, gerade angesichts der offenkundigen Sinnlosigkeit und Nichtverstehbarkeit manchen Leidens den Glauben an einen guten und allmächtigen Gott zu verteidigen. Die Theodizee zielt eben

---

können und auseinandergesetzt haben. Ich mache nur darauf aufmerksam, dass man sich angesichts des neuzeitlichen Atheismus nicht mehr vor dieser Auseinandersetzung drücken kann, ohne dass der religiöse Glaube unredlich wird.

nicht auf das Verstehen des Leidens und auch nicht auf die Rechtfertigung Gottes, sondern auf die Rechtfertigung des Glaubens an Gott angesichts des unverstandenen Leidens. Und auf diese Rechtfertigung dürfen Muslime und Christen angesichts der Herausforderung des Atheismus beide nicht verzichten.

3. Traditionen argumentativer Theodizee im Islam

Wie oben bereits angedeutet gab es in der muslimischen Tradition – insbesondere in der islamischen Philosophie und bei den Muʿtaziliten – durchaus respektable Versuche der rationalen Bearbeitung des Theodizeeproblems, die auch in der Gegenwart mitunter neu aufgelegt werden und die interessante Entsprechungen in der christlichen Theologie haben. Auf einige von ihnen will ich im Folgenden exemplarisch eingehen.

3.1 Funktionalisierung des Leidens

Einen ersten Versuch möchte ich gerne im Rekurs auf den muʿtazilitischen Theologen ʿAbd al-Ǧabbār (ca. 935–1024) vorstellen. ʿAbd al-Ǧabbār ist zwar kein sonderlich origineller Denker der Muʿtaziliten, aber er war politisch sehr einflussreich und kann durchaus als repräsentativ für das Denken dieser theologischen Strömung gelten. Anders als die meisten anderen Theologen dieser Denkrichtung ist sein Denken nicht nur durch die Darstellung seiner Gegner bekannt, sondern durch neu entdeckte Originalstücke seines Werkes (Middelbeck-Varwick, 241), so dass er eine eigene Beachtung verdient.

ʿAbd al-Ǧabbār geht bei all seinen Überlegungen zum Leiden in der Welt von der absoluten Güte und Gerechtigkeit Gottes aus. Alle Taten Gottes sind für ihn gut, so dass auch die Taten, die Leiden mit sich bringen, gut sein müssen (ebd., 286). Wenn Schmerzen beispielsweise zur Abwehr eines anderen Schadens dienen oder einen Nutzen einschließen, so kann ihre Zufügung als gut angesehen werden (ebd., 289). In diesem Sinne könne beispielsweise eine Krankheit eine Warnfunktion für den menschlichen Organismus einnehmen oder den Menschen daran erinnern, bestimmte Pflichten nicht zu vernachlässigen (ebd., 303).

In einer ganz ähnlich angelegten Argumentationsweise betont auch der zeitgenössische christliche Religionsphilosoph Richard Swinburne in seiner *need-for-knowledge*-Argumentation, dass die nicht von Menschen verursachten Übel erforderlich seien, um die positiven und negativen Auswirkungen menschlicher Freiheitsentscheidungen und die Breite des sittlichen Handlungsspielraums des Menschen zu erkennen.[6] Zudem seien viele Fortschritte in der menschlichen Erkenntnis der Welt erst der Konfrontation mit Leiden geschuldet.

In dem von diesem Argumentationsgang zu trennenden *being-of-use*-Argument bemüht sich Swinburne aufzuzeigen, dass die Ausbildung moralischer Tugenden wie Solidarität, Mitleid und Tapferkeit allererst möglich werde, wenn es so etwas wie Leiden, Gefahren und Schmerzen gebe. Und erst die mannigfachen Leiden dieser Welt ermöglichten es den Menschen, sittliche Reifungsprozesse durchzumachen – ein Argument, das wir etwa auch bei Adnan Aslan finden, wenn dieser Leiden als „Mittel zur Charakterbildung" bezeichnet (Aslan, 55f.). „In einer reinen Paradieseswelt gäbe es weder eine Mutter Teresa noch einen Albert Schweitzer, und auch nicht die menschlich-personalen Werte, die uns an ihnen faszinieren" (Loichinger, 207). In diesem Zusammenhang ist es äußerst wichtig, dass der Sinn der Verteilung des Leidens nicht durchschaubar sein darf, weil andernfalls unser Einsatz gegen das Leiden unterminiert würde. Würden nur die Menschen leiden, die dieses Leiden verdient hätten, wäre Mitleid mit ihnen unangebracht und die Ausbildung der genannten Tugenden würde erschwert.[7]

Auch wenn demnach die Gründe für die genaue Verteilung des Leidens unklar bleiben müssen, soll doch für die Sinnhaftigkeit des Leidens als solchem argumentiert werden. Swinburne geht in die-

---

[6] Vgl. Swinburne 1998, 176–192; vgl. Kreiner 350–358; sowie Swinburne 1978, 301f.: „There must be natural evils if men are to know how to cause evils themselves or are to prevent evil occuring. And there have to be many such evils, if men are to have sure knowledge, for as we saw, sure knowledge of what will happen in future comes only by induction from many past instances." Zur Kritik an Swinburnes Verteidigung Gottes angesichts des malum physicum vgl. O'Connor, 321f.

[7] Vgl. Hick, 334f., sowie White, 166: „if all suffering had an evident rationale then no attempt would be made to relieve it, no courage, pity, compassion, would be evoked, and souls would not be fully made."

sem Zusammenhang so weit, das Leiden als eine Art Privileg anzusehen, weil es anderen Menschen die Ausbildung besonderer Werte ermögliche. So sei etwa die sittliche Relevanz der Entscheidungen von Plantagenbesitzern angesichts des Sklavenhandels des 18. Jahrhunderts enorm gewachsen, und der Einsatz für die Abschaffung der Sklaverei habe eine Reihe von selbstlosen und heroischen Charakteren hervorgebracht.[8]

Auch wenn derartige Entgleisungen offenkundig zynisch sind und hier nicht weiter diskutiert werden müssen, ist durch die bizarre Wahl der Beispiele das grundlegende Argument Swinburnes und ʿAbd al-Ǧabbārs, dass Leiden die Bedingung der Möglichkeit für die Ausbildung bestimmter Werte und Charakterzüge ist, noch nicht erledigt. Der Einsatz seines Lebens für Andere und das freiwillige Ertragen von Schmerzen für Andere ist nicht nur für die christliche und islamische Kultur von überragender Bedeutung. Und nicht nur religiöse Menschen würden Swinburne und ʿAbd al-Ǧabbār zugeben, dass die schmerzensreiche Geburt eines Kindes einen tiefen Sinn hat und jedenfalls wertvoller ist als ein durch Drogen hergestelltes Glücksgefühl (vgl. Swinburne 1998, 242).

Insofern wäre es falsch, dem Funktionalisierungsargument jede Relevanz abzusprechen. Es stellt die berechtigte Intuition heraus, dass Leiden mitunter einen tieferen Sinn haben und oft in einen solchen Sinn integriert werden können.[9] Doch selbst wenn man bezogen auf das eigene Leben zu der Erkenntnis kommt, dass jedes Leiden, dem man begegnen musste, einen tieferen Sinn hatte oder zumindest in den Gesamtsinn des eigenen Lebens integriert werden kann, so ist aus moralischen Gründen eine solche Aussage doch niemals in Bezug auf das Leiden Anderer zulässig. Nur die leidende Person selbst darf ihrem Leiden einen Sinn geben. Sobald die Theologie anfängt, fremdes Leiden funktional zu ver-

---

[8] Vgl. Swinburne 1998, 245; zum being-of-use-Argument insgesamt vgl. ebd. 1977, 241–249; zur Kritik vgl. Gale, 216f.

[9] Bei aller Kritik an Swinburnes Theodizee meint Gale bei Swinburne doch eine Reihe interessanter Gleichnisse finden zu können, die uns deutlich machen, wie wir unser Leben und Leiden in ihm meistern können (vgl. Gale, 219). Wie immer man die Reichweite von Swinburnes Gleichnissen einschätzt (ich wäre da insgesamt skeptischer als Gale), so sollen sie erklärtermaßen mehr sein als eine praktische Lebens- und Leidbewältigungshilfe, so dass es geboten ist, sie zunächst einmal an Swinburnes Anspruch zu messen.

arbeiten, verletzt sie in unerträglicher Weise die Dignität der Leidenden. Das entscheidende Gegenargument gegen eine Bonisierung des Leidens durch eine der genannten Formen der Funktionalisierung besteht also darin, dass das Leiden oft gerade für die leidenden Personen selbst keinen Sinn hat und für diese selbst keinerlei Funktion erfüllt. Es widerspricht aber der sittlich gebotenen Achtung vor dem Menschen als Zweck an sich selbst, sein Leben und Leiden ohne Einwilligung des Betroffenen als Zweck für andere Güter anzusehen. Gerade im Blick auf das Leiden von Kindern und Tieren erscheint jede Form von Funktionalisierung des Leidens als unangemessen.

ʿAbd al-Ǧabbār sind derartige Einwände offenkundig bekannt. Er reagiert auf sie mit einer doppelten Strategie. Zunächst einmal betont er, dass das Leiden des einen durchaus auch für andere von Nutzen sein könne – „so könne zum Beispiel die Krankheit eines Kindes eine Hilfe für seine Eltern bedeuten" (Middelbeck-Varwick, 293). Dieses Argument ist nun allerdings nicht besonders überzeugend, weil der Leidende auf diese Weise nicht in seiner Selbstzwecklichkeit respektiert wird. Es müsse eben – so schon ʿAbd al-Ǧabbār – „auch einen Gewinn für die Kinder selbst geben" (ebd.). An dieser Stelle hilft es auch nicht weiter, Leiden mit einer verborgenen nur Gott bekannten Dimension zu rechtfertigen, die sich erst in der Rückschau auf das Leben erschließen lässt. Diese Strategie, die unter Verweis auf al-Ḫiḍr immer wieder von muslimischer Seite vorgebracht wird,[10] vermag nämlich keine Antwort auf Leiden zu geben, die grausam das Leben Unschuldiger beenden. Zu Tode gemarterte Kinder können durch ihre Qualen keinen personalen Reifungsprozess durchmachen[11] und ihr Leiden kann nicht in irgendeinen verborgenen innerweltlichen Sinn für sie selbst integrierbar sein. Der für Andere ggf. durch ihre Qualen

[10] Özsoy, 208–211. Die hier zitierte Stelle des Qurʾān erzählt eine Geschichte, in der Mose erst im Nachhinein erklärt bekommt, warum scheinbar unerklärliches Leiden geschieht.

[11] Vgl. Rahner, 460f.: „Die von Napalmbomben verbrannten Kinder haben dadurch keinen humanen Reifungsprozeß durchgemacht … (Es ist eine; Vf.) Tatsache, daß es unendlich vielfältiges, entsetzliches Leid in der Geschichte der Menschheit gibt bis zu dem dunklen Los der unmündig sterbenden Kinder und den in Altersschwachsinn verdämmernden Greisen, das nicht in einen Prozeß der Reifung und personalen Bewährung integriert werden kann."

entstehende Nutzen kann aber aus kategorischen Gründen niemals ihr Leiden rechtfertigen. Der atheistische Philosoph Günter Streminger stellt deshalb völlig zu Recht in Abrede, dass „die Verlorenheit von Waisenkindern jemals dadurch gerechtfertigt werden (kann; Vf.), dass andere die Möglichkeit erhalten, sich mildtätig zu verhalten" (Streminger, 217). Dieser Einwand gilt insbesondere dann, wenn die betroffenen Personen selber durch ihren Tod keine Möglichkeit mehr haben, personal zu reifen oder von dem durch ihr Leiden erreichten evolutiven Fortschritt oder dem entsprechenden Wissenszuwachs selber zu profitieren.

Wie gesagt ist ʿAbd al-Ǧabbār dieses Problem durchaus bewusst, und er greift zu einer Lösung, die auch aus der christlichen Tradition gut bekannt ist: Gott kompensiere die Leidenden im Himmel.[12] Damit nimmt er eine weitere traditionelle Strategie der Theodizee auf, die ich im folgenden Abschnitt würdigen will und als teleologische Depotenzierung des Leidens bezeichnen möchte, weil es ihr darum geht, das Leiden im Blick auf ein Ziel (Telos), eben das Jenseits, als weniger schlimm anzusehen.

3.2 Teleologische Depotenzierung des Leidens

„ʿAbd al-Ǧabbār nimmt an, dass Gott so große Entschädigung für Schmerzen, die er verursacht hat, gibt, dass alle Menschen entschieden hätten, unter welchen Umständen auch immer, dafür den Schmerz auf sich zu nehmen." (Middelbeck-Varwick, 294) Er sorge dabei so für ausgleichende Gerechtigkeit, dass jede Schuld gesühnt und jede Träne getrocknet wird, aber auch die Schuldigen selber ihre Schuld begleichen. „Gott gleiche einer Art Buchhalter, der die Konten über die Entschädigungsansprüche jedes einzelnen führe, die sie von ihm zu erhalten haben und der die Mengen von einem Konto zum anderen verschiebe." (ebd., 299) In gewisser Weise hat also der Wert der Willensfreiheit für ʿAbd al-Ǧabbār eine herausragende Bedeutung, weil Gott auch in seiner Barmher-

[12] Auch innerislamisch war diese Strategie alles andere als neu und gerade unter Muʿtaziliten sehr beliebt; vgl. Watt, 6f.: „A common view in later times was that God allowed children to suffer in order to warn adults and that then in order to compensate for their sufferings he gave them an indemnity such as entry into Paradise."

zigkeit nicht über die Köpfe der Versöhnung von Opfern und Tätern hinweg handelt. Allerdings wird die Belohnung im Paradies alles für Menschen Mögliche und Erwartbare übersteigen, so dass man nur sagen könne, dass die Entschädigung und Sühne jeweils in begrenzter Form durch das Engagement und die Verpflichtung der Geschöpfe erfolgt, während die eigentliche Kompensation dann in unbegrenzter Weise durch Gott vervollkommnet wird und so die höhere Gerechtigkeit Gottes beweist, die uns den Schmerz leicht ertragen lässt (ebd., 300) – so jedenfalls die Vorstellung ʿAbd al-Ǧabbārs.

Diese Art der Argumentation ist gut aus der christlichen Tradition bekannt und wird in der religionsphilosophischen Diskussion gerne als teleologische Depotenzierung des Leidens bezeichnet, weil es ihr um eine Relativierung des Leidens im Hinblick auf ein zukünftiges Leben geht.[13] Kein Leiden, kein Schmerz und kein Übel kann dieser Argumentationsfigur zufolge in einem endlichen Leben so schrecklich sein, dass es nicht in der Ewigkeit von Gott verwandelt, geheilt und versöhnt werden könnte.

Diesem Gedanken wird man sicherlich insofern zustimmen können, als der Verzicht auf die Gewissheit einer eschatologischen Verwandlung des Leidens jeder argumentativ vorgehenden Theodizee erhebliche Schwierigkeiten bereiten dürfte. Verzichtet man wie etwa die Prozesstheologie auf die Gewissheit einer postmortalen Rettung und Tröstung durch den allmächtigen Gott, weil man Gott das Allmachtsprädikat in seinem traditionellen Sinn meint absprechen zu müssen, verliert die Theodizee erheblich an Überzeugungskraft (vgl. White, 174f.). Denn allzu offensichtlich ist die Tatsache, dass es viel zu viele Formen des Leidens in diesem Leben gibt, die ohne Aussicht auf einen eschatologischen Verwandlungsprozess zu einer Ablehnung des Daseins durch die betroffenen Menschen führen müssten.

Andererseits ist es nicht überzeugend, in der Aussicht auf eine postmortale Versöhnung eine eigenständige Antwort auf die Theodizeefrage sehen zu wollen. Das entscheidende Argument gegen

---

[13] Vgl. zu dieser Strategie bereits Leibniz, 16f. Auch in der gegenwärtigen Islamischen Theologie spielt sie eine große Rolle – etwa dann, wenn Theologen wie Bülent Uçar auf die „Relativität menschlichen Leids und die Vergänglichkeit der Welt“ verweisen (Uçar, 83).

diese und jede andere Version teleologisch ausgerichteter Theodizee lautet, dass sie nicht zu erklären vermögen, warum uns Gott nicht direkt in den dabei angezielten Zustand hinein erschaffen hat (vgl. Kreiner, 268). Wenn es richtig ist, dass der Wert des Daseins letztlich durch das Jenseits sichergestellt wird, und wenn weiter richtig ist, dass sich das Glück des Jenseits unabhängig vom Diesseits erreichen lässt, ist schlechterdings nicht mehr erklärbar, warum ein guter und allmächtiger Gott das Diesseits überhaupt erschaffen haben sollte. Wenn das ewige Leben auch ohne unser leiderfülltes Leben denkbar ist, „kann es zwar als Überwindung des Leides gedacht werden, legitimiert es aber nicht“ (Rahner, 462). Denn es bleibt immer die Frage offen, warum es dieses Leben mit seinem Leiden geben muss und warum wir nicht direkt in die ewige Seligkeit hinein erschaffen worden sind.

Beantwortet man diese Frage mit dem Hinweis auf menschliche Reifungsprozesse in diesem Leben, die dann eben postmortal fortgesetzt würden, stellt sich die Frage, ob der Hinweis auf postmortale Vorgänge für die Beantwortung der Frage nach der Annahme des Daseins hier und jetzt nicht zu spät kommt.

In dieser Hinsicht wird jedenfalls immer wieder der Protest der Romanfigur Iwan Karamasow zitiert, der sich weigert, die Eintrittskarte in einen postmortalen Versöhnungsprozess anzunehmen. Als Illustration dieser Verweigerung wählt Iwan den Bericht über einen russischen General und sehr reichen Gutsbesitzer, der zu Beginn des 19. Jahrhunderts einen achtjährigen Jungen eines Hofleibeigenen dafür bestrafen möchte, dass er beim Spielen einen seiner Lieblingshunde mit einem Stein am Fuß verletzt hat. Die Strafe besteht darin, den Jungen vor den Augen aller Hofleibeigenen und vor den Augen seiner Mutter nackt auszuziehen und ihn von der ganzen Meute der Windhunde des Generals zu Tode hetzen und in Fetzen reißen zu lassen (vgl. Dostojewski, 416f.). Trotz des schrecklichen Ausmaßes dieses Verbrechens gibt Iwan zu, dass er gar nicht ausschließen kann, dass sich angesichts der Offenbarung der Herrlichkeit Gottes alle Menschen versöhnen und dass auch er selber dem General verzeihen und die Gerechtigkeit Gottes preisen wird. Doch zugleich hält er fest:

> „Ich will aber gar nicht, dass ich dann so ausrufe. Solange es noch an der Zeit ist, beeile ich mich, mich dagegen zu wehren,

> und deshalb sage ich mich auch völlig los von der höchsten Harmonie. Sie lohnt gar nicht das Tränchen, sei es auch nur eines einzigen gemarterten Kindchens, das sich mit seinen kleinen Fäustchen an die Brust schlug in seiner übelriechenden Höhle, und mit seinen ungesühnten Tränchen zu dem lieben Gott betete!" (ebd., 420)

Eine Sühne aber für das Leiden der Kinder sei nicht denkbar, so dass man die auf den Leiden namenloser Unschuldiger errichtete Harmonie des Himmels nur ablehnen könne:

> „Ich aber will gar keine Harmonie, aus Liebe zur Menschheit will ich sie nicht. Ich will lieber verharren bei ungesühntem Leiden! ... Deshalb beeile ich mich auch, mein Eintrittsbillet (in diese Harmonie; Vf.) zurückzugeben" (ebd., 421).

Der Hinweis auf postmortale Entwicklungsprozesse kommt bei dieser Form des Protestes immer schon zu spät.[14] „Ein Gott, der erst im Nachhinein zur vollendeten Agonie Unschuldiger – etwa als Totenerwecker – auf den Plan tritt, kann Iwan Karamasoff, nicht daran hindern, sein Eintrittsbillet zurückzugeben" (Verweyen, 585).

Theologen wie Hansjürgen Verweyen bestehen deshalb auf einer Ausbuchstabierung der christlichen Eschatologie, die Auferstehung als einen Akt kennzeichnet, „der den Anschein der Sinnlosigkeit von innen her unterläuft" (ebd. 586; vgl. Platzbecker, 383f.). Unabhängig davon, ob man dieser Näherbestimmung des Auferstehungsglaubens beipflichtet und wie man eine solche Näherbestimmung in einer muslimischen Perspektive entwickeln kann, darf sich die Bearbeitung des Theodizeeproblems nicht von Hoffnungsfiguren abhängig machen, die das Dasein hier und jetzt unverändert lassen. Denn nur wenn das Leben hier und jetzt durch die eschatologische Perspektive verwandelt wird, gibt es in diesem Leben den Sinn, der es im Letzten lohnend macht, auch angesichts der äußersten Gestalt der Vernichtung dem Bösen standzuhalten.[15]

---

[14] Vgl. Menke, 97f.: „Für Iwan kommt eine nachträgliche Antwort in jedem Falle zu spät. Für ihn ist der Erfinder des Kompensationshimmels ein Zyniker."

[15] Vgl. Frankl, 110: „Hat dieses ganze Leiden, dieses Sterben rund um uns, einen Sinn? Denn, wenn nicht, dann hätte es letztlich auch gar keinen Sinn, das Lager zu überleben. Denn ein Leben, das damit steht und fällt, dass man mit ihm davonkommt oder nicht, ein Leben also, dessen Sinn von Gnaden eines solchen Zu-

Zusammenfassend kann man sagen, dass ʿAbd al-Ǧabbārs Überlegungen zur Theodizee nicht zu überzeugen vermögen. Man wird gegen ihn genauso wie gegen Richard Swinburne einwenden müssen, dass die Grundidee einer Funktionalisierung des Leidens gegen die Selbstzwecklichkeit jedes Menschen verstößt und der Verweis auf eine Kompensation im Jenseits angesichts des soeben genannten Arguments von Iwan Karamasow zu spät kommt. Jedenfalls muss man fragen, wieso Gott uns nicht direkt ins Paradies erschafft, wenn der eigentliche Sinn des Lebens im Nachhinein erst von Gott hergestellt wird. Ich will mich daher noch kurz einer dritten Form argumentativer Theodizee zuwenden, die in der islamischen Tradition und Gegenwart eine große Rolle spielt – die Pädagogisierung des Leidens.

3.3 Pädagogisierung des Leidens

An zahlreichen Stellen im Qurʾān wird das Leiden als göttliche Prüfung verstanden (vgl. Aslan, 47). Das gegenwärtige Leben wird in diesem Blickwinkel als ein Test angesehen: „Wir bestehen die Probe, indem wir akzeptieren, was Gott uns gibt, indem wir erkennen, dass die Gnade, die er selbst dem unglücklichsten Menschen erweist, größer ist als das Unglück, das er erlebt." (Heine, 254) In dieser Perspektive gilt: „Alle Lebensumstände sind Prüfungen göttlicher Art, die dem Menschen zum Weg zu Gott werden können." (Essabah, 53) Von daher können Leiden sogar als Auszeichnung verstanden werden, weil Gott einem Menschen, der besonders viel Schlimmes durchmacht, auch besonders viel zutraut.[16] Sowohl in der christlichen als auch in der muslimischen Tradition hat sich

falls abhängt, solch ein Leben wäre nicht eigentlich wert überhaupt gelebt zu werden."

[16] Für Sufis beispielsweise waren „Heimsuchungen und Anfechtungen Zeichen dafür, dass Gott ihnen nahe ist. Denn ‚... je mehr Er jemanden liebt, umso mehr wird Er ihn prüfen, indem Er ihm auch die letzte Spur irdischer Tröstungen hinwegnimmt, so dass der Liebende sich einzig und allein auf Ihn stützt'" (Essabah, 54) – ein Gedanke, der übrigens stark an die Himmelszenen des Buches Ijob erinnert. In ähnlicher Stoßrichtung verweist auch Aslan auf einen „Hadith, in welchem der Prophet sagt: ‚Von den Menschen leiden die Propheten am meisten, dann die Heiligen, dann die anderen Menschen nach ihrem jeweiligen Rang'." (Aslan, 55).

vor dem Hintergrund eines solchen Glaubens das Sprichwort herausgebildet, dass Gott uns nicht mehr zumutet, als wir tragen können.

Auch wenn dieses Sprichwort sehr fromm ist, ist es leider falsch. Es gibt unzählige Menschen, denen mehr zugemutet wurde, als sie tragen konnten. Und es wäre äußerst zynisch zu behaupten, dass sie alle die ihnen von Gott her zugedachte Prüfung nicht bestanden haben. Was ist etwa mit einem Kind, das in einen Elendsviertel groß wird, das niemals zum Erwachen eines sittlichen Bewusstseins kommt und sich gewaltsam den Lebensunterhalt verdient, bis es schließlich von gedungenen Killern eines Großgrundbesitzers getötet wird? Oder was ist mit einem Menschen, der von Geburt an an mehreren Behinderungen leidet und unter furchtbaren Schmerzen stirbt? Will man hier wirklich sagen, dass diese Menschen eine echte Chance hatten, die ihnen zugemutete Prüfung zu bestehen?

Es ist unzweifelhaft richtig, dass eine Krankheit erzieherische Effekte für den Leidenden haben und dass ein als Sündenstrafe verstandenes Leiden mitunter die Anstrengungen zur sittlichen Besserung beflügeln kann. Darüber hinaus kann das Leiden durch seine Pädagogisierung seine Hoffnungs- und Aussichtslosigkeit verlieren, indem eine Gemeinde das Leiden als Chance sieht, um umzukehren und das Verhältnis zu Gott wieder in Ordnung zu bringen (vgl. Berger, 117–119). In diesem Sinne ist beispielsweise das ganze deuteronomistische Geschichtswerk von der Idee beseelt, dass Israel durch die schrecklichen Erfahrungen seiner Geschichte zu mehr Treue Gott gegenüber erzogen werden soll, und auch der Qur'ān enthält einige Stellen, die das Leiden als Prüfung plausibel machen. Doch nicht erst die Maßlosigkeit des Grauens von Auschwitz macht diesen Gedanken vollkommen unmöglich, wenn man ihn für das Theodizeeproblem fruchtbar machen will. Das Leiden ist viel zu oft viel zu verheerend, um ihm noch irgendeinen pädagogischen Nutzen zusprechen zu können – zumindest nicht über die Köpfe der von ihm Betroffenen hinweg.

Schon die in den Büchern Ijob und Kohelet greifbar werdende Krise der weisheitlichen Theologie macht deutlich, dass die Idee vom Leiden als angemessener Strafe für menschliche Sünden oder einem erzieherischen Ziel in jedem Leiden der Wirklichkeit Hohn spricht. Es gibt einfach viel zu viele Menschen, bei denen ihr Leiden allzu offensichtlich keine Sündenstrafe sein und keinerlei erzieherischen Nutzen mehr haben kann. Damit ist nicht gesagt, dass Gott nicht (gelegentlich) moralisch gerechtfertigt sein könnte – so wie ein Vater, sein Kind bittere Medizin nehmen lässt –, Menschen Leiden zu ihrem Wohl aufzuerlegen (vgl. Pike, 230). Es ist auch nicht gesagt, dass es falsch wäre, bestimmte Formen des Leidens als Prüfung anzuerkennen. Es ist allein der Tatsache Rechnung getragen, dass in unserer Wirklichkeit sehr viel dafür spricht, dass eine solche Rechtfertigung allzu oft nicht zutrifft. Ganz davon abgesehen, dass die Pädagogisierung des Leidens geradezu zu unsittlichem und unsolidarischem Verhalten einlädt, weil Leiden ja in dieser Logik zur Strafe oder Erziehung des Anderen zugelassen werden müsste, scheitert der Pädagogisierungsversuch also an seiner fehlenden Kompatibilität mit unserer alltäglichen Wirklichkeitserfahrung.[17]

Versucht man ihn deshalb wieder dadurch zu retten, dass man den pädagogischen Wert des eigenen Leidens für andere hervorhebt, entsteht wieder das moralische Problem, dass hier die im Kategorischen Imperativ geforderte Selbstzwecklichkeit des Individuums nicht gewahrt bleibt und die Argumentation unmoralisch wird. Mit dem jüdischen Religionsphilosophen Emmanuel Levinas gesprochen: „Die Rechtfertigung des Schmerzes des Anderen ist der Ursprung aller Unmoral.“ (Levinas, 126)

Bleibt man deshalb bei der Unhintergehbarkeit der Perspektive der Leidenden und löst das Theodizeeproblem unter Rekurs auf teleologische Argumentationsfiguren, entstehen die unter 3.2 skizzierten Probleme. Es bleibt in meinen Augen deshalb nur eine einzige überzeugende Möglichkeit argumentativer Theodizee übrig,[18] die ich im Folgenden wenigstens noch andeuten will: das Argument von der Willensfreiheit.

---

[17] Zur ausführlichen Kritik an der Idee vom Leiden als Sündenstrafe vgl. Kreiner, 141–163.

[18] Im schiitischen wie im christlichen Denken spielt oft noch die erlösende Kraft des Mitleidens eine wichtige Rolle in der Theodizee. Sie wird hier nicht näher thematisiert, weil sie das Problem des Leidens nicht löst, sondern eigentlich noch verschärft, weil jetzt auch noch der Gerechte mitleidet und damit noch unklarer wird, warum Gott die Welt nicht so eingerichtet hat, dass ein solches Mitleiden überflüssig wird. Von Gott wird man zu Recht eher erwarten, dass er das Leiden beendet als dass er es verdoppelt.

Das Argument von der Willensfreiheit ist in den letzten drei Jahrzehnten wieder vermehrt in der theologischen und religionsphilosophischen Diskussion präsent und wird in der Fachdebatte der Gegenwart meistens unter dem Stichwort *free will defense* diskutiert. Es hat folgenden Grundgedanken: Das von den Menschen verursachte Leiden ist nicht Gott anzulasten, sondern der Freiheit des Menschen. Denn es ist aus logischen Gründen auch für ein allmächtiges Wesen unmöglich, Freiheit zu gewähren und gleichzeitig zu garantieren, dass diese sich immer zum Guten entschließt. Wenn Gott die Freiheit des Menschen will, kann er nicht anders, als das von Menschen verursachte Leiden zuzulassen.

Dafür, dass Gott die menschliche Willensfreiheit bedingungslos bejaht, gibt es gute Gründe, weil die Respektierung von Freiheit das Gesetz der Liebe ist. Wenn Gott also die Liebe des Menschen gewinnen will – was zumindest aus christlicher Sicht das zentrale Schöpfungsziel Gottes ist –, muss er ihn bedingungslos frei setzen und darf an keiner Stelle manipulativ in seine freien Willensentscheidungen eingreifen. Von daher muss Gott auch die bösen Folgen menschlichen Handelns zulassen, auch wenn er sie eigentlich nicht gutheißt. Aber um des höheren Wertes der menschlichen Willensfreiheit willen, lässt er das böse Tun der Menschen zu. Das durch dieses Tun verursachte Leiden ist dann gewissermaßen der Preis für die menschliche Willensfreiheit.

Aber auch das Leiden, das nicht von Menschen verursacht wird, das sogenannte *malum physicum* lässt sich in diese Argumentationsfigur integrieren. Das *malum physicum* folgt nämlich aus Naturgesetzen, die Bedingung der Möglichkeit für die Evolution hin zum Menschen sind (*natural law defense*). So lassen sich gute physikalische Argumente dafür vorbringen, dass auch nur die kleinste Veränderung in den Naturgesetzen die evolutive Entwicklung zum Menschen hin unmöglich machen würde. Die Konstanten der Naturordnung dieser Welt sind in so feiner Weise aufeinander abgestimmt, dass man keineswegs weniger Leid erzeugende Resultate erreichen kann, ohne dass eine Entwicklung zum Menschen unmöglich wird.

Das in dieser *natural law defense* verwendete Argument ist natürlich uralt. Es hat seine Grundlagen in Leibniz' Rede von der besten aller möglichen Welten und kann bereits in al-Ġazālīs Gedanken vorgezeichnet gesehen werden, dass „es nicht möglich ist, dass es etwas Besseres, Vollkommeneres und Vollständigeres gibt als das"[19]. Von daher sehe ich nicht, wieso sich islamische Theologen schwer damit tun sollten, die *natural law defense* und die mit ihr verbundene Keine-bessere-Welt-Hypothese mitzuvollziehen. Integriert in die *free will defense* bietet sie jedenfalls ein interessantes Argument zur Abwehr des Protestatheismus angesichts der Theodizeefrage. Da ich dieses Argument bereits ausführlich an anderer Stelle entfaltet habe, müssen hier an dieser Stelle allerdings die bisherigen Andeutungen genügen.[20]

Mir scheint dieses Argument jedenfalls nichts zu enthalten, was die Islamische Theologie aus grundsätzlichen Gründen nicht mitvollziehen könnte, und man kann durchaus muʿtazilitische Denker und islamische Philosophen finden, die Teile der Argumentation der *free will defense* vorwegnehmen – so beispielsweise al-Ǧawzīya[21]. Dennoch bleiben auch bei einer noch so starken Expli-

---

[19] Aslan, 51. Der Gedanke taucht allerdings nicht in der Theodizee, sondern in der Bestimmung der Einheit Gottes und des Vertrauens zu ihm auf (Aslan, 51). Theodizeekritische muslimische Theologen behaupten deshalb, dass seine Argumentation nicht im Zusammenhang der Theodizee verwendet werden sollte (vgl. Görgün, 47). Dagegen verteidigen andere muslimische Autoren die Idee der besten aller möglichen Welten im Kontext der Theodizee (vgl. etwa die Hinweise bei Kalin, 183 auf al-Ġazālī und Mulla Sadra, von dem er im Laufe seines Artikels sechs Argumente zur Verteidigung der Doktrin referiert und die im Anschluss an die Muʿtazilla und die islamischen Philosophen entwickelt sind). Bereits Ormsby hatte in dem zweiten Kapitel seiner aufschlussreichen Monographie einen Überblick über eine ganze Reihe von Kommentatoren gegeben, die al-Ġazālīs Gedanken übernehmen und dem man noch viele Autoren unterschiedlichster Provenienz hinzufügen kann, so beispielsweise so unterschiedliche Denker wie Ibn ʿArabī und Ibn Taymiyya (vgl. Hoover, 56).
Etwas anders gelagert ist die Argumentation bei Averroes, wenn dieser festhält, dass die einzige Alternative zur Erschaffung einer Welt mit Leiden die Erschaffung von gar keiner Welt gewesen wäre, „and that would have meant renouncing that greater good" (Hourani, 27). Ob man diesen Gedanken in eine vom Freiheitsdenken geleitete Form der *natural law defense* integrieren kann oder ob er noch einem metaphysischen Nezessitarismus verpflichtet ist, wäre eine spannende Anschlussfrage, die aber eine eigene vergleichende Studie zu Averroes und Thomas von Aquin erfordern würde.

[20] Vgl. als Zusammenfassung meines Gedankens an dieser Stelle meinen Aufsatz 2006.

[21] Den Hinweis auf Ibn Qayyim al-Ǧawzīya, dessen Buch Šifāʾ al-ʿalīl ab 455f.

kation dieser Argumentation Rückfragen offen. Insbesondere kann man auch bei dieser Form argumentativer Theodizee die moralische Integrität des Gottesglaubens in Frage stellen.

Im Gefolge des weiter oben zitierten Einwandes von Iwan Karamasow kann man nämlich aus protestatheistischer Sicht fragen, ob man das Leiden überhaupt als Preis der Freiheit und Liebe akzeptieren darf, wenn es doch Menschen gibt, die nichts oder viel zu wenig von diesem Preis haben. Hier könnte man nun zwar sagen, dass alle Menschen zumindest durch die Auferstehung erkennen werden, dass dieser Preis tatsächlich auch ihr Leiden wert ist. Aber dieser Gedanke ist wieder gefährlich nahe bei einer teleologischen Depotenzierung des Leidens. Außerdem liegt er quer zu dem moralisch zwingend gebotenen Respekt vor dem kategorischen Nicht-Sein-Sollen des Leidens des Anderen. Zumindest ist die Einsicht darein, dass es ein Leiden gibt, das unbedingt nicht sein soll, die Quelle autonomer Moral und sollte auch von religiösen Menschen anerkannt werden.

Von daher scheint es aus moralischen Gründen geboten zu sein, auf eine Rechtfertigung des Leidens zu verzichten. Da der Glaube an Gott aber der Glaube an universalen Sinn ist und die Rechtfertigung des Leidens geradezu analytisch aus ihm folgt (vgl. Wittgenstein, 16), scheint es so, dass der Gottesglaube tatsächlich moralisch fragwürdig und der Protestatheismus gerechtfertigt ist. Natürlich kann man gegen diesen moralischen Einwand geltend machen, dass auch der Protestatheismus fragwürdige moralische Konsequenzen hat, weil er den Leidenden definitiv aufgibt und die Solidarität der Hoffnung für ihn verweigert. Aber mit diesem Einwand hätte man nur ein argumentatives Patt in moralischer Hinsicht erzielt; die folgenschwere protestatheistische Basisintuition wäre nicht widerlegt. Wir stehen also jetzt vor der schwierigen Aufgabe, wie man einerseits die theistische Hoffnungsperspektive beibehalten kann, um den anderen in seinem Leiden nicht im Stich zu lassen, ohne dadurch zu sagen, dass dieses Leiden in einen Gesamtsinn integriert ist. Die *free will defense* und *natural law defense* haben hier insofern einen ersten wichtigen Schritt vollzogen, als sie dem Leiden keinen konkreten Sinn mehr zusprechen. Sie

---

bis 591 grundsätzlich auf dem Prinzip der Willensfreiheit basiert, verdanke ich Dr. Elhadi Essabah.

halten fest, dass bestimmte Formen des Leidens eigentlich nicht sein sollen, weil sie aus Sünden der Menschen oder Dysfunktionen der Natur folgen. Aber sie beharren dadurch, dass sie das Leiden als Preis der Freiheit ansehen, darauf, dass die theistische Sinnperspektive auch angesichts der Katastrophen dieser Geschichte beibehalten werden darf. Und dadurch werden sie moralisch fragwürdig. Kann man diese Konsequenz vermeiden, kann man also die moralischen Folgeprobleme des Theismus vermeiden, ohne auf seine ja auch wieder moralisch gebotene Hoffnungsperspektive zu verzichten? Interessanterweise ist es wieder ein muslimischer Denker, der einen Weg aufgezeigt hat, wie man diese Problemlage bearbeiten kann.

4. Attar und der Aufstand gegen Gott oder: die Wende zur postulatorischen Rede von Gott

In seiner Habilitationsschrift schildert Navid Kermani ausführlich, wie in Teilen der islamischen Mystik ein jüdisch-christlicher Traditionsstrang, der vor allem an das biblische Buch Ijob anknüpft, aufgenommen wird, der das denkerische Potenzial enthält, um die soeben beschriebene Aporie zu lösen. Diese Lösung besteht darin, Gottes Gerechtigkeit gegen die Ungerechtigkeit dieser Welt einzufordern, also – kantisch gesprochen – die Wirklichkeit Gottes und damit seine authentische Selbstrechtfertigung zu postulieren, ohne sie doktrinal vorwegzunehmen. Zu diesem Postulat gehört notwendig der Protest gegen das Leiden, der sich im Hadern mit Gott und in der Anklage Gottes äußert. Auch wenn das Hadern mit Gott in der islamischen genauso wie in der christlichen Orthodoxie weitgehend verpönt ist, zeigt sich in der von Kermani zitierten islamischen mystischen Literatur ebenso wie im Buch Ijob ein Weg des Haderns mit Gott, das aus der Liebe zu ihm gespeist wird und das die hier geforderte postulatorische Gottesrede begleiten kann. Das bedeutendste Zeugnis dieses Haderns ist „Das Buch der Leiden“ des persischen mystischen Dichters Attar (1145–1221). Es „lehrt, dass die Wege, auf denen mit Gott gehadert wird, auch mitten durch die islamische Frömmigkeit verlaufen können.“ (Kermani, 209) Das Besondere an Attars Attacken gegen Gott besteht darin, dass sie von jemandem artikuliert werden, der Gott verfallen ist:

„Nur wer an den Höchsten glaubt, kann mit Steinen bis in den Himmel schmeißen."[22]

Die von Atheisten geforderte Haltung des Protestes wird hier also nicht etwa widerlegt, sondern noch einmal überbietend übernommen, aber in den Dialog mit Gott integriert und damit mit der theistischen Perspektive verbunden. Bei aller Sehnsucht nach Gott und bei aller Annahme auch noch so schlimmer Schicksalsschläge bleibt dennoch um des Anderen willen die Anklage und Nachfrage; „in ihrer Verzweiflung sind sie religiöser als die Gläubigen, die Gott preisen, aber vor den realen Verhältnissen Seiner Schöpfung die Augen verschließen. Die über das übliche Maß lieben, wagen es den Gott einzufordern, wie Er sich selbst offenbart hat." (ebd., 213) Gerade die Auflehnung gegen Gott wird so vielleicht als das intimste Moment des Glaubens überhaupt sichtbar (vgl. ebd., 211).

Der von Navid Kermani aufgezeigte Weg der Bejahung Gottes im Modus des Protestes eröffnet eine Möglichkeit auch auf der Ebene der praktischen Vernunft der Kritik des Protestatheismus standzuhalten. Dies kann die argumentative Auseinandersetzung um das Theodizeeproblem mit den Mitteln der theoretischen Vernunft nicht ersetzen. Natürlich muss ich zunächst einmal mit den Mitteln der theoretischen Vernunft zeigen, wieso es nicht unvernünftig ist, an einen guten und allmächtigen Gott angesichts des Leidens zu glauben. Dies kann man m.E. mit den unter 3.4 angedeuteten Argumenten leisten und sollte es auch tun. Wenn nun aber gegen diese Argumentation moralische Bedenken geltend gemacht werden, kann man mit Attar, Ijob, Kant und Kermani den Modus der Gottesrede ändern und alle menschliche Gottesrede in einen postulatorischen Modus setzen. Gott selbst kann im Qur'ān bzw. in Christus auch im Indikativ sprechen und uns direkt seine Barmherzigkeit und Liebe zusagen. Aber wir können hierauf nicht glaubend und liebend antworten, ohne klagend und hadernd das geschundene Gesicht dieser Welt vor Gott zu bringen. Wir müssen deshalb alle theoretische Rede von Gott unter-

[22] Ebd., 172. Dass es sich bei Attar nicht nur um eine Außenseiterposition handelt, kann man daran sehen, dass in den schiitischen Bittgebeten von Imamen die Formulierung vorkommt, dass man „von Gott einzig und allein zu Gott flüchten kann" – sogar am Jüngsten Gericht. Diese Formulierung erinnert sehr an den biblischen Ijob, der in seiner Verzweiflung an Gott, der Welt und seinem eigenen Schicksal sich auch nicht mehr anders zu helfen weiß als durch Flucht zu Gott. Diesen Hinweis verdanke ich Dr. Fateme Rahmati.

fassen durch den Modus des Postulats, so dass deutlich wird, dass wir das Leiden des Anderen nicht ideologisch verklären, sondern einfach nur die Solidarität mit ihm nicht aufzugeben bereit sind. Da nur Gottes Liebe stärker ist als der Tod, kann ich eben nicht ohne Gott kategorisch für den zu Tode Gemarterten eintreten und dieses Eintreten als sinnvoll denken. Und so können und dürfen wir uns das Postulat seiner Wirklichkeit auch vom Protestatheismus nicht ausreden lassen, ohne das wir deshalb die berechtigten Intuitionen dieser Haltung ignorieren müssten.

Literatur

Antes, Peter, The first Ashʿarites' Conception of Evil and the Devil. In: Seyyed Hossein Nasr (Hg.), Mélanges offerts à Henry Corbin, Teheran 1977, 177–189.

Aslan, Adnan, Sündenfall, Überwindung des Bösen und des Leidens im Islam. In: Peter Koslowski (Hg.), Ursprung und Überwindung des Bösen und des Leidens in den Weltreligionen, München 2001, 31–62.

Ayoub, Mahmoud, Redemptive Suffering in Islam. A Study of the Devotional Aspects of ʿAshura in Twelver Shism, New York 1978.

Berger, Klaus, Wer bestimmt unser Leben?, Gütersloh 2002.

Dostojewski, Fjodor Michailowitsch, Die Brüder Karamasow I, Frankfurt 2006.

Essabah, Elhadi, Die metaphysische Basis der Religionsfreiheit und die Grundprinzipien des freien menschlichen Willens im Koran, Aachen 2002.

Frankl, Viktor, … trotzdem Ja zum Leben sagen, München 1977.

Gale, Richard, Swinburne on providence. In: Religious Studies 36 (2000) 209–219.

Görgün, Tahsin, Leid als Teil der Welt und des Lebens. Gibt es ein Theodizee-Problem aus islamischer Perspektive? In: Renz, Prüfung oder Preis der Freiheit?, Regensburg 2008, 31–48.

Heine, Peter, Die Antwort des Islams auf die Frage nach dem Leid und dem Bösen. In: Hermann Kochanek (Hg.), Wozu das Leid? Wozu das Böse? Die Antwort von Religionen und Weltanschauungen, Paderborn 2002, 253–265.

Hick, John, Evil and the God of love, London 2007.

Hoover, John, The Justice of God and the Best of All Possible Worlds – the Theodicy of Ibn Taymiyya. In: Theological Review 27 (2006) 53–75.

Hourani, George F., Averroes on God and Evil. In: Studia Islamica 16 (1962) 13–40.

Illies, Christian, Theodizee der Theodizeelosigkeit. In: Philosophisches Jahrbuch 107 (2000) 410–428.

Inati, Shams C., The problem of Evil. Ibn Sina's Theodicy, Binghampton 2000.

Kalin, Ibrahim, Mulla Sadra on Theodicy and the Best of All Possible Worlds. In: Journal of Islamic Studies 18 (2007) 183–201.

Kermani, Navid, Der Schrecken Gottes. Attar, Hiob und die metaphysische Revolte, München 2005.

Kreiner, Armin, Gott im Leid, Freiburg 1997.

Leibniz, Gottfried Wilhelm, Theodizee, I, 1710.
Levinas, Emmanuel, Zwischen uns. Versuch über das Denken und den Anderen, München/Wien 1995.
Loichinger, Alexander, Theologie und Naturwissenschaft. In: Theologie und Glaube 92 (2002) 195–208.
Menke, Karl-Heinz, Der Gott, der jetzt schon Zukunft schenkt. In: Harald Wagner (Hg.), Mit Gott streiten. Neue Zugänge zum Theodizee-Problem, Freiburg 1998 (Quaestiones Disputate 169), 90–130.
Middelbeck-Varwick, Anja, Die Grenze zwischen Gott und Mensch. Erkundungen zur Theodizee in Islam und Christentum, Münster 2009.
O'Connor, David, Swinburne on natural evil. In: Religious Studies 19 (1983) 65–73.
Özsoy, Ömer, „Gottes Hilfe ist ja nahe!" (Sure 2,214) Die Theodizeeproblematik auf der Grundlage des koranischen Geschichts- und Menschenbildes. In: Renz, Prüfung oder Preis der Freiheit?, 199–211.
Ormsby, Eric L., Theodicy in Islamic Thought. The Dispute over al-Ghazzali's „Best of all possible Worlds", Princeton 1984.
Pike, Nelson, Hume über Übel. In: Christoph Jäger (Hg.), Analytische Religionsphilosophie, UTB (Bd. 2021), Stuttgart 1998, 227–253.
Platzbecker, Paul, Radikale Autonomie vor Gott denken, Regensburg 2003.
Rahner, Karl, Warum lässt Gott uns leiden? In: Ders., Schriften zur Theologie, Bd. 14, Zürich u. a. 1980.
Renz, Andreas u. a. (Hg.), Prüfung oder Preis der Freiheit? Leid und Leidbewältigung in Christentum und Islam, Regensburg 2008 (Theologisches Forum Christentum – Islam).
Schreiner, Stefan, Der Prophet Ayyub und das Theodizee-Problem im Islam. Eine Erwiderung auf Zahsin Görgün. In: Renz, Prüfung oder Preis der Freiheit?, Regensburg 2008, 49–63.
Stosch, Klaus von, Transzendentaler Kritizismus und Wahrheitsfrage. In: Georg Essen/Magnus Striet (Hg.), Kant und die moderne Theologie, Darmstadt 2005, 46–94.
Ders., Leiden als Preis von Freiheit und Liebe. In: ThPh 81 (2006) 60–75.
Streminger, Gerhard, Gottes Güte und die Übel der Welt, Tübingen 1991.
Stump, Eleonore, Knowledge, freedom, and the problem of evil. In: International Journal for Philosophy of Religion 14 (1983) 49–58.
Swinburne, Richard, Natural evil. In: American Philosophical Quarterly 15 (1978) 295–301.
Ders., The Problem of Evil. In: Stuart C. Brown (Hg.), Reason and Religion, New York 1977.
Ders., Providence and the problem of evil, Oxford 1998.
Uçar, Bülent, Zwischen Ergebung und Erduldung. Die muslimische Grundhaltung im Umgang mit Leid. Eine Erwiderung auf Arnulf von Scheliha. In: Renz, Prüfung oder Preis der Freiheit?, Regensburg 2008, 80–84.
Verweyen, Hansjürgen, Kants Gottespostulat und das Problem sinnlosen Leidens. In: ThPh 62 (1987) 580–587.

Watt, William Montgomery, Suffering in Sunnite Islam. In: Studia Islamica 50 (1979) 5–19.
White, Vernon, The fall of a sparrow, Exeter 1985.
Wittgenstein, Ludwig, Tagebücher 1914–1916. In: Werkausgabe Bd. 1. Neu durchges. v. J. Schulte, Frankfurt a.M. ^{9}1993, 87–187.
Zirker, Hans, „Er wird nicht befragt …“ (Sure 21,23). Theodizee und Theodizee-abwehr in Koran und Umgebung. In: Michael Klöcker/Udo Tworuschka (Hg,), Gottes ist der Orient, Gottes ist der Okzident. FS A. Falaturi, Köln 1991, 409–424.

From Dogma to Revolution

An Essay on Reconstructing Traditional Islamic Theology into Theology of Liberation

Hassan Hanafi, Kairo

1. General Introduction: From Defense of Sultans to Defense of People

There are two kinds of societies: traditional and non-traditional/ so-called "modern". Traditional societies emphasize authority, provide a source of inspiration and both hold, as well as transmit, value systems. Such societies exist in Africa, Asia, and Latin America, where tradition remains central to social consciousness. In such societies, development cannot occur without taking into consideration existing traditions, which give the masses their Weltanschauung and determine their motives for action.[1]

Any kind of secular development based on human engineering, aimed at changing the infrastructure of a traditional society in order to promote parallel progress in the super-structure will inevitably fail in traditional societies. Some revolutions in the third world have generated counter-revolutions from within, in spite of great socio-economic gains made in the areas of Agrarian reform, industrialization, public sector development, nationalization, social welfare, planning, workers' rights, nonalignment etc. Traditional beliefs and value-systems have, however, remained constant over time. As tradition encourages cultural conservatism, it inhibits secular development – both by creating insurmountable obstacles and causing setbacks.

The second type of society is the non-traditional or the so-called "modern" society, which has already passed through a period of marked criticism of tradition. In these societies, tradition is no longer regarded as a source of value, nor is it used as an argument for authority. These societies instead engage substitute sour-

[1] Resume of "Min al-ʿaqīda ʾilā aṯ- ṯawra" muḥāwala lī ʾiʿādat bināʾ ʿilm uṣūl ad-dīn, 5 Volumes, Cairo/Beyrut 1988.

ces of knowledge and norms, such as reason and nature. Historical criticism is thus an imperative activity, as can be seen in the criticism engaged through historical narratives. Biblical criticism put an end to the Bible as the single source of knowledge on man and nature, as well as doctrines and beliefs regarding God and eternal life. Since the onset of modern times, Europe has been a non-traditional society. In the sixteenth century, during the Renaissance, man and nature themselves became a source of knowledge, through reason and science, replacing uncritical faith in the Bible and the dogmatic authority of Aristotle. The Book of nature, always open, became a substitute for the Bible, which was henceforth closed forever. In the seventeenth century, rationalism came to be seen as the only power inherent in nature, and human free will the primary source of this rationalism. During the eighteenth century Enlightenment, this belief in reason generated new principles of freedom, equality and fraternity. Rational criticism became the benchmark of modern times, opposing dogmatism, with the idea of progress made equivalent to the idea of Divinity in history *en marche*. In the nineteenth century, positivism displaced both the Divine and romantic concepts of nature, forging a reductionist view of material nature. In the twentieth century, science and technology became new ideals and came to dominate industrialized societies, culminating in new grand theories.

The destruction of tradition and its replacement with scientific substitutes in fact resulted in its resurgence, after setbacks marking the modern history of the West on one level of *Lebenswelt*. The modern crisis is particularly evident in the sciences underpinning the entire project of Western civilization. Two world wars, the threat of nuclear war, and other social crises enabled traditions that survived to resurface as an alternative mode of understanding. Religious tradition in Western societies also became a carrier of a new wave of socio-political conservatism. For example, youth rejecting Western ideals, old or new, turned to Eastern traditions.

In certain Asian traditional societies such as India and Japan, new experiences of development are grafted onto a new model, based on a parallelism between tradition and modernity. For example, loyalty, dedication and sacrifice are employed both through tradition and modern understandings of society. Tradition is neither criticized nor neglected. It is retained as folklore, custom, ritual, habit, language, etc. It serves in defense of identity, against alienation, in general and Westernization, in particular. This value-system has remained unchanged, although its function has changed in both direction and outcome. In Shintoism, the corporation is a new Emperor. In Buddhism, the seniority system has taken the place of the cast system. Ceremonies in both traditions are conducted both in old temples and in new social institutions, such as political parties, academic societies, social groups, and international conferences. Tradition and modernization are superimposed, one upon the other, but not organically unified as one in the other. No transformation of values occurs to defend common interests. Tradition is not used as vehicle of protest.

It is possible to conceive of a new model of development in traditional societies. Since nothing happens in reality before it has already occurred in consciousness, the reconstruction of historical consciousness, namely tradition, can forge a path towards development. Since tradition is based on, and continues to inform society, the reorientation towards tradition can create an avenue of social change. Tradition continues to be utilized as a political tool to defend elite interests: so why not utilize the same tradition as a counter-weapon against the elite? Each society agrees on the concept of theology, framed within a political structure. Praise of the political structure (e.g. the Sultan) is parallel to the praise of God, and thus thanks paid to the political structure (e.g. the Sultan) parallel to thanks paid to God. The Prophet comes in between, in praise and in thanks, to form an authoritarian triad from which the creed arises. The central question arising from this relationship is whether the creed arises from the triad or justifies it? It is important to highlight that no development is possible in the present without mass mobilization and the defense of mass interests. Drawing on this reality, a reconstruction of the traditional belief-system would be necessary, not to defend political authority, but to defend the interests of the silent majority. A new belief-system, instead of identifying Divine rights with the political structure's (e.g. Sultan's) rights, is likely to function on behalf of the people.

2. Conceptual Framework

The examination of the traditional belief system begins with the analysis of a conceptual framework on which the belief-system is built. In the early stages of Islam (1st and 2nd centuries), the creed was based on the authority of the text and the strength of faith. Later, it developed its own concepts on which the creed could be based (3rd to 5th centuries). Finally, these concepts developed to an extent that they contained the creed itself, the creed being only a point of application for a rigorous conceptual framework (6th and 7th centuries). A conceptual apparatus coherent and identical to faith is the peak of any rational theology. Nowadays (8th to 14th centuries), after the fall of theology into pure fideism, these theoretical underpinnings were excised from the creed as pure philosophical speculations having no relation to theology.

a) What is a Creed or a Belief-System?

A Creed or a Belief-System is an ensemble of concepts, which determines man's perception of the world and provides motivation for action. It is not an existing truth *per se*, which refers to a material thing in the external world, but rather a simple vision of the world and a commitment to this vision. It is neither a mystery, which goes beyond reason, nor a blind and arbitrary decision of the will superseding human capacity.

Traditional theology had its historical origins at a time when the core of the Islamic belief-system, namely the Transcendence of God, was attacked by representatives of the old sects and cultures. Islam emerged as a new power, but experienced attacks as both a doctrine and belief-system.

A conceptual framework was conceived in these circumstances and in the language and categories of that time to defend the main doctrines of Islam and to preserve purity of faith. An entire dialectical science was constructed to defend the self as a concept and to refute the other as a counter-concept. Dialectics have evolved from the dialogue of mutual refutation, which is from the dialectics of words, not of concepts, nature, society or history. However, dialectical theology reveals deeper socio-political dialectics between the new social and political forces engaged in building a new state and a new phase in history, against the old decaying states (Roman, Persian and Jewish). Nowadays, the socio-political context has changed. Islam has been defeated on the ground during the period of colonization. Nevertheless, the concept and motivation of Islam stayed strong and pure. The conceptual framework of early times, which had its origins in classical culture, has been replaced by the new framework arising in modern culture. A reconstruction of the traditional belief-system, to confront the new threats on the ground, must necessarily be reactivated through the use of pure historical concepts.

Dialectics should no longer be comprised of words, but rather of actions. The dialects are not those of concepts and arguments between individuals but rather of societies and nations with have conflicting interests. A new conceptual framework must be founded in respect to the contemporary task of the reconstruction of theology.

The purpose of this new construction of the traditional belief-system is not to obtain eternal life by knowing the truth, but to acquire success in this earthly world by fulfilling the hopes of the Muslim world for liberation, freedom, justice, social equality, reunification, identity, progress and mass mobilization. Therefore, Theology as a science is vital for its theoretical analysis of action. Behavioral sciences are simple applications of belief-systems. Both are the work of the human mind directed and oriented towards the world by revelation. Theology is not the science of "God", according to the etymological meaning of the composed word "Logos" and "Theos," but it is the science of words (*ʿIlm al-kalām*). The person of God is not subject to science. God is manifested in His word, which is revelation. Theology is indeed a science of the word, "Logology". The science of words is the science of interpretation, namely Hermeneutics. It is the science of discourse analysis, not only with regard to the pure form of speech but also with regard to the context of speech and its meaning with reference to the world. Revelation being a Divine Intentionality (words sent from God to man) has a human relevancy. Theology is indeed a kind of anthropology, namely the science of man both as the intention of the word and as the subject of discourse. It is a human science, not a Divine science. Theology, like hermeneutics, is not a sacred science but a humanly constructed social science. It reflects socio-political conflicts. Every social group in a believing society has its own interests and defends them through the shared belief-system.

b) Development of a Belief-System

Every belief-system develops from a combination of sacred texts and interest groups. First, it begins with a simple use of the new text, itself, without any effort to theorize. The text itself is an argument for authority without reference to reason. The need for a self-sufficient theory based on the inherent evidence of the text had not yet appeared in the first two centuries of Islam. Second, the discourse develops into disparate topics without generating a general theme. For instance, transcendence (*tanzīh*) and immanence (*tašbīh*), unity (*tauḥīd*) and theosophy or Justice of God (*ʿadl*), faith and action, all are topics independent from each other with rational arguments against opponents (2nd and 4th centuries). Third, disputed topics are tied up in principles or axes preparing the way for a clear-cut structure. Here, theology reaches its peak as a discipline (5th–7th centuries). The belief-system reaches a great degree of rationalization and most textual arguments disappear. Fourth, once the rational discipline, along with the powers of creativity in all other cultural and religious sciences, comes to its end, the belief-system, already mostly completed, collapses and turns back to its original and primary phase. Faith becomes self-sufficient without understanding or even acting. Belief is maintained as dogma, without rationalization. In this last phase (8th-14th centuries) a Credo is established based on two poles: God and the Prophet as sterilized dimensions of man and history, memorized by heart and equal to revelation itself.

The inherited structure of the belief-system is divided into two sections: rational belief (*ʿaqlīya*) and textual belief (*samʿīya*). The first contains beliefs characterized by the dichotomous categories of right and wrong. Strictly speaking, reason can prove the right doctrines and refute the wrong ones. These beliefs are two: Unity of God and Justice of God. The first reveals God's essence and attributes; the second reveals God's acts, will and decrees. Unity and Justice of God are rational truths. Consequently, they are infallible in contrast to polytheism and dualism while conceiving

God, and to injustice, too. God is One and Just. His Unity is His universality, essence and attributes. His justice requires human freedom and responsibility for his actions, which implies free will and rational man. Since the Essence and the Attributes of God are simple images of the purity and perfection of human consciousness, a rational belief-system comes as follows: pure, perfect, and ideal consciousness together with freedom and reason for man.

Textual beliefs, the second section, are those dependent only on textual arguments, without being based on internal built-in evidence. There are no criteria with which to distinguish right from wrong, except the degree of the historical authenticity of the textual argument: apodictic if multilaterally transmitted premises (*mutawātir*) or hypothetical if unilaterally transmitted (*aḥād*). However, contradictory narratives make textual beliefs doubtful in their transmission and ambiguous in their interpretation. Textual beliefs are comprised of four categories: prophecy, eschatology, faith-action, and finally the Imamate, namely political leadership. Belief in prophecy is not necessary since reason is self-sufficient and can play the role of prophecy. A rational man is similar to a prophet in this regard. Belief in the afterlife is already a fulfillment of man's divine vocation on earth. There is already a continuation of life in work. Belief in faith and works, in either, though connected, usually seemingly separated, is a matter left to every individual, since no one can enter in the heart of the other to discern his sincerity or lack thereof. Finally, political leadership (*imāmāt*) is also a conjectural belief, for politics is a part of the domain of the power struggle rather than that of the domain of truth. It is a matter of a practical utility rather than an ideal rule. This double structure of the traditional belief-system, rational belief or textual belief, is preceded by two questions: How and what to know? The first is a question about the theory of knowledge and the second about the theory of being. The first is concerned with the subject; the second with the object. The belief-system ends with a conclusion annexed to the Imamate, the object of the last article of belief, and related to the right beliefs adopted by the "saved sect" against the wrong beliefs adopted by the lost sects. Through dedication to this idea, the community is warned to abandon wrong beliefs in favor of right beliefs. The wrong beliefs of the sects are those of the political opposition; the right beliefs of the saved sect are those of the Sultan.

This inherited structure also reflects the old historical setting as well as the classical cultural context, where priority was given to rationality and the defense of the new faith in the interests of maintaining the Transcendence and Universality of God; the freedom and rational responsibility of man as well. History, whether dealing with the past (prophecy) or the future (eschatology), was not the issue. The history of the prophets poured into the consciousness of the present and obtained for man the eternal life through martyrdom, namely the fulfillment of man's vocation on earth. Faith, action and political leadership were not problems. People had a sufficient faith and motivation to condemn one another engaging in doctrinal wars. History was in the making; moreover, scant attention was paid to theoretical problems, such as the theories of Essences, Attributes, and Acts of God. Nowadays, the historical setting has changed. Belief in the Unity and Justice of God is sane and safe even without reactivation. But the Muslim World is lost in history and pushed from the center to the periphery. Prophets do not live in present historical consciousness. Eschatology is figured outside of both space and time, not as an earthly future of mankind. Action is dissociated from faith and political leadership has come to be equated with despotism and dictatorship. There is right and wrong in textual beliefs. Theology developed again (15th century) and continued its effort to rationalize faith. All beliefs can be rational, whether they concern man or history.

c) Theory of Knowledge

Traditional treatises on the creed begin with a theory of knowledge which answers the first question i.e. how to know, before it answers the second question, namely what to know. The knowing subject precedes the knowable object. Nothing precedes the knowing subject. There is no need for its proof. Knowledge is necessary to combat ignorance. Certain and universal knowledge counters skepticism and relativism just as rational knowledge counters sensual knowledge. Inspiration is not a source of universal and objective knowledge, but is purely individual and subjective knowledge. Knowledge is of two kinds, natural knowledge and theoretical knowledge. The first is inherent in man with his birth; the second is acquired from the external world. The first is comprised of evidence from the senses or natural reason. The second is based on reasoning from accumulated sensory experiences, from feeling or the very nature of human reason itself. Perception is a source of knowledge in spite of possible illusions. Senses can correct each other at different times and via different persons. Perception leads to the affirmation of the external world. Repeated perceptions become accumulated experiences through which laws of nature can be known. Reason is also a second source of evidence including axioms, postulates and clear ideas. Reason can deduce from its evidence other kinds of evidence through inference. Both rational evidence and inference are universal and apodictic. Feeling is a third source of knowledge. Emotional evidence, such as sensitive or rational evidence, can be apodictic. Accumulated emotions can be transformed into habits and customs in human nature, a permanent and universal conformity in human experience. Nature itself would then be a carrier of natural light as natural evidence.

Finally, historical knowledge through textual narratives whether in oral or written transmission arrives. Revelation has been communicated to man by this type of knowledge. Narratives are historically authentic if they are transmitted in a multilateral way. However, they cannot be used alone as an argument without being corroborated by sensual or rational evidence. A text is an argument of authority, not an argument of reason. A textual argument would remain hypothetical if it is not corroborated by a sensual or rational argument. It is subject to linguistic interpretations and to amphibological rules, such as literal or figurative senses, the general or the particular, precise or vague, un-equivocal or equivocal, textual or contextual, and clear or obscure. Everyone can read in the text what he wants. The quarrel of interpretation is indeed a conflict of interests.

Nowadays, this theory of knowledge is completely cut off from the inherited belief-system. A creed is to be believed in, not perceived or understood. Textual argument now stands alone as a self-sufficient argument to be proved if it is convincing. "God said" or the "Prophet said" are as commonly used as the old "Aristotelis dixit". The argument of authority is coherent in an authoritarian society. A reconstruction of a theory of knowledge would return it to its early period of integration and would permit actual Muslim societies to depend on the perception of reality, direct contact with nature and rationalization of the world. Statics is the language of perception. Analysis of daily experience leads to experimental knowledge. Thinking in reality and reasoning according to sensual data would bring a theory of knowledge once more before its object, namely the external world. Now and then, the belief-system can be reopened and released from its seclusion, reorienting itself to the world.

d) Theory of Being

A theory of knowledge answers the question: is it possible to know? And it leads to a theory of Being to answer the question - what to know - taking the external world as an object of knowledge. If a theory of knowledge leads to reason, a theory of Being leads to nature. Any belief-system would thus begin by determining the relationship between reason and nature. Although we are dealing here with a belief-system, the object of knowledge is not God or Eternity but rather material being, that is, the external world. As an object of knowledge, the world precedes God. Only after knowing the world God can be known. The existence of God cannot be proven a priori, but only a posteriori. The only possible argument for God's existence is not the ontological, which is subjective and moral, but rather the cosmological, which is objective and scientific. Therefore, the only possible theology is natural theology.

Before describing the object of knowledge, namely the external world, reason finds in itself certain principles, which serve as a conceptual framework for the perception of the world. These principles exist among reason and nature. They are concepts and realities, categories and realms, Eidos and Ontos. They are made manifest, whether as a single concept standing alone, such as essence, or as double-concepts such as being or nothingness, eternity or contingency, unity or multiplicity, possibility or impossibility. These concepts are chosen to facilitate an expression of religious Weltanschauung based on the traditional dualism of form/matter or soul/body by an equation that finds its solution in God and the world. God is Essence, Being, Unity, Cause, and Necessity. The world is existence, nothingness, contingency, multiplicity, effect and possibility. The Essence of God is equal to Existence. He is the Eternal Being, Prime Cause and One. The world is simple existence separated from multiplicity, the realm of effects and secondary causes. Articles of faith are based on this conceptual framework, with an origin in the context of classical culture, developed to defend the realm of Transcendence. However, the cultural context has changed, and classical culture replaced by a new culture. The old paradigm has been replaced by a new set of rational principles, adopted by the Muslim intelligentsia. These include progress, development, social change, social justice, revolution, freedom, equality, liberty etc. It is possible for these principles to be used successfully as a new conceptual framework for reconstructing the traditional belief-system.

The most important analysis of Being, however, is accomplished through the theory of substance and accidents. The substance is the material thing, which carries nine other accidents according to the ten categories of classical physics. Separate substances like Soul, Reason, Angel and God are, however, pure forms without matter. Classical physics served as a model to rationally explain the appearance of new religious data, such as the Angels or even God. Substance cannot exist without accidents, and accidents cannot exist without substance. However, with the theories of Essence, the Attributes and Acts of God at first had to be defended. The omnipotence of God had to be shown with respect to Him and His Imperatives. It had to be proven that substance could exist without accidents and accidents without substance, giving way to the conflicting theories of determinism and indeterminism. The first defends science; the second defends faith. If the defense of the faith was necessary in the early days of building a belief-system, the defense of science is now a necessity, with Faith consolidated and science abandoned. A scientific view of the world today is much more urgent than the further consolidation of a religious outlook. A scientific world is more akin to faith than is a religious outlook.

The theory of accidents allows the world to be perceived and understood through the categories of quality, quantity, relation and modality. Qualities permit the world to be perceived as phenomena through the five senses. A debate between seeing and hearing, between eye and ear, reveals a deeper debate between vision and audition, between figurative arts and acoustic arts, which enable the perception of reality to be expressed more effectively. The quantified world is the object of geometry (continuous quantity) and of arithmetic (discontinuous quantity). Relation allows for the conception of the structure of things in the world. Proportion (modality) likewise permits the perception of things with respect to their value to each other. The world is thus perceived according to the classical categories of the ancient world. Since the cultural context has changed, today new categories of perception are used. Since reality is a social construction, other categories like struggle, contradiction, opposition and interaction are found to be more coherent in order to perceive reality and to conceive the world. If the theory of substance and accidents reflected the polarity between the center and periphery, which is a conceptual framework for the relation between God and the world, the new categories would conceive of the relationship between equal parts on a horizontal rather than a vertical plane of activity. In other words, classical categories switched from logic to physics and from physics to metaphysics, and new categories switched from socio-historical and cultural sciences to new theology. Arguments to prove the existence of God begin from the theory of Being. Once the world is affirmed as substance and accidents, it becomes a contingent accident (*ḥadīṯ*). Contingency leads to the idea of Eternal Being (*qadīm*), which is God. This cosmic-physical argument has two other forms. The first moves from rational physics to atomic physics. Everything is divided into two parts and each further divided into two, and so on, until we arrive at the undivided part, the atom. Since the atom cannot justify its own existence, it requires something else to justify its existence. Thus, God exists. The second form moves from physics to metaphysics as follows: Everything in this world is possible (*ǧā'iz*) and since the idea of possibility cannot be understood without the idea of necessity, God is thus the Necessary Being. However, even from a classical point of view, these three arguments fail to prove the Existence of God. All begin with a real description of the world taking into account its contingency, its divisibility into parts, and the possibility of change. But they do not justify the transition from physics to metaphysics, from real description to ideal reasoning, from the thing to the idea. This conversion from one extreme to another, from contingency to Eternity, from divisibility to wholeness, from possibility to necessity, is purely psychological, or morally based on a subjective or ethical assumption that the essence of the world should be different from the Essence of God, or that the Essence of God ought to be different from the essence of the world. The relationship between the two is contradictory: a relationship of negation leading to affirmation (God). An attribute given to the world is taken away from God; an Attribute given to God is taken away from the world. From Cosmos nothing emerges except cosmic things or the idea of Cosmos, which is a posteriori, conditioned by and induced from the existence of Cosmos. There is an insurmountable gap between Cosmos and the idea of God. The ontological argument is much more convincing because it begins with an idea and ends with another Idea of the same type, namely God. Even if the sequence were reversed, that is, contingency leading to Eternity, division referring back to Totality, and possibility leading back to Necessity, another step would be needed to prove that this Eternity, Totality or Necessity is God.

In the past, there was a need in the classical cultural context to rationally prove the existence of God in contrast to atheism, polytheism, dualism and all forms of associationism. But now there is a need to put the Unity of God into practice. God is not only a theoretical principle but also active in the world through individual and social action. The eternity of the world is not separate from its contingency. A contingent world can be eternal through human action on the condition that the natural order is restituted to a social order. The totality of the world is not external to it, but rather can be realized through human endeavor by transforming the Unity of God into the unity of the *umma*. The necessity of the world is not behind or over it, but it can be fulfilled by human activity and perseverance *in* the world through constantly keeping the consciousness alive and through always present affiliation with the Universal Principle. In brief, God is not an object to be theoretically proven, but rather an intentionality to be practically realized. Divinity is the passage from logos to Praxis, from Possibility to Reality. God is not Being but Becoming. This may be an effective way to reactivate belief in God in the hearts of the Muslim masses by helping them to realize a parallel trajectory from stagnation to movement, from lethargy to activity.

3. Theories of Essence and Attributes: the Ideal Man

Once the Existence of God is proven, belief in Him is initially related to His Essence and secondly to His Attributes. Both beliefs constitute belief in God as a Universal Principle, namely Transcendence. The Transcendence of God is a description of the Ideal Man, the image of man in his ideal state, the projection before him of his own ideal image. The theory of essence reflects his pure consciousness, his Cogito, his self-perception. The theory of attributes describes his consciousness as perception of the world, as a more designated consciousness, awareness of something else and, in short, a theory of perceptions and expressions. If the essence refers to the Cogito, the attributes refer to the Cogitatum. Both express Divine Internationality in Man.

a) Pure Consciousness

The Essence of God is that which represents the pure consciousness of man. It can be known rationally by sense perception as pure consciousness. The Essence of God is equal to His Existence exactly as the Cogito in man is equal to his existence. That is why the first description (*waṣf*) of God is His Existence. God exists (*mawǧūd*). He is the Eternal (*qadīm*), meaning that He has no beginning in time. Third, He is the Everlasting (*bāqi*), meaning that He has no end in time and is therefore Infinite (*sarmadī*). Fourth, God does not exist in space. He has no locus (*laysa fī maḥāl*). Fifth, He does not resemble anything contingent (*lā yušbiḥ al-ḥawādiṯ*). Finally, God is the One (*wāḥid*). A world with two gods is inconceivable lest their Wills will interfere. In the case of an identity of purpose, and in the case of a difference of purpose, only the will of the True God will be fulfilled, whereas the will of the untrue god will remain unfulfilled. Each of these six descriptions can be proven rationally. Every following description is a natural consequence of the prescription that the one God has no beginning and consequently no end. God is not limited in time nor in space. This description of the Essence of God is usually called negative theology because it describes what God is not in order to purify God's Essence from anthropomorphism (*tašbīh*) and to maintain His Transcendence (*tanzīh*). In later theology, in the phase of the formulated Credo (8th to 14th centuries) negative theology became a part of positive theology, which describes what God is. Thus, instead of having one description we have two, one positive and one negative. For instance God is Being, not nothingness, Eternal, not contingent, Everlasting, not perishable. He is Pure of existing in space – Transcendent - and thus not anthropomorphic. He is One, not many. Six negative descriptions were added to the six positive descriptions, resulting in a total of twelve. Finally, God can be seen neither in this world nor in the other world, neither during life nor after death, neither by sight nor through insight, and not by any kind of sixth sense. God is not an object of perception, but rather a perceiving subject. Similarly, human consciousness cannot be seen, but it is a source of perception. This description of the Essence of God is indeed merely metaphorical: based on an analogy between God and man, between the Essence of God and the purity of human consciousness. No one is able to know or describe the Essence of God. This is why the "mathematicians of theology" (*al-muhandisūn fī l-ilāhīyāt*) confessed that the Essence of God can never be known or conceived, except by analogy. The via Positiva as well as the via Negativa find their accomplishment through the via Analogia. Man cannot speak of God except through metaphors. Man can only conceive of God according to his own measures. If God created man in His own image, so did man towards God. Accordingly, The Essence of God is nothing but the pure consciousness of man. Like the Essence of God, man's consciousness exists: Cogito ergo sum. It has no beginning and no end in time. Time is quality not quantity, intensity not extension. Consciousness is not situated in space because it is not localized in the brain or in any other part of the human body. Consciousness resembles nothing else because it etymologically surpasses the meaning of Transcendentia. Finally, consciousness provides the unity of human character. It is just when man is not aware of himself that he is transformed to an ideal, an image of himself for contemplation and consolation. Once man regains his soul, he awakens and brings back to himself his remote essence. An awakened consciousness, individual as well as social, was and still is the purpose of all reformist and social movements.

b) The Actualized Consciousness

Once the essence is affirmed as purity of human consciousness, it is transformed into perception of the world. Every consciousness is conscience of something. The essence is manifest in attributes, just as consciousness is awakened through perception. Essence is related to the world through attributes as consciousness is related to the world through perception.

God has Attributes identical to His Essence. The relation between Essence and Attributes is a relation of equation (Muʿtazilites), not of addition (Ašʿarītes). In the first school, as the essence is identical to its attributes, it is the very paradigm of Justice and allows for capital punishment and abandonment of love when the beloved commits an offense. The second school, in which the essence is distinct from its attributes, is the very paradigm of Mercy and speaks against capital punishment and the forgiveness of the beloved when a crime is committed. The first is rational and radical; the second is human and lenient. It is up to developing societies to choose which determines social and human relations: justice or mercy, radicalism or leniency.

If the Essence of God has six descriptions (*awṣāf*), His Attributes (*ṣifāt*) are seven: Omniscience, Omnipotence, Life, Hearing, Seeing, Speaking, and Will. The first three are less anthropomorphic than the last four. Each subsequent Attribute can be deduced from the preceding one. Science is an absolute beginning in knowledge. Power follows to indicate the necessary connection between logos and praxis. Both are manifestations conditioned by life. Hearing and sight are two ways of knowledge: senses through which experimental knowledge is expressed. Experimental science is also expressed through heard words (Revelation). Science is not only inward but outward facing. It involves not only input but output as well, not only knowledge but also communication. Consciousness both receives and gives. Finally, will means the fulfillment of power based on experimental knowledge and rigorous science in both human imperatives and natural laws. If negative theology describes what God is not, positive theology describes what God is. The relation between Essence and Attributes is a relation of equation, not addition, in order to preserve the unity of Essence.

In later theology (13th to 14th centuries), seven more substantives were added to the first seven attributes, in order to further affirm their existence independent of essence. Thus, God is the Omniscient with omniscience, the Omnipotent with omnipotence, the Living with life, the Hearer with hearing, the Seer with sight, the Speaker with speech and the Will to fate. When theological development came to an end, negative theology was added to positive theology. The fourteen positive attributes and substantives were converted into fourteen negative ones, stating that God is not the Omniscient with omniscience; He is not ignorant with ignorance etc. Each of the positive and negative theologies contained twenty attributes, six for the essence as well as fourteen others.

Besides positive theology offering twenty necessary Attributes, and negative theology offering twenty Attributes to detail what God is not, there are two other possible attributes. God can be seen, as He is free even from His own Will and His manifestation, in human imperatives and natural laws. Once the possibility of these two Attributes is realized, they can be affirmed near the Aš'arītes in defense of spiritual rewards and the Absolute Will of God; or denied near the Mu'tazilites, in defense of the impossible transformation of the subject into the objectivity of human free will and of natural laws.

Like the essence describing the pure consciousness of man, attributes also describe the ideals of man: science, power, life etc. Just as the essence is projected outside man in moments of unawareness and figured as an object, it is for attributes manifested in moments when the realization of human ideals is incapacitated. Thus, these ideals are also figured and concretized in fixed images to be both contemplated and worshipped. Science represents theoretical reason; power represents practical reason. Life, however, is expressed in terms of both theoretical and practical reason. Hearing and sight stress experimental knowledge and its relation to the external world. Speech and Will are two external manifestations of knowledge through utterance and the law. All this is a description of man's theoretical and practical powers as expressions of life. Even if man is active and uses his power, these will never be transformed into attributes of an ideal man. If man is incapable of realizing his ideals, he transforms them into inaccessible attributes and unreachable ideals, which manifest his lost awareness figured as essence. His subject is transformed into an object he then attributes with life and its manifestations, like science and power, in order for this object to come alive. Because of man's death as a subject, he needs to communicate and to express this illusion through divinization and prayer. Divinization of ideals is a substitute for their realization.

This description can also be proven by a simple analysis, along with utterances in positive and negative theology. If I say "God is Omniscient," my statement does not describe a real object outside me in an indicative mood of speech, but rather expresses a desire within me in a subjective mood. It means:

a – I want to be omniscient (an ideal judgment or desire).
b – I cannot be omniscient (a real judgment or fact).
c – I cannot abandon omniscience as a theoretical ideal (moral judgment).
d – Omniscience is the best I can desire (psychological judgment).
e – God is the best I can have and believe in (religious feeling).
f – I describe the best I can have and believe in with the best I can desire (psychological judgment).
g – Therefore, God is Omniscient.

The analysis of negative theology leads to the same conclusion, so "God does not perish" means:

a – I perish (factual judgment based on experience).
b – Perishing is a privation (moral judgment expressed as desire for eternity).
c – God is the best I can have and believe in (religious feeling).
d – I cannot describe the best I can have and believe in with my worst privation (moral judgment based on generosity, heroism and altruism).
e – Therefore, God does not perish.

Theology based on analogy does not need this kind of analysis because it admits from the beginning that one's statements about God are based on their resemblance to man, expressed clearly in wording: "such as," "as," "like," "similar to," and "resembling". Man is describing God as based on his own image and nature. Theology by analogy reveals anthropological and natural theology. This internal logic lies behind our description of God with human attributes. It explains the origin of the description of God, not the origin of belief in God.

This can only be explained by sociopolitical analysis and the situation of man in the world, whether authentic or inauthentic. An authentic situation for man is a situation of worldly struggle in which he attempts to realize his ideals and fulfill his vocation. An inauthentic situation is that in which man becomes incapable of action, instead reduced to complete impotence. He then falls into a situation where he glorifies his unrealized ideals and becomes alienated from the world.

If the best a believing society can attain is God and unfulfilled desires, ideals, and hopes such as scientific progress, then Divine attributes such as omniscience and omnipotence can help to initiate a process of development. The actual ignorance of the masses can be combated through development. There will be a contradiction between the belief and the actual status of the believer. The impotence of a nation can also be combated through the idea of development; otherwise, another contradiction will occur in terms of beliefs versus the actual status of a believing society. Through development, Divine Attributes can be reactivated in the hearts and minds of the masses once more as realizable human ideals.

4. Theory of Acts (the Real Man)

If the theories of essence and attributes reveal the ideal man, the theory of acts reveals the real man and the transference of the ideal into the real. If the first comprises a theory of Unity, the second creates a theory of justice, in other words, the practice of Divine Unity in the realm of human justice, both from the core of the theories of Essence, Attributes and Acts in the traditional theology. The theory of Acts contains two dichotomies of belief: first, free will/predestination; second, reason/revelation. Belief in free will and predestination comes first, as if the real man is generated through his free will from the overwhelming Divinity. Free will becomes equal to human existence and even an argument for self-existence, separate from the Existence of God. Once free will is affirmed, reason appears as a base for freedom and the creation of a rational free will as the essence of the real man. The existence of man is not proven rationally, (cogito ergo sum) but instead practically (poieio ergo sum).

a) Free Will versus Predestination

If man exists through his free will, it is impossible to conceive of determinism (*ǧabr*). This would be against the theory of Justice itself. Man cannot exist without free will. Free will is equal to human existence; belief in God is equal to human free will. Man cannot be accountable for his acts in this world or in another world without being responsible.

Responsibility requires free will. Determinism is not only a denial of human free will but also a negation of human existence itself, with existence equal to freedom. A middle ground theory between determinism and free will is also inconceivable because they are two contradictory statements. If a man's life is predestined, he cannot be free; and if he is free, his life cannot be predestined. Every milieu is closer to one extreme or the other. The Ašʿarīte's theory of Acquisitio (*kasb*) states that God poses and man disposes. That God creates in man the capacity to act and that man acquires his actions through this capacity is closer to determinism than free will. Without this Divine intervention, man would never be able to perform any action whatsoever. Before this Divine Compassion i.e. creation of capacity to perform action, man is incapable of doing anything. After the action, this capacity disappears. It only exists simultaneously with the action. Man is dependent on this external power before action, during action, and after action.

Only a theory of free will would justify human individual responsibility. Man is capable of action. He has the capacity to deliberate upon the potential of an action during its actual performance and after its effects. Free actions are internal actions of consciousness resulting in piety or impiety, belief or disbelief, success or failure. They are also external actions in the world carried out by means of the organs of the body. Actions in the world, namely social and political actions, are also free actions among groups. Society, not God, is responsible for human death, for human earnings and for market prices.

However, human free will is intertwined with historical laws, which are combinations of human praxis and natural laws. Human freedom is strengthened and substantiated through natural law. Once man's free will, a subjective law, encounters the law of nature, an objective law, an action becomes historical. Obstacles encountered during an action belong to the objective domain of an action performed by free will. Predestination is not an intervention of Divine Will in human action, which would negate human responsibility and equal opportunity, but rather an objective field of action. Free will has its "correlation" not in God, but in the world. The world, not God acts as a limit to human free will. Once human free will becomes identical to natural law, it becomes absolute. Nature makes man free, in effect liberating man from the limitations of the field of action.

In developing societies, only a theory of free will help to launch a process of endogenous creativity and to mobilize the masses, without waiting for external help, whether via God's Will or *Deus ex Machina*. Many Oppressive laws in traditional societies find their way to the heart of the masses because they are effectively prepared for the acceptance of an external will and obedience to it. The education of the masses in self-reliance and self-dependence, not predestination or conditioned dependence, is a prerequisite for mass mobilization. Internal saving is much more important than a foreign aid. Internal national resources are more important than imported resources. Internal national manufacturing is more important than external imported goods. Internal factors in development have absolute supremacy over external factors.

b) Reason and Revelation

Man's free will requires his reason. Freedom without reason is blind and irresponsible. Human existence is proven by free will, which requires reason for both enlightenment and direction. Good and bad can be identified and distinguished between through reason – thereby permitting free will to choose the good and to abandon the bad. The good (*al-ḥusn*) and the bad (*al-qubḥ*) are not ontological categories, namely an Evil-doer like Satan from whom man inherits his wrong action through original sin. Nor is God a simple Divine which man has to wait for until the coming of a savior. In both of these cases, man would be neither free nor rational. He does not have freedom of action nor has he used his reason. The good and the bad are likewise not derived from sensual pleasures or pains based upon physical sensations. They are not physiological objects. The good and the bad are more equivalent to social gain and loss (*an-naf wa ḍ-ḍarar*), individual as well as social, if conceived through reasoning. They are two rational categories for rational judgments based on actions rather than sensations. Acts have in themselves attributes of goodness and badness. Sacrifice in itself is good and exploitation in itself is bad. Once goodness and badness exist objectively in the form of actions, we conceive of them objectively and universally. Then free will intervenes and decides between them. It chooses the good action and rejects the bad.

What would the role of revelation be if reason becomes the criterion of the good and the bad? Revelation and reason are in accordance when dealing with the inherent goodness or badness of actions. Revelation could never contradict a rational judgment. Revealed positive commands such as prayer, fasting, and sharing wealth are objectively, universally and rationally good. Negative commands, such as killing, stealing, getting drunk, insulting, exploiting, committing injustice etc. are also objectively, universally and rationally bad. Divine Imperatives are based on material, efficient, and final causes, which reason can deduce from the text and can induce from reality. Losing one's reason is the efficient cause for the prohibition of drinking; keeping one's reason is the final cause. Causality and finality are the bases of Divine commands because both are inherent in human actions. In the case of a possible contradiction between reason and revelation, reason is maintained and the text is interpreted according to reason. A text, if it is historically authentic, is subject to philological and amphibological principles. A textual argument is hypothetical, while rational argument is apodictic, according to the introductory theory of knowledge.

God is not responsible for evil on earth, not only because in theological argumentation God is good and nothing evil comes from Him, but also because man is free and responsible for his acts. Attributing good to God and evil to man is both self-accusation and self-depreciation, and simultaneously an expression of altruism, by making the other innocent and oneself guilty through sacrifice and heroism. Both good and evil are from man, as resulting from his actions based upon his free will and independent reason. The good use of reason and of free will leads necessarily to good; their misuse leads necessarily to evil. Good and bad are neither Divine categories nor physical categories, but rather are human categories related to human actions.

In developing societies, reason can be of great help without depending and waiting for guidance from an external source of knowledge, sacred books or ready-made political ideologies. Reason has priority over authoritarian books including Holy Scriptures, national charters, ideological books, a green book, or a red book. Fulfillment of Divine Imperatives does not occur through automatic obedience but through complete human awareness of free will and premeditated reason, based upon common interests and social welfare. The traditional polarity between reason and Revelation fails to include the third element of a tripartite equation: reason, Revelation and reality. Both Revelation and reason face one common object, which is reality. A perception of reality would be identical to Revelation and reason.

5. Divine History (City of God)

If the theories of Essence, Attributes and Acts had revealed the presence of man as the first pole in a traditional belief-system, no matter whether he be the ideal man (essence and attributes) or the real man (acts), all nevertheless belong to the categories of rational belief (*ʿaqlīya*), prophecy, and eschatology. By contrast, faith and action, leadership and revolution are four beliefs revealing history as the second pole in the traditional belief-system and belong to the category of textual belief (*samʿīya*). Man and history are thus two modern poles represented by the traditional technical vocabulary of *ʿaqlīya* and *samʿīya*.

European culture does not monopolize the study of man. What it calls man, historical society would call the Perfect Man (*al-insān al-kāmil*), which means God. History is not a new invention in European culture. Every society has its own means of narrating history. Traditional, believing communities have their own historical consciousness both in the history of past and in that of eschatology for the future. Narratives in traditional societies play the role of historical education and moral lessons from the past, for example, stories of the community's heroes or of the triumph of justice establish the historical consciousness of traditional societies. Other stories address victory in the future, the hope for a better life, immortality, and domination over natural powers. These form another aspect of historical consciousness: that of the future.

a) Prophecy or Historical Consciousness

If prophecy were necessary, the knowledge of God and the good would not have been natural, and natural theology, which is the basis for the theory of being, would also have been impossible. Prophecy of Necessity contrasts human reason, which is already an acquisition in the real man (*ʿaqlīya*) and which never yields to any contradictory textual belief (*samʿīya*). It would also impose a permanent tutorship on man, which would further contradict his freedom, since rational belief is the basis of textual belief. This generates the idea that prophecy is unnecessary because of the self-sufficiency of reason. Man has been rational before and after the appearance of prophets.

The first option, which holds that prophecy is necessary, sees man as vicious by nature; only prophecy can show him good. The second option, that maintains prophecy is unnecessary, sees man as good by nature. He does not need any external help in knowledge or action (Muʿtazilites and Brahmans). A middle theory tries to combine both, that is the possibility but not the necessity of prophecy. If man can arrive at theoretical truth on his own, practical law requires prophecy. If some distinguished individuals can arrive at the same conclusions as prophets, the rest of mankind nevertheless requires guidance. Indeed, prophecy was necessary in the past as a means of educating humanity. It provided an impetus for progress, accelerating the rhythms of the development of mankind. Miracles were used to cause stupefaction and to shake the bounds of consciousness, loosing its ties to matter alone. Once the aim of education is fulfilled, namely the independence of reason and the autonomy of will in the perfect man, prophecy ends and miracles cease. Once the final cause is realized prophecy disappears. In developing societies, the accomplishment of prophecy and the end of direct Divine intervention can help to educate the masses towards independence, without awaiting external help from a foreign expert, foreign aid or a miracle to solve economic problems. If miracles were considered to be external evidence in the past for the veracity of prophets, this is no longer the case. A piece of external evidence can usually be discredited as an illusion and consequently, falls outside the realm of belief. On the contrary, internal evidence convinces people and leads them to believe. Many prophets performed miracles and although some believed in them, the majority did not. The highest miracle, "God made incarnate," did not make people believe. A miracle, after all, is a disturbance of the laws of nature. Once prophecy has accomplished its purpose, however, that is laying bare the independence of reason and the autonomy of human will, the laws of nature cannot be broken. They are necessary, and actions must conform to natural laws. Man can know them through reason and subdue them to his will for his benefit. Man is the master of universe. Since the demise of prophecy, there has been nothing to replace it, neither inspiration, nor visions, nor insight, nor dreams. Likewise, magic, superstition, signs, Karma, all have ended with the demise of miracles. Every individual depends on himself, both in knowing and in acting. Every man has his own creativity, based on his own individual experience. He has his own capacity for action, according to the degree of the assimilation or integration of his ideals. What we call miracles are the unexpected deeds performed by men dedicated to their purposes in life. Heroes perform miracles in this metaphorical sense. Thus, a miracle can be a wonderful literary jargon, challenging human powers of creativity, no matter if they are in literary form or in an ideological context. The purpose of a challenge is to help human powers to create and to invent.

However, what matters in prophecy is not the person of the Prophet or the source of His prophecy, namely God. This is prophecy on a vertical axis. What matters is prophecy as something delivered, for example, a delivery in history from the Prophet to the second generation, from the second generation to the third and so on. This is prophecy on a horizontal axis, prophecy in history as a relation between men. The four qualities required in the Prophet are Truthfulness (*ṣidq*), Propagation (*tablīġ*), Honesty (*'amāna*), Intelligence (*fitna*), all aim at an authentic transmission of Revelation. The transmission of prophecy in history can be oral or written. In both cases speech needs to be analyzed and understood before it is practiced and fulfilled as an ideal structure in the world.

b) Eschatology or Theology of Hope

Eschatology, in traditional societies, represents the future of the world. It is a natural continuation of prophecy. History begins in the past, continues in the present and ends in the future. Since events happening in the afterlife cannot be seen in this life nor told of by those who are already there i.e. no one is able to came back and tell what he has seen, the only source of knowledge is prophetic narratives interpreted as metaphor, or as an analogy between the unseen and the seen.

After the body is buried in the grave, life continues. The body is still sensitive and the soul is still present. A good soul begins to receive beforehand its reward of food, drinks, pleasure, social life with angels, fresh air from an open window, light, a wide living space with extended walls, with an easy interrogation by angels examining his faith and his creed. In contrast, a bad soul begins to receive its punishment beforehand: hunger, thirst, pain, isolation, stinking air, suffocation, darkness, narrow space with walls that shrink, cracking bones, torture from insects and reptiles, with a severe examination of his faith and creed. The last judgment already begins in the tomb, since the body is still tender and alive before decomposition. Those who succeed will already receive their reward. Those who fail will be subject to punishment. Waiting until resurrection may be too long for the believer to receive his reward and for the unbeliever to receive his punishment.

Will the final reward and punishment arrive outside this world or inside of it? According to the doctrine of the transfiguration of souls or metamorphosis, reward and punishment occur in this world. A good soul will return to an agreeable human body and a bad soul will return back to an animal body. But such a doctrine denies individual responsibility because it is the same soul which always returns once it is rewarded and may once again be punished. There is only one type of reward and punishment, according to the type of body, human or animal. Individual resurrection, although a metaphor, maintains individual responsibility. Resurrection begins from the bones, especially from the last ring at the bottom of the vertebral column. It is the place where the sperm, the source of life, is gathered. All parts of the body decompose, except this part which resists decomposition.

After resurrection, final judgment begins. The judgment includes a different sense of justice: a court, attorneys, the accused, witnesses, testimonies, indices, defense, accusation, and judges. More figured scenes are represented by the balance (*mīzān*), the symbol of justice, and the basin (*ḥawḍ*), from which believers awaiting the pleasing verdict drink and unbelievers do not, the path (*ṣirāṭ*) on which half-believers and half-unbelievers walk to their final destination, be it reward or punishment. Once the verdict is uttered, the reward is found in Paradise and punishment in Hell. Paradise is full of trees, shadows, fruits, drinks, fresh air, sweet water, honey, rest and calm. Hell, on the contrary, is full of burning flames, pains, thirst, starvation, cries, suffocation, changing skin for more burning, and noise. Eternal reward or eternal damnation is debatable. Since God is the only Eternal Being, Paradise and Hell will perish one day, otherwise they will share Eternity with God. If eternal damnation is inhuman, the damned may leave for paradise, which is more coherent with respect to the Divine Bounty.

What matters in eschatology are not these material facts, which are merely images, but rather their meaning and significance. Every eschatology is indeed a theology of hope. In this world, justice usually does not have the final say. Those who commit injustice are left unpunished, and those who practice justice are punished. This is the whole story of the "suffering believer." The afterlife means that justice will have its final victory, and compensation will be made. In the afterlife, the Law of Meritum (*qanūn al-istiḥqāq*) will be universally applied. If that law has been broken in this world, man acquires eternal life by his actions. Everyone receives a type of reward or punishment according to his actions, without intercession (*šafāʿa*) or promise (*bišāra*). Every action generates a consequence of the same kind.

In developing societies, eschatology can strengthen the planning of national consciousness, preparation for the future, and long range vision. Eschatology is an archaic type of modern futurology.

Reason, Islam and Modernism

Mohamed Mesbahi, Rabat

The language of God, known as Logos, Truth or Being and that of man, demonstrative reason (Νοvσ, intellect, or reason) are not contradictory notions in Arab-Islamic thought. The revelation and the tradition of the Prophet (*ḥadīṯ*) is perceived to be as important as reason and consequently as "God's Successor (*ḫalīfa*)" on earth. Moreover, reason is not only the instrument with which we worship, but also a means to convert revelation into theology, jurisprudence and numerous sciences that orient human life both in the mundane, everyday world and the Hereafter.

This reason, however, while far from contradicting revelation in principle, suffers from a deep crisis when it confronts modern reason. The latter has accomplished various scientific, cultural, technical, administrative, and ethical revolutions. Intellectuals from diverse schools of thought have endeavored to diagnose – and resolve – this crisis through various approaches and perspectives. Nonetheless, their efforts have been overwhelmingly fruitless, and thus Islamic reason still suffers from a structural crisis.

As already mentioned, the cause of the crisis has not been the difference or contrast between reason and faith. That is, the crisis is not of a theological nature, but rather of a practical, cultural one. The question encountered by the Arab renaissance thinkers is not how they manage to keep faith within the current, modern culture of reason. Nor does it regard how they reconcile the mysteries and axioms of faith with the principles of the modern intellectual era; or how they can accomplish scientific and cultural openness that simultaneously recognizes modernity and faith. The central question, as A. Laroui explains, is whether there exists any possibility of reconciling the reasonableness of faith with the "irrationality" of the believers' behavior.

Therefore, the problem that 'Islamic Reason' faces too is not of an Averroes' nature, which claims the theoretical unity of wisdom and religion. In other words, the challenge is not to prove the legitimacy of current religious openness in relation to the science and technology of modernists or the long-lasting openness of Muslims to ancient Greek philosophy. Modern universities, political think tanks, economic agencies, and management institutes nourished by the technical modern mind are increasingly present in the Islamic world. The use of virtual networks by the Arabs to carry out revolutions against dictatorships is demonstrative of this trend. Strictly speaking, the problem of "the Islamic mind" is today in clash with appears on the level of the practical reason, or rather both the practical and the theoretical. Therefore, how can one explain the fact that Muslims have not shown any resistance towards theoretical sciences, whereas they have withdrawn to their inherited identity on the level of culture and behavior?

1. The Importance of Reason in Islam

I will provide an overview of Islamic reasoning before analyzing the crisis and the subsequent solutions suggested by some Arab thinkers.

As already stated, revelation is the language (Logos) of God, while reason is the language of man. The Language of God is absolute and needs no effort to uncover the truth, because God Himself is the Truth. Man's reason, however, always requires truth-seeking. When the subject-matter of the quest of reason is nature (the object), the truth takes the name of knowledge; if the subject-matter of the quest of mind (reason) is the human being (the subject), it results in values, maxims, behaviors, morals, and cultures. The complexity of Islam results from its dual nature, as a religion of theoretical principles of faith and also a religion of practical principles and axioms of praxis in the ethical, social, economic and political realms. However, as much as Islam appears today to be tolerant or even open to the theoretical aspect of modernism, it seems to be narrow-minded concerning its practical aspect, i.e. the products of the practical reason of modernity. Strictly speaking, since practical rationality belongs to the sphere of culture, many Muslims today behold it from the angle of clash of cultures and identities.

If we examine, for instance, some of the Prophetic statements-assertions (*ḥadīṯ*), we find the relationship between Islam and reason to be central. Islam considers reason to be the essence of the human being. This has been spoken by the Prophet (PBUH): "the substratum (*qiyām*) of man is his reason, and he who has no intellect has no religion". This allows us to conclude that religion follows intellect, rather than the contrary. In other quotations, the Prophet reveals reason as a tool for action: "everything has a tool and kit, the tool and kit of the believer is his reason; everyone has a torch ahead, that is reason; everything has a purpose, the objective of worship is reason; every folk has a shepherd, the shepherd of worshipers is reason; each merchant has goods, the merchandise of jurisprudents (*muğtahidin*) in religion is reason; every ruin brings about prosperity, the prosperity of Hereafter is the mind; and each traveler has a tent, and the tent of the Muslim is his mind".

On the creation, some Prophetic quotations claim God's first creature, mind, as primarily charged by religious obligations: "By virtue of the mind, man deserves to be the subject of speech and accordingly commitment to God". A famous (and probably apocryphal) prophetical saying reads, "The first thing created by God was the ʿaql'[1], He decreed its coming, and it came, and He commanded it to return and it withdrew, and then He said ... I have not created nobler than thee, and by thou I prohibit and bestow, I punish and reward." We read in another version: "... I haven't created a more beloved creature than thou near Me, and I would bestow only thee to My loved creation (the man)". In addition, some prophetic saying on the close affinity between mind and heart reads: "mind is a light in the heart by which we differentiate between right and wrong, distinguish the permitted from the prohibited, and realize the Islamic laws and judicial decrees". In this regard, in the Qur'ān, we read: "Have they not traveled about the earth; don't they have hearts to understand or ears to hear with?"

There exists a story concerning the relationship between reason, religion, and shame, narrated by the Prophet, which reads: "As God the Almighty ordered Adam – Peace Be Upon Him – to coast on the ground, Gabriel came to him ... and said: Oh Adam, God the Almighty may give thee three qualities of which you have to pick one and give up the two; He answered: What are they? Gabriel said: Shame, religion and reason. Adam said: ... I chose the mind. Then Gabriel ordered shame and religion to leave. They replied: We will not; Gabriel ... said to them: are you disobeying?

[1] *Aql* is the qur'ānic equivalent for reason, mind, or intellect.

They said no, but we were ordered not to distance ourselves from the mind, wherever it is". As for the affinity between mind and worship, we read in a Ḥadīṯ: "God the Almighty was not worshipped by something better than the mind."

Furthermore, a Prophet's companion named Ibn ʿAbbās places reason in a more highly ranked position than that of religion: "the basis of religion is reason. And all obligations and commitments are judged by reason. The Lord is recognized by reason, man is also pleading to Him by the very. Or the rational man is closer to the Lord than all *muğtahidin* (senior religious scholars) without reason and righteousness. Or an act of the rational man is better than the Jihad of an ignorant for thousand years". The prophet of Islam says: "There is no greater beauty than reason".

2. Reason in Modern Islam

I do not intend to directly examine the relationship between faith and reason as concepts belonging to theology or mysticism. But I will deal with the relationship between 'Islamic Reason' and problematic issues in modernity. I will consider this relationship as explored by three modern thinkers from the Arab Maghreb: Mohamed Abid Jabri, Mohamed Arkoun and Abdellah Laroui, who presented various problems in their visions, concepts, and methods.

These three thinkers have several points in common. The first is that each has an intellectual project concentrated on reason, since it is suffering from a deep and comprehensive crisis. This awareness, centered on the relationship between Islam and modernity, has urged these thinkers to build their projects on the basis of criticism. Thus, they have each utilized humanistic approaches and philosophical currents to analyze, diagnose, criticize and reconstruct Islamic reason.

Their common point of departure was to analyze the crisis of modern Arab reason, or Arab-Islamic discourse and to find a solution. They explored the causes of the crisis and made efforts to discover its structures, mechanisms and relationship with the respective contemporary time. Each begins at a different starting point to address the tradition. M. A. Jabri has taken the first age of the

Arab civilization known as *Asr e Attadwin* (Epoch of Registration) as a platform for his work; A. Laroui departed from the paradox of Mohammed Abdou (the antagonism between the belief in rationality of Islam and irrationality in practice); and M. Arkoun chose the Foundation of reason (the Revealed reason) as the point of departure for his intellectual project.

These three thinkers provide the same, comprehensive overview of the Arab crisis, which covers all aspects of the ancient and modern Islamic mind, from revelation to reason to the rational concerning the theological, mystical, philosophical, political, and ideological realms. This is what prompted them to use various approaches to capture the diversity of the overall phenomenon.

On the other hand, it is surprising that they share a kind of hostility towards philosophical and academic research, in general. This perhaps arises out of their specific self-definition as reformist thinkers. Their main concern is to aim their discourse to the general public, in order to convince them to push for reform. However, their discourse fails to address academics at universities and scientific institutes, who are less focused on garnering public support.

In addition to these similarities, there exist many differences, three of which I will address in the following section:

1) The three intellectuals differ in their views of what to name reason. Jabri called it "the *Arab* mind", in order to avoid falling into a theological crisis if he calls it the "Islamic mind". According to Jabri, Islam cannot be the subject-matter of a reform doctrine. Arkoun, however, chose the name of "*Islamic* mind" so as not to fall into a racial interpretation. The purpose behind such nominalization as the "Islamic mind" is to accomplish an investigation into the history of subordination of reason to revelation, and to determine how the latter has become a single measure of truth. The object of these investigations is to solve the problem of modernism in Islam, i.e. how to modernize Islam as a scientific process such that no Islamic subjects, however holy or infallible, will be excluded. He desires to raise the criticism of "Islamic reason" to a level at which scholars, theologians and philosophers in the West have been practicing the religious mind. As for Laroui, he did not nominalize reason is a specific way. This shows his desire to remain at the level of a universal mind, as preached in the Enlightenment, although he in fact analyzed the Arab-Muslim mind.

2) Although the three thinkers agree on the criticism of reason, they differ in modality, degree and meaning in their respective critiques.

Jabri believes that we have to criticize intellect, "in order to think correctly through it". He begins with a diagnosis of symptoms from which reason has suffered. He believed the most important of these symptoms to be irrationalism originating from the dominance of Gnostic mysticism and Ašʿarīte theology. The contemporary Arab discourse suffers from its dual dependence upon tradition and modernity. But Jabri exaggerates his criticism of "Arab reason" when he forges an unjustified trial upon it. For instance, he excludes 'Arab reason' from universal reason, thereby considering it as only a normative and subjective reason – one that does not include the area of practice unlike the Greek reason that shaped the Western understanding of reason. The latter is causal and objective, thus able to explain nature, and produce science and technology so as to ensure modernity, strength and invulnerability. 'Arab reason', according to Jabri, is analogical and occasional, and deals only with words, not concepts. For Jabri, the affinity between Arab reason and time confirms this diagnosis. He believes 'Arab cultural time' has a uniform, unchangeable, atomic and discontinuous form in its nature, since it only circulates in the same place. The Islamic Sciences were born complete in the 'era of codification' but they were unable to develop. In short, 'Arab time' experiences neither conflict nor reconciliation between the new and the old. On the contrary, Western cultural time is multiple, changeable, continuous and progressive.

After investigating 'Arab reason' in general, Jabri examines its four subdivisions: rhetorical reason, gnostic reason, demonstrative reason, and combined reason. Then he diagnoses a fundamental defect in each. 'Rhetorical reason' has always been fully developed, so it does not evolve in its content or in its vision. 'Gnostic reason' cannot see things as they are, and it persists in turning around sorcery and witchcraft, hoping to nail the secrets of nature by using irrational means. The problem with 'demonstrative reason' is that it has remained a prisoner of the explanation provided in Greek texts. The fourth reason, which he has called 'the combined structure' – the 'mother structure' or the subconsciousness of Arab reason – combines the disadvantages of the other three, above: it is submitted to the authority of the word, authority of the origin as a source of knowledge, and authority of permissibility (occasionalism).

On his part, A. Laroui accused modern Islamic reason of preferring the name (*ism*) to the act (*fiʿl*). It has been submerged by a paradox from which it has had no way out since the era of Muhammad Abdou in the nineteenth century. This paradox is revealed as a belief in rational Islamic faith on the one hand and a believer's irrational behavior on the other. He also accused Islamic reason of having a deductive nature, which makes it unable to lead to modernity. The demonstrative mind looks at things from the perspective of coherence between the premises and conclusions, not from that of resulting in interests and benefits.

Arkoun, on his part, does not only criticize the structures of knowledge, as Al Jabri did, or the paradox of Mohammed Abdou, as Laroui did. He also has deeply criticized Islamic reason in its various manifestations, particularly the 'Foundation reason', i.e. reason embedded in revelation and prophetic tradition, and consequently all Islamic sciences. So through subjecting revelation itself to scientific investigation, he crossed the boundaries following the paradigm of what the West did regarding its Holly Scriptures. Moreover, Arkoun demands theological criticism for a renewal of faith in Islam so that a way could be opened for reforming *šarīʿa*. For him, "traditional faith is no longer useful today before the challenges of modernity." Therefore, it is the duty of "exploratory reason" to question and develop Islamic faith, in order to set the foundations for a theology of liberation.

3) The three intellectuals present themselves as reformers, but they differ in respect to the form of reform that each puts forward.

M. A. Jabri thinks that there is no way to reform through refuting either tradition or modernism. Honestly speaking, loyalty towards tradition in its demonstrative and critical nature, as has been known in Andalusia, is necessary to ensure dignity and self-independence towards the dominance of Western modernity. In addition, it is also necessary to stay loyal to tradition because it encourages rooting the concepts of modernity in the Arab and Islamic tradition. Hence, we need to search for a connection and continuity between our tradition and Western modernity, so that the latter would not remain a foreign body in the contemporary, second Arab renaissance.

Moreover, Jabri has strongly criticized the disconnected transfer and use of modern concepts in Arab culture, because they harm Arab thought. For instance, he has strongly rejected the entrance of secularism into the Arab culture as either a name or content, as there is no separation between the state and religion in Islam. He also maintains that Islam is an essential part of Arab reason and Arab reality, that is, Islam is a 'form' for the Arab man, who, in return, is a 'matter' for it.

This essential affinity between Islam and Arab man prompted Al-Jabri to reject any theological criticism of Islam and any renewal of its doctrine. At most, he could accept reform of the law of Islam (*šarīʿa*), and not its dogma. The concept of "secularism" is rendered into two agreeable concepts in modern Arab culture: rationality and democracy. Overall, the reform of Arab reason, or contemporary Arab thought, requires basic reform of the political reality, which can, in return, develop Arab reason.

For his part, A. Laroui also gave particular attention to the notion of reform, for he considered it as the basis of a seeming paradox. Before Laroui, anyone who does not feel the necessity of reform cannot beware of the paradox. It is the same with Ibn Ḫaldūn, who had cleverly realized the acute failure of the south Mediterranean against the north. However, he was not aware of the need to reform, since he did not feel that paradox. The reform as it was perceived by Laroui lies in overcoming this paradox, existing between word and act so that priority is given to the action over the name, to experimental reason over demonstrative reason. In short, he means to convert the reason in rationalism through a rupture with tradition.

Reform of reason, as it was perceived by M. Arkoun, begins by propagating historicism, relativism and criticism in Islamic reason, and avoiding considering it as a transcendent substance in man's history. This reform cannot be achieved without expanding liberty and right to inquire any subject whatever His Holiness restrains man from thinking about. This re-definition urged him to combine classical modernism, post-modernism and modernity in the Arab Middle Ages, in order to make humanism flexible, tolerant and open to all cultures. Among the most important items of this reform is his claim to a renewal of faith, because without such a renewal we cannot reform religious laws. This was a clue to call forth secularism as a lifeline for contemporary Islam. He does not mean secularism that neglects religion, but rather Islamic secularism in Medina, the hometown of the Prophet, where there can be no separation between the spiritual and the secular. What this reform does need is 'exploratory reason' able to criticize 'traditional reason' through 'modernist reason': Western reason through 'traditional reason.' Moreover, it can also criticize post-modern reason, especially when Modernist reason claims that modernity, humanism, rationalism, and secularism are purely Western creative innovations and thus cannot emerge into other cultures.

A. Laroui recognizes in his book, *Concept of the Intellect,* as long as the subject-matter (the reason) is absent among us, it should be recreated anew. M. A. Jabri also acknowledges that the subject-matter of his study, reason, is at the time his own interpretation; however, he insists on the need for its destruction so as to reconstruct it. In the same spirit, M. Arkoun calls forth an exercise to destruct 'the Islamic reason' to the highest degree, in order to be reconstructed anew.

Thus, the three thinkers have created a reason which is their own. It is not the reason through which politicians, intellectuals, scholars, administrators and businessmen think: those who do not suffer from the paradox between rationality of faith and irrational conduct of the believers. It is neither the reason of the Arab Middle Ages, which is submitted to the world, the origin and the possibility, nor the 'Islamic reason' in its Orthodox structure.

Therefore, it is our right to say that the reason innovated by these three thinkers is like three stories invented, and their heroes, crises and solutions, as well. The reform, they promised, is also part of their stories, but this reform remains unrealizable.

The real political, intellectual, ideological reform has come from somewhere else. The real reform has been enhanced by young facebook users and aficionados. Recent revolutions in the Arab world demonstrate the mind of young 'facebookers' practicing a different reason, and suffering from other paradoxes. It is the mind of the digital, computing and media revolution, which has reduced the distance between theory and practice, between the emblem and its application. Young 'facebookers' have rushed to create a new history without complexities, paradoxes and crises, but through specific demands. And they have been able to accomplish it in a short time.

Glaube, Vernunft und Theologie – zur Archäologie einer aktuellen Problemstellung

Andreas Speer, Köln

Wenn ich im Folgenden eine aktuelle Problemstellung – nämlich die einer Islamischen Theologie – durch eine Bezugnahme auf eine historisch wirkmächtige Fragestellung in der christlichen Theologie adressiere, dann geschieht dies nicht so sehr in der Absicht der Rückbesinnung auf die eigene Tradition, sondern in der Überzeugung, dass der archäologische Blick auf die Genealogie einer wirkmächtigen Fragestellung uns heutige Problemstellungen besser verstehen lässt. Hinzu kommt die – für den mit den angesprochenen historischen Zeiträumen weniger vertrauten Leser – Entdeckung überraschender Schnittstellen mit dem in Frage stehenden Thema der Möglichkeiten einer Islamischen Theologie. Hierbei nehme ich im Folgenden auf den Artikel von Mohamed Mesbahi Bezug, auf den ich auch bei der Tagung zu respondieren hatte. Mein Argument werde ich in zehn Schritten entwickeln.

1. – „Glaube und Vernunft (*fides et ratio*) sind wie die beiden Flügel, mit denen sich der menschliche Geist zur Betrachtung der Wahrheit erhebt. Das Streben, die Wahrheit zu erkennen und letztlich ihn selbst zu erkennen, hat Gott dem Menschen ins Herz gesenkt, damit er dadurch, dass er Ihn erkennt und liebt, auch zur vollen Wahrheit über sich selbst gelangen könne." – So beginnt die Enzyklika „Fides et Ratio" Papst Johannes Pauls II. Und die Enzyklika fährt fort: „Sowohl im Orient als auch im Abendland läßt sich ein Weg feststellen, der im Laufe der Jahrhunderte die Menschheit fortschreitend zur Begegnung mit der Wahrheit und zur Auseinandersetzung mit ihr geführt hat" (n. 1). Dieser Weg habe sich im Horizont des Selbstbewusstseins der menschlichen Person entfaltet: „Je mehr der Mensch die Wirklichkeit und die Welt erkennt, desto besser erkennt er sich selbst in seiner Einmaligkeit, während sich für ihn immer drängender die Frage nach dem Sinn der Dinge und seines eigenen Daseins stellt" (n. 1). Die Kirche könne daher gar nicht umhin, „den Einsatz der Vernunft für das

Erreichen von Zielen anzuerkennen, die das menschliche Dasein immer würdiger machen. Denn sie sieht in der Philosophie den Weg, um Grundwahrheiten zu erkennen, welche die Existenz des Menschen betreffen. Gleichzeitig betrachtet sie die Philosophie als unverzichtbare Hilfe, um das Glaubensverständnis zu vertiefen und die Wahrheit des Evangeliums allen, die sie noch nicht kennen, mitzuteilen" (n. 1).

In der Geschichte ließe sich somit eine Entwicklung feststellen, die zu einer durchaus kritischen Übernahme des philosophischen Denkens seitens der christlichen Denker geführt habe (n. 39). Es gebe zwei Aspekte einer solchen christlichen Philosophie: einen subjektiven, der in der Läuterung der Vernunft durch den Glauben besteht, und einen objektiven Aspekt, der die Inhalte betrifft, sofern die Offenbarung klar und deutlich einige Wahrheiten vorlege, die von der Vernunft, obwohl sie ihr natürlich nicht unzugänglich sind, vielleicht niemals entdeckt worden wären, wenn sie sich selbst überlassen geblieben wäre. Auch die Auffassung von der Person als geistiges Wesen sei eine besondere Eigenart des Glaubens: „Die christliche Botschaft von der Würde, der Gleichheit und der Freiheit der Menschen hat sicher das philosophische Denken beeinflußt, das die Modernen vollzogen haben" (n. 76).

Doch im gleichen Atemzug bricht sich ganz unverkennbar ein skeptischer Unterton Bahn gegenüber den verschiedenen Formen von Agnostizismus und Relativismus, die dazu geführt hätten, dass sich das philosophische Suchen „im Fließsand eines allgemeinen Skeptizismus" verloren habe. Die legitime Pluralität von Denkpositionen sei einem indifferenten Pluralismus gewichen, der auf der Annahme fuße, alle Denkpositionen seien gleichwertig. Das aber sei eines der verbreitetsten Symptome für das Misstrauen gegenüber der Wahrheit, das man in der heutigen Welt feststellen kann (n. 5).

2. – Diese Denkfigur, die einerseits die natürliche Verbindung von Vernunft und Glauben, genauer von allgemeiner Vernunft und christlichem Glauben betont, zum anderen aber gewissen Tendenzen gerade der modernen Vernunft zutiefst misstraut, zeigt sich nicht nur in „Fides et Ratio", sondern auch in den Schriften und Interviews des damaligen Präfekten der Glaubenskongregation Joseph Ratzinger und in den Verlautbarungen des heutigen Papstes Benedikt XVI. (vgl. hierzu Speer 2008a, 63–65).

Zudem sind die Parallelen zum Problemaufriss im Beitrag von Mohamed Mesbahi unübersehbar. Auch hier scheint es zunächst keinen Widerspruch zwischen Glauben und Vernunft zu geben. Für den Islam, so Mesbahi unter Berufung auf den Propheten, sei die affirmative Beziehung zwischen Islam und Vernunft sogar essentiell. Und dennoch konstatiert er zugleich ein gestörtes Verhältnis zwischen „islamischer Vernunft" und „moderner Vernunft". Den Grund hierfür sieht Mesbahi weniger auf der theoretischen Ebene in Hinblick auf die Theologie und die Legitimation der Religion gegenüber Wissenschaft und Technologie, sondern hinsichtlich der Praxisfelder der Vernunft mit ihren ethischen, sozialen, ökonomischen und politischen Fragen. Gerade die moderne praktische Vernunft trete in ein Spannungsverhältnis zur Religion, sofern es diese eben nicht nur mit theoretischen Glaubensprinzipien zu tun habe, sondern auch mit praktischen Prinzipien und Axiomen.[1]

3. – Ich möchte diese Bemerkung zuspitzen und zugleich in eine andere Richtung lenken. Der Begriff der Religion bezeichnet zunächst und primär eine Praxis. Es besteht demnach kein notwendiger Zusammenhang zwischen Religion, die primär „theosebeía" ist und als Gottesdienst eine Praxis darstellt, und Theologie, die eine über die religiöse Praxis hinausgehende theoretische Gestalt besitzt. Der Begriff der Theologie ist auch gar kein genuin religiöser Begriff, sondern eine „Erfindung" der griechischen Philosophie. In der seit Aristoteles kanonischen Einteilung der theoretischen Wissenschaften ist die Theologie als „göttliche Wissenschaft" die höchste der drei theoretischen Wissenschaften Physik, Mathematik und Theologie. Ihr Gegenstand sind die abtrennbaren und unbeweglichen Substanzen. Diese Bestimmung der Theologie als erster Philosophie wird in der Spätantike und auch später zu einem wichtigen Begegnungsplatz zwischen den Religionen und der Philosophie, gerade weil Letztere diesen Begriff zunächst weitgehend unbestimmt lässt.[2]

Es ist gleichwohl bemerkenswert, dass sich das junge Christentum gerade die Theologie als intellektuellen Begegnungsort mit der damals prägenden hellenistischen Kultur wählt (vgl. Speer 2002,

---

[1] Vgl. hierzu den Beitrag von M. Meshbahi, „Reason, Islam and Modernism" in diesem Band.

[2] Aristoteles, Metaphysica E, 1. Vgl. hierzu Speer 2008b, 105–107.

649–655). Damit ist zugleich angezeigt, auf welcher Ebene der Diskurs um den Geltungsanspruch der Offenbarungswahrheit geführt werden soll. Darin wird das Christentum auch zum Vorbild für den frühen Islam. Denn dieser knüpft zunächst ähnlich wie das Christentum beinahe nahtlos an die hellenistische Bildungstradition an. Insbesondere die islamische Theologenschule der Muʿtaziliten trägt unter Aufnahme griechischen Gedankenguts und mittels rationaler Begründungsverfahren zur Ausbildung eines dogmatischen Systems des Islam bei und wird insbesondere unter der zweiten Kalifendynastie der Abassiden zur bestimmenden Theologenschule.[3]

4. – Doch kehren wir zum frühen Christentum zurück. Als „Pionier einer positiven Begegnung mit dem philosophischen Denken" nennt die Enzyklika „Fides et Ratio" Justinus den Märtyrer, der seine große Wertschätzung für die griechische Philosophie zwar auch nach seiner Bekehrung bewahrt, gleichwohl klar und entschieden bekundet habe, im Christentum „die einzige sichere und nutzbringende Philosophie" gefunden zu haben (n. 38). Auch für Joseph Ratzinger ist Justin eine „symptomatische Figur", der alle Philosophien studiert und schließlich im Christentum die „vera philosophia" erkannt, d. h. mit seiner Christwerdung die Philosophie nicht abgelegt habe, sondern seiner Überzeugung nach erst ganz Philosoph geworden sei (Ratzinger, 138). Vor allem aber wird Augustinus zum Modell eines Christentums, das sich affirmativ auf das hellenistische Bildungsgut bezieht, das ihm – so wie das Gold der Ägypter, das die Israeliten auf Geheiß des Herrn mitnahmen, da es Gottes Eigentum war, wo immer es auch war[4] – als legitimes Erbe erschien, dessen Verheißungspotential auf ein gutes und glückseliges Leben aber nur die wahre Religion einzulösen vermag, „welche nur einen Gott verehrt und mit geläuterter Frömmigkeit (*purgatissima pietate*) als Ursprung aller Naturen erkennt, als den, in dem die Gesamtheit aller Dinge ihren Anfang hat, von ihm vollendet und bewahrt wird"[5]. So kann Augustinus als zu glauben und zu lehren festhalten, ja als zentrale Lehre für das menschliche

---

[3] Vgl. Endreß 1982, 57–67; ders. 1990, 1–49; ferner Frank, 7–37.

[4] Augustinus, Confessiones VII, 9, 15 (CCSL XXVII), 103,58–60.

[5] Augustinus, De vera religione I, 1, 1 (CCSL XXXII), 187,1–4.

Heil („humanae salutis caput"), „daß die Philosophie, das heißt das Streben nach Weisheit, nichts anderes sei als die Religion" und folglich ein doktrineller Irrtum auch zum Ausschluss von den Sakramenten führen könne.[6] Die „wahre Religion" wird somit zum Maßstab einer „wahren Philosophie".

Als Weisheit gewinnt eine solche „theologia naturalis" einen neuen epistemischen Status, der sie über alle anderen Wissenschaften erhebt. Damit einher geht eine Kritik an einem selbstzwecklichen Wissensstreben und eine konsequente Hinordnung alles Wissens auf die Weisheit, die nun nicht mehr ein nur formales oder abstraktes Ideal bleibt, sondern ganz konkrete Inhalte erhält: Es sind die Kernstücke des christlichen Dogmas, die zum Kernbestand dieser neuen Weisheitslehre werden. Das ist in den Augen Joseph Ratzingers der systematische Kern und das Vermächtnis des christlichen Hellenismus. Als Verschmelzung von Aufklärung und Glaube bilde diese Synthese von Vernunft, Glaube und Leben „die Apologie des Christentums als *vera religio*"[7]. Daraus folgt für Ratzinger das spezifische Selbstverständnis der ersten Generationen der Christen, die sich nicht als eine Religion wie andere auch verstanden hätten, die das gleiche Recht wie die anderen Religionen besäßen, weil sie in der Fortsetzung des menschlichen Denkens schon einen Weg zu Gott gefunden hätten (Ratzinger/Flores d'Arcais, 26). Das Neue am Christentum sei die Tatsache, dass der verborgene, erahnte Gott sich offenbart habe und deshalb über das, was man über ihn wissen könne, radikal hinausgeht, „obwohl er in Übereinstimmung mit dem menschlichen Forschen steht" (ebd.).

5. – Dass das Christentum offensichtlich ohne größere Brüche in den hellenistischen Theologiediskurs eintreten konnte, zeigt sich auch bei Boethius und dessen Versuch, im Anschluss an Röm 1,20, dem *locus classicus* natürlicher Theologie, eine rationale Verantwortung des christlichen Glaubens und seiner dogmatischen Lehrgehalte zu entwickeln. Dieses Programm weiß sich dem methodischen Ideal einer axiomatisch-apodiktischen Wissenschaft verpflichtet, welches Boethius und mit ihm seine hochmittelalterlichen Kommentatoren in voller Konsequenz selbst auf die Lehre der Trinität angewendet

---

[6] De vera religione V, 8, 26 (CCSL XXXII), 193,12–16:.

[7] Ratzinger, 138–140; zu Justin dort Anm. 118.

wissen wollen.[8] Die von Paulus formulierte Differenz zweier Weisheiten – derjenigen der Welt und derjenigen Gottes – scheint für Boethius nicht zu bestehen. Für ihn hat die Theologie gemäß dem von Aristoteles übernommenen Verständnis der „theologikè philosophía" ihren wissenssystematischen Ort im Ordnungsgefüge der theoretischen Philosophie und steht dort an der Stelle einer Metaphysik. Als oberste der spekulativen Wissenschaften handelt die Theologie, wie Boethius am Anfang des zweiten Kapitels seiner Schrift „Über die Trinität" ausführt, von dem, was ohne Bewegung und abstrakt ist und betrachtet als „erste Philosophie" die unbewegliche und unstoffliche Substanz Gottes. Damit beansprucht das Dogma, soweit es im Rahmen einer natürlichen Theologie aussagbar ist, den Platz demonstrativen und nicht bloß dialektischen Wissens – eine Entscheidung von großer Tragweite, die gerade im Vergleich mit anderen Theologiemodellen der christlichen Tradition, erst recht aber im Vergleich mit Theologiemodellen anderer Religionen in ihrer Bedeutung hervortritt (vgl. Speer 2005b, 164–167; 174–177).

6. – Wie wenig selbstverständlich jedoch eine solche Begründung der Theologie aus dem Selbstverständnis einer Wissenschaft war, zeigt ein kurzer Blick in das christliche Milieu des 12. Jahrhunderts – einer Schlüsselzeit für das lateinische Abendland und für die künftige Entwicklung der Theologie. Dieses Milieu offeriert uns eine Fülle alternativer Theologiekonzeptionen, die in einem teils freundschaftlichen, teils erbitterten Agon um das wahre Theologieverständnis ringen. Die Antipoden treten deutlich hervor und sind sich dabei ihrer jeweiligen Stellung bewusst: etwa Petrus Lombardus, der mit seinen Sentenzen die wohl einflussreichste Dogmatik aller Zeiten verfasste, gegenüber der spiritualistischen Eschatologie eines Joachim von Fiore, oder Bernhard von Clairvaux, einer der bedeutendsten Vertreter einer monastischen Theologie in Fortführung und Überbietung der Patristik, gegenüber Abaelard und Gilbert von Poitiers, die auch von der Theologie präzise Argumentation und äußerste methodische Strenge forderten, und schließlich der Viktoriner Richard als Vertreter einer spekulativen Mystik und

[8] Zu denken ist hier vor allem an die Porretaner und die Chartreser Kommentatoren wie Gilbert von Poitiers, Thierry von Chartres oder Clarembaldus von Arras.

einer kontemplativen Theologie gegenüber den Chartreser Magistern, welche die Genesis mithilfe des platonischen *Timaios* und d. h. mittels naturphilosophischer Methoden besser auszulegen glaubten als durch die traditionellen exegetischen Methoden.[9] In diesem Milieu ereignet sich schließlich jener als Aristotelesrezeption bezeichnete Vorgang, der im 12. Jahrhundert mit der fortschreitenden Übersetzung des *Corpus Aristotelicum* seinen Anfang nimmt und auch die Kommentare und systematischen Ausarbeitungen der arabischen Peripatetiker, allen voran des Averroes (Ibn Rušd) und Avicennas (Ibn Sīnā), einschließt. Für unseren Zusammenhang maßgeblich werden vor allem zwei aristotelische Werke: die *Analytica posteriora* mit ihrer Wissenschaftslehre und die *Metaphysica* mit ihrem Modell einer ersten Wissenschaft. Es ist die aristotelische Wissenschaftslehre, die den Boden für die Begegnung der verschiedenen Wissenskulturen auch über kulturelle und religiöse Grenzen hinweg bildet.

Für die Theologie bedeutet dies jedoch nichts anderes, als sich als Wissenschaft nach den Prinzipien der aristotelischen Wissenschaftslehre in den Kanon der universitären Wissenschaften einzufügen – oder eben der Universität fernzubleiben. Dies ist eine außerordentliche und keineswegs selbstverständliche Entwicklung, wie bereits die Debatten der damaligen Zeit zeigen. Doch insbesondere die jungen Mendikantenorden, allen voran die Dominikaner mit ihren Leitfiguren Albertus Magnus und Thomas von Aquin, aber auch die Franziskaner wie Alexander von Hales, Bonaventura und Johannes Duns Scotus haben maßgeblich dazu beigetragen, dass die Theologie die Herausforderung annahm, sich dem Gespräch mit den neuen Wissenschaften zu stellen und in die wissenschaftliche Welt als Partner einzutreten.[10]

7. – Im Kern kann man die Idee von Wissenschaft als ein Wissen aus Gründen bezeichnen, die in einer allgemein akzeptierten, gültigen Form für alle an diesem Diskurs Teilhabenden gelten und einen

[9] Vgl. Speer 2002, 655–660; ders. 2004, 17–40.

[10] Siehe zu den sich hieran anschließenden Diskussionen zum Selbstverständnis einer solchen wissenschaftlichen Theologie die Beiträge von William J. Courtenay, Andreas Speer, Steven P. Marrone, Joseph P. Wawrykow und Stephen Brown, In: Aertsen/Emery/Speer 2000, 233–356. Siehe auch Speer 2005a, 19–28.

spezifischen Wissensmodus begründen. Das gilt unabhängig von dem zugrundeliegenden Wissenschaftsmodell, mag es sich um die Vorstellung einer Einheitswissenschaft oder um einen Modellpluralismus, um ein deduktives, syllogistisches oder topisches Verfahren etc. handeln. Wissenschaft setzt stets die Idee der Kommunikation, der Möglichkeit einer begründeten Beziehung in Form eines Arguments voraus; dieses Kriterium dient zugleich als Grenzbestimmung für die Reichweite und Geltung wissenschaftlicher Argumente. Für Aristoteles erfolgt die Wissensgenese vornehmlich auf dem Wege der Analyse und der Synthese, vorzugsweise nach Art des schlussfolgernden Denkens.

Ein solches Verfahren setzt jedoch etwas voraus, das selbst nicht mehr ein diskursiv zu vermittelndes Wissen darstellt. Dazu gehört einerseits das in der Erfahrung Gegebene, das nicht als solches, sondern vermittelt durch Abstraktion eingesehen wird, und dazu gehören die allgemeinsten Grundsätze, die selbst eines Beweises weder fähig noch bedürftig sind, ohne die aber kein wirkliches Wissen erzeugt werden kann. Die Wissensdynamik mündet somit in einem Wissen von den gewissen Prinzipien und Ursachen, vom Allgemeinsten und Ersten. Diesem Wissen im höchsten Sinne kommt gegenüber allem übrigen Wissen und den übrigen Wissenschaften eine ordnungsstiftende Funktion zu (Speer 2010, 24–30). Aristoteles bezeichnet diese erste Wissenschaft, wie wir bereits gesehen haben, auch als Theologie – eine Herausforderung für die christliche Theologie, die sich in der Patristik gerne als Erfüllung und Überbietung der antiken Lehren verstanden hatte.

8. – So ist es nur konsequent, dass Thomas von Aquin das Glaubenswissen in der berühmten ersten Quaestio seiner *Summa theologiae* in die Gestalt einer theologischen Wissenschaft nach dem Wissenschaftsmodell des Aristoteles zu bringen versucht.[11] Hierbei stößt Thomas allerdings auf das scheinbar unüberwindliche Dilemma, dass die Theologie einer der zentralen Forderungen der aristotelischen Wissenschaftslehre nicht zu genügen vermag, nämlich dass die Prinzipien einer Wissenschaft der natürlichen Vernunft aus sich heraus bekannt (*per se notum*) sein müssen.[12] Die Lösung

---

[11] Summa theologiae I, q. 1, a. 2: „Utrum sacra doctrina sit scientia?"

[12] Summa theologiae I, q. 1, a. 2, arg. 1: „Omnis enim scientia procedit ex prin-

des Thomas, die Theologie denjenigen Wissenschaften zuzuordnen, die ihre Prinzipien anderen, übergeordneten Wissenschaften entlehnen, welche dieses Wissen bereitstellen und damit auch die Wissenschaftlichkeit der nachgeordneten, subordinierten Wissenschaft sichern, birgt einige Folgeprobleme.[13] Die Verlagerung der Evidenz auf das Wissen der Heiligen, dem die Theologie subalterniert ist und ihre Prämissen verdankt, macht nämlich zugleich ihre Stellung im Ordnungsganzen der Wissenschaften, in welches die Theologie eingebunden werden sollte, im höchsten Maße problematisch. In Frage steht nicht mehr und nicht weniger als der Anspruch, die wahrhaft erste und göttliche Wissenschaft zu sein, kraft der Exzellenz ihres Gegenstandes und aufgrund der herausragenden Weise, von diesem zu handeln.[14]

Thomas verteidigt diesen Anspruch unter anderem durch den Hinweis auf die Gewissheit der Offenbarung gegenüber der irrtumsbehafteten natürlichen Erkenntnis und mit Bezug auf die Würde des Erkenntnisgegenstandes sowie durch den Rekurs auf die von Aristoteles in Metaphysik Γ 3 vorgenommene Unterscheidung in ein direktes und in ein indirektes Beweisverfahren von Prinzipien; letzteres nimmt er in Analogie zur Metaphysik auch für die Theologie in Anspruch.[15] Doch muss Thomas selbst zugleich die Sonderstellung der Theologie in ihrem Verhältnis zu den übrigen Wissenschaften anerkennen: Denn was die Theologie auszeichnet, ist letztlich der natürlichen Vernunft nicht aus sich heraus zugänglich. Es ist auch nicht in der gleichen Weise zu bewähren wie die Prinzipien der Metaphysik im prozeduralen Verfahren der Vernunft. Konsequent unterscheidet daher Thomas die Metaphysik als erste Philosophie von der Theologie als Offenbarungswissenschaft und misst der Theologie gegenüber den übrigen Wissenschaften folglich auch keine beweisende und ordinative, sondern ledig-

---

cipiis per se notis. Sed sacra doctrina procedit ex articulis fidei, qui non sunt per se noti, cum non ab omnibus concedantur."

[13] Summa theologiae I, q. 1, a. 2, c & ad 1. – Vgl. hierzu Aertsen 2005, 29–50; bes. 32–36.

[14] Diese Frage stellt sich für Thomas im Anschluss am Met. A 2 als Frage nach dem Weisheitsprimat; cf. Summa theologiae I, q. 1, a. 6: „Utrum haec doctrina sit sapientia." – Siehe hierzu Chenu, 116–150, sowie Speer 2008c, 7–32; bes. 16–26.

[15] Summa theologiae I, q. 1, a. 8 c.

lich eine judikative Rolle zu.[16] Dies bedeutet nichts anderes als die kritische Selbstbeschränkung ihres normativen Anspruchs auf der Grundlage allgemein geltender Regeln. Nur als eine solche Wissenschaft nimmt und hat die Theologie am universellen Wissensdiskurs teil, deren Spielregeln sie zudem nicht bestimmt. Dies ist der Weg zur Weisheit durch den Weg der Wissenschaft, der allein, wie Immanuel Kant betont, niemals ganz verschüttet.[17]

9. – Damit wird aber die von Augustinus und Boethius vertretene Auffassung von der einen Theologie als oberster theoretischer Wissenschaft, die auf der Konkordanz von Vernunft und Glaube, von Philosophie und Offenbarung beruht und auf der Überzeugung, dass die Glaubensinhalte der natürlichen Vernunft grundsätzlich zugänglich seien,[18] in Frage gestellt. Folgerichtig unterscheidet Thomas klar und deutlich zwischen einer Theologie der Heiligen Schrift (*theologia sacrae Scripturae*), deren Gegenstand Gott ist und in der er betrachtet wird, wie er in sich selbst ist, und einer philosophischen Theologie (*theologia philosophica*), in der Gott betrachtet wird, sofern wir ihn erkennen können, in der Gott also nicht der ausgezeichnete Gegenstand der Wissenschaft ist.[19] Mit dieser Unterscheidung in eine theologische Weisheit, die als Wissenschaft das Resultat menschlicher Bemühungen und menschlichen Wissens, als „gottförmige" und mühelose Einsicht in die Glaubenslehren jedoch göttliches Gnadengeschenk (*donum*) ist, und ferner in eine Weisheit der Philosophie, die, auch wenn sie gleichfalls vom Göttlichen handelt, ihren Ursprung doch nicht ei-

---

[16] Summa theologiae I, q. 1, a. 6, ad 2: „Propria autem huius scientiae [scil. sacrae doctrinae] cognitio est, quae est per revelationem: non autem quae est per naturalem rationem. Et ideo non pertinet ad eam probare principia aliarum scientiarum, sed solum iudicare de eis." – Zum Charakter dieses judikativen Primats, der entweder auf einer besonderen Gabe des Hl. Geistes beruht oder auf den der Theologie zugrundeliegenden „articuli fidei" siehe auch die nachfolgende Antwort „ad tertium".

[17] I. Kant, Kritik der praktischen Vernunft, A 255; Speer 2003, 67–92; bes. 87–89.

[18] Boethius, Utrum Pater et Filius (ed. C. Moreschini, München/Leipzig 2005), 185, 66f.

[19] Thomas von Aquin, Super Boethium De Trinitate, q. 5, a. 4, c. – Hierzu Zimmermann 1998, 154f. und 211–222; ferner Aertsen 1994, 217–239; bes. 220–229.

ner theologischen Ordnung, sondern allein der menschlichen Vernunft verdankt, verbindet sich die grundsätzliche Frage nach der Tragweite der menschlichen Vernunft und nach den Grenzen der wissenschaftlichen Erkenntnis.[20]

Bei diesen Debatten geht es mithin um weit mehr als um eine erforderliche Grenzziehung zwischen den beiden „göttlichen Wissenschaften", der philosophischen Theologie oder Metaphysik und der Offenbarungstheologie. Vielmehr treten die Spannungen offen zutage, die im Selbstverständnis eines Denkens angelegt sind, das seine Vollkommenheit – sei es nunmehr als Philosophie oder als Theologie – im Konzept einer obersten theoretischen Wissenschaft denkt. Hierbei geht es nicht nur um die Adäquatheit dieses Modells, sondern auch um die Erreichbarkeit dieses Ideals. Wie weit reicht die natürliche Erkenntniskraft unseres Verstandes? Vermag die natürliche Vernunft den letzten Grund, die höchste Ursache aus eigener Kraft einzusehen? Oder bleibt durch die Gebundenheit unserer Erkenntnis auch die Erkenntnis der obersten Ursache, die etwas von der Materie und der sinnlichen Vorstellung Abgetrenntes ist, prinzipiell beschränkt, zumindest solange unsere Seele mit diesem irdischen Körper vereinigt ist? – so lautet etwa die Antwort des Thomas von Aquin.[21] Diese Beschränkung unserer theoretischen Vernunft markiert zugleich die Grenze des für den Menschen in diesem Leben Erreichbaren – und begründet somit zugleich die Notwendigkeit einer anderen Theologie, die sich nicht auf die Prinzipien der menschlichen Vernunft, sondern auf die göttliche Offenbarung und die *articuli fidei* stützt. Beide Theologien fordern und beschränken einander wechselseitig.

10. – Diese Antwort des Thomas ist keinesfalls so harmonisch, wie es die Enzyklika „Fides et Ratio" vorgibt, wenn sie dem hl. Thomas nicht nur wegen des Inhalts seiner Lehre, sondern auch wegen der Beziehung, die er im Dialog mit dem arabischen und jüdischen Denken seiner Zeit herstellen konnte, einen ganz besonderen Platz einräumt. „In einer Epoche, in der die christlichen Denker die Schätze der antiken, genauer der aristotelischen Philosophie wie-

---

[20] Summa theologiae II-II, q. 45, a. 2; S. th. I, q. 1, a. 5 ad 2; Quodl. IV, 9, 3. Hierzu Aertsen 2000, 27.

[21] Super Boetium De trinitate, q. 6, a. 2, resp. Siehe ferner Summa theologiae I, q. 84, a. 4 und q. 88, a. 1.

derentdeckten, kam ihm [i.e. Thomas] das große Verdienst zu, daß er die Harmonie, die zwischen Vernunft und Glaube besteht, in den Vordergrund gerückt hat. Das Licht der Vernunft und das Licht des Glaubens kommen beide von Gott, lautete sein Argument; sie können daher einander nicht widersprechen" (n. 43).

Zwar kann das Licht der Vernunft dem Licht des Glaubens nicht widersprechen und umgekehrt. Jedoch ändert dies nichts am „duplex modus veritatis", an dem zweifachen Zugang zur Wahrheit, wenn es um die Erkenntnis Gottes geht.[22] Die daraus folgende Zweiteilung der Theologie leitet jenen Prozess der Freisetzung der Wissenschaften gegenüber dem umfassenden theologischen Deutungsanspruch ein, der einstmals die Offenbarungswahrheiten als Vernunftwahrheiten normativ in den Wissenschaftsdiskurs eingeführt hatte. Zugleich aber macht Thomas deutlich, dass eine solche Unterscheidung der Wahrheitsansprüche nicht zwangsläufig zu einem „Drama der Trennung zwischen Glaube und Vernunft" führen muss, wie die Enzyklika „Fides et Ratio" behauptet, zu einer Abwendung des philosophischen Denkens von der Offenbarung, zu einer Krise des Rationalismus, die im Nihilismus mündet (n. 46). Vielmehr liegt hier der Ausgangspunkt für ein geläutertes Verhältnis von Glaube und Vernunft, das nicht nur die Basis für ein produktives Miteinander von Religion und moderner wissenschaftlicher Vernunft bilden kann, sondern auch für das Verhältnis zwischen den Religionen. Hierbei kommt gerade einer als Wissenschaft auftretenden Theologie eine besondere Bedeutung zu, sofern

---

[22] Siehe Summa contra gentiles I, cap. 3 und 4. Hierzu Speer 2011, 175–199, zu Thomas von Aquin 181–187. – In dieser Frage unterscheidet sich das Modell des Thomas von Aquin deutlich von dem des Averroes in dessen „Faṣl al-maqāl", obgleich beide darin übereinstimmen, dass die Wahrheit der Wahrheit nicht widersprechen könne. Für Averroes liegt die Möglichkeit der Vermittlung zwischen Philosophie und Religion in der Beachtung der unterschiedlichen argumentativen Niveaus demonstrativer, dialektischer und rhetorischer Schlussformen. Schiedsrichter ist allerdings der Philosoph, der allein mittels demonstrativer Schlüsse zu einem Grad allgemeingültiger Gewissheit zu gelangen vermag, welche die dialektisch argumentierende Theologie nur für den bereithält, der sich auf den Boden ihres Dogmas, ihrer Glaubensannahmen stellt wie in den juristischen Wissenschaften, während die bildreiche Schriftexegese sich poetisch-rhetorischer Argumentationen bedient, die den geringsten Grad an Allgemeinheit beanspruchen dürfen. Siehe hierzu die beiden neuen Textausgaben: Muḥammad Ibn Aḥmad Ibn Rušd 2010; sowie Averroes 2009.

sie in der kritischen Reflexion auf die epistemischen Geltungsansprüche zwischen Diskursen zu vermitteln vermag, die heute gerne als inkommensurabel hingestellt werden. Nur als Wissenschaft nimmt und hat die Theologie am universellen Wissensdiskurs teil, deren Spielregeln sie nicht bestimmt. Dies war im 13. Jahrhundert die Bedingung für den Eintritt in den neuen aristotelisch geprägten Wissenschaftsdiskurs.

In einer solchen am Modell der Wissenschaft orientierten Theologie hat das Argument das letzte Wort. Es bildet die Grenze unserer Verstehensmöglichkeiten auch im (inter-)religiösen Diskurs. Das Argument muss stets innerhalb der Möglichkeiten und Grenzen der Vernunft verstanden werden. Eine wissenschaftliche Theologie steht somit im Kern gegen jede Form des Fundamentalismus.

Literatur

Aertsen, Jan. A., Was heißt Metaphysik bei Thomas von Aquin? In: Ingrid Craemer-Ruegenberg/Andreas Speer (Hg.), Scientia und ars im Hoch- und Spätmittelalter, Berlin/New York 1994, 217–239.

Ders., Mittelalterliche Philosophie ein unmögliches Projekt? In: ders./Andreas Speer (Hg.), Geistesleben im 13. Jahrhundert, Berlin/New York 2000 (Miscellanea Mediaevalia 27), 12–28.

Ders., Die Rede von Gott: die Fragen ‚ob er ist' und ‚was er ist'. Wissenschaftslehre und Transzendentalienlehre (Summa theologiae I, qq. 1–12). In: Andreas Speer (Hg.), Thomas von Aquin: Die Summa theologiae – Werkinterpretationen, Berlin/New York 2005, 29–50.

Ders./Emery Jr., Kent/Speer, Andreas, Nach der Verurteilung von 1277. Philosophie und Theologie an der Universität von Paris im letzten Viertel des 13. Jahrhunderts. Studien und Texte, Berlin/New York 2000 (Miscellanea Mediaevalia 28).

Averroes, Die entscheidende Abhandlung und die Urteilsfällung über das Verhältnis von Gesetz und Philosophie. Mit einer Einleitung und kommentierenden Anmerkungen übersetzt von F. Schupp, Hamburg 2009 (PhB 600).

Chenu, Marie-Dominique, Die Theologie als Wissenschaft im 13. Jahrhundert (übers. von M. Lauble), Ostfildern 2008 (Collection Chenu 4).

Endreß, Gerhard, Einführung in die islamische Geschichte, München 1982.

Ders., The Defense of Reason. The Plea for Philosophy in the Religious Community. In: Zeitschrift für Geschichte der arabisch-islamischen Wissenschaften 6 (1990) 1–49.

Frank, Richard M., The Science of Kalām. In: Arabic Science and Philosophy 2 (1992) 7–37.

Ibn Rushd, Maßgebliche Abhandlung – Faṣl al-maqāl. Aus dem Arabischen übersetzt und herausgegeben von F. Griffel, Berlin 2010.

Kant, Immanuel, Kritik der praktischen Vernunft, Hamburg [10]1990 (PhB 38).

Ratzinger, Joseph, Das Christentum – die wahre Religion. In: ders., Glaube – Wahrheit – Toleranz. Das Christentum und die Weltreligionen, Freiburg i.Br. 2003, 131–147.

Ratzinger, Joseph/Flores d'Arcais, Paolo, Gibt es Gott? Wahrheit, Glaube, Atheismus (aus dem Italienischen von F. Hausmann), Berlin ³2006.

Speer, Andreas, Im Spannungsfeld der Weisheit. Anmerkungen zum Verhältnis von Metaphysik, Religion und Theologie. In: Michael Erler/Theo Kobusch (Hg.), Metaphysik und Religion. Zur Signatur des spätantiken Denkens, München/Leipzig 2002, 649–672.

Ders., Der Weise und der Philosoph. In: Tilman Borsche (Hg.), Denkformen – Lebensformen, Hildesheim/Zürich/New York 2003, 67–92.

Ders., Das ‚Erwachen der Metaphysik'. Anmerkungen zu einem Paradigma für das Verständnis des 12. Jahrhunderts. In: Matthias Lutz-Bachmann/Alexander Fidora/Andreas Niederberger (Hg.), Metaphysics in the Twelfth Century. On the Relationship among Philosophy, Science and Theology, Turnhout 2004 (Textes et Études du Moyen âge; 19), 17–40.

Ders., Die verlorene Königswürde. Theologie im Kontext der universitären Wissenschaften. In: Patrick Becker/Thomas Gerold (Hg.), Die Theologie an der Universität. Eine Standortbestimmung, Münster/Hamburg/London 2005a (TuP B 20), 19–28.

Ders., The Hidden Tradition: Boethian Metaphysics and Its Medieval Tradition. In: Quaestio 5: Metaphysica – sapientia – scientia divina. Soggetto et statuto della filosofia prima nel Medioevo, Turnhout 2005b.

Ders., Benedikts XVI. Unbehagen am Mittelalter – oder: Warum es keine Hellenismus-Renaissance geben kann. In: Erwin Dirscherl/Christoph Dohmen (Hg.), Glaube und Vernunft. Spannungsreiche Grundlage europäischer Geistesgeschichte, Freiburg i.Br. 2008a (Forschungen zur europäischen Geistesgeschichte 9), 63–85.

Ders., Theologische Vermittlungen. Ein mittelalterlicher Blick auf das Verhältnis von Philosophie und Religion. In: Claudia Bickmann/Markus Wirtz/Hermann J. Scheidgen (Hg.), Religion und Philosophie im Widerstreit? Nordhausen 2008b (Studien zur Interkulturellen Philosophie; 18), 103–120.

Ders., Theologie als Wissenschaft. Vergessenes Erbe und Herausforderung. Hinführung zu Chenus ‚Theologie als Wissenschaft im 13. Jahrhundert'. In: Marie-Dominique Chenu, Die Theologie als Wissenschaft im 13. Jahrhundert, Ostfildern 2008c (Collection Chenu 4), 7–32.

Ders., Fragile Konvergenz. 3 Essays zu Fragen metaphysischen Denkens, Köln 2010 (éditions questions Sonderband 7).

Ders., The Power of Wisdom. Four Case Studies of a Late Thirteenth Century Debate. In: Joseph Canning/Edmund King/Martial Staub (Hg.), Knowledge, Discipline and Power in the Middle Ages, Leiden/Boston 2011 (Studien und Texte zur Geistesgeschichte des Mittelalters; 106), 175–199.

Zimmermann, Albert, Ontologie oder Metaphysik? Die Diskussion über den Gegenstand der Metaphysik im 13. und 14. Jahrhundert. Texte und Untersuchungen, Leuven ²1998 (RTPM – Bibliotheca 1).

III. Islamische Religionspädagogik

An Indonesian Experience in Islamic Religious Education

Mohamad Nur Kholis Setiawan, Yogyakarta

Indonesia, the most highly-populated Muslim country in the Islamic world,[1] has experienced a complex discourse in relation to Islamic religious education. *Madrasah* is the most commonly used term in the Muslim world for an Islamic religious educational institution. Throughout this paper, the terminology *madrasah* is employed to refer to the common Indonesian Islamic educational institution. A 2010 survey revealed the total number of *madrasah* in Indonesia at 42.158, underscoring the importance of dialogue on these learning arenas. The central questions with which this paper grapples include: how did these instutions come to existence? What is the role of the government? And how is the curriculum developed? The following discussion aims to explain how Islamic religious education has become at once a part of national educational policy in Indonesia and an important arena for developing Islam within the national sphere.

Graduates from *madrasah* have different options for pursuing higher education. There exist three alternatives of Islamic higher education in Indonesia, namely: State Islamic University (UIN), State Institute for Islamic Studies (IAIN) and State College for Islamic Studies (STAIN). These are called in Bahasa Indonesia *Perguruan Tinggi Agama Islam* (Islamic Higher Education Institution). The role of Islamic higher education is taken for granted since it provides a milieu for the intellectualization of Islam, while at the same time contributing to the preservation of the idea(l)s laid out by founding fathers of the nation i.e. strengthening the unity in diversity.

This paper provides a brief, systematic overview of the *madrasah* in Indonesian history, surveiying the governmental role in development of the educational curriculum. Subsequently, it

[1] According to the current census, the Indonesian population is ca. 235 millions, characterized by the following religious diversity: 85 % Muslim, 11 % Christianity, 2 % Hindu, and another 2 % practicing Buddhism, Kaharingan and Kong Hu Cu.

engages a discussion on the role of the Islamic higher education institution in the reformation of Islamic education in Indonesia.

1. *Madrasah*: a Historical Glance

Though *madrasah* as a term to represent Islamic religious educational institution has been recognized since the middle ages of the history of Islam, its role in providing Islamic religious institution in Indonesia developed in the late nineteenth and early twentieth century. The more common Islamic religious institutions during the colonial era were mosques and *Pesantrens* (Islamic boarding schools). Islamic scholars in Indonesia founded several *madrasah* in Java and Sumatra at the onset of the 18th century, such as *Adabiah School* (1909) and *Diniyah School Labai al-Yunusiy* (1915) in West Sumatra, *Madrasah Nahdlatul Ulama* in East Java, *Madrasah Muhammadiyah* in Yogyakarta and *Madrasah Tasywiq Tullab* in Middle Java (Yunus, 35).

According to scholars, the *madrasah* in Indonesia arose in response to several factors. Karel Steenbrink, for instance, explains that their emergence posed a reaction to the Western system of education implemented by the colonial government in Indonesia (ibid., 26–35). Meanwhile, Maksum offers another possibility for this growth: contact with the Islamic resurgence movement in the Middle East.[2]

Following Indonesian independence in 1945, *madrasah* has been included in the national education system under the administration of the Ministry of Religious Affairs, which continues to operate today. The goverment passed bylaws numbers 4 and 12 in 1950 and 1954, respectively on Basic Education in the schools, both centering on religious education (Maksum, 129). The decrees have been supported by the General Assembly's 1960 statement no. II/MPRS on the Guidelines for National Development. Since the national education system instated religious education, Islamic education has become part of the curriculum in both state and private schools. Islamic education is now also included in the higher education level (ibid., 131).

---

[2] Maksum, 81–96. For more detail on the contact between the Indonesian archipelago and the Middle East, see Azra.

Following Indonesian independence, the national system of education adopted the Western system already long practiced by the Dutch colonial government. Indigenous Islamic education, which is well-known as *Pesantren* (Islamic boarding school) continued to exist alongside of the national system of education, following governmental recognition by the Ministry of Religious Affairs on January 3rd, 1946. This ministry has at least three tasks, as follows:

i) To serve religious lives and needs.
ii) To support religious education.
iii) To strengthen interfaith relation and cooperation. (Jamhari/Jabali, 61)

The ministerial support for religious education is an umbrella under which *madrasah* can develop its institutions, curriculum and teaching environment. As previously stated, *Pesantrens* established *madrasah* to provide formal Islamic education. Within the ministerial tasks, the government allocates annual funding for *madrasah*, as a religious educational institution, in the national educational budget.

2. Government Policy towards *Madrasah*

To investigate the governmental policy in Indonesia on *madrasah* as a religious educational institution, one must look towards the New Order regime and the Reformation Era. During the New Order, national education policies were instated in order to preserve those passed in the previous era, with several adaptations. The dualist educational system which accepted *madrasah* was faced with the challenge of establishing an equal quality of education as the schools administered by the Ministry of National Education. As *madrasah* is dominated by religious curricula, it offered only a very small number of courses similar to those taught in the "secular" schools.

During the New Order era, the government supplied facilities, provided well qualified teaching staff, and standardized programs, in order to develop *madrasah*. Apart from being dominated by religious teachings and sometimes outdated curricula, *madrasah* (deprived of any single standardized format), displayed good structure and efficient management in comparison to ordinary, secular schools (Mastuki, 23). At the same time, *madrasah* was also formalized under the administration of the state, and accordingly, the government was motivated to undertake a more central role in the management of these educational institutions. To illustrate this point, the government participated in developing and standardizing the curriculum in accordance with that of the ordinary schools under the Ministry of National Education (Daulay, 100–101). In sum, more serious attention to religious education can indeed be observed during the New Order era. On a legal level, MPRS decree no. XXVII in 1966 on "Religion, Education and Culture", for example, clearly indicates the importance of religious education in Indonesia (Maksum, 139).

During 1970s and 1980s, the New Order government began to consider the possibility of integrating the *madrasah* into the national education system. At this stage, the government had been reinforcing the structure of *madrasah*, both in organizing relevant courses and in establishing an efficient curriculum so that *madrasah* graduates would gain the same recognition as those from "secular schools" – benefitting from equal opportunity to pursue higher education recognized by the Ministry of National Education.

In 1975, the government issued a joint decree of the three ministries of Religious Affairs, Education and State Affairs on "Improving Quality of Madrasah Education". The decree solidified the position of *madrasah* as a sub-national educational system (Daulay, 112–113). The structure of the *madrasah* then evolved into three levels:

a. Madrasah *Ibtida'iyah* comparable with primary school
b. Madrasah *Tsanawiyah* comparable with junior high school
c. Madrasah *Aliyah* comparable with senior high school.
(Martunus, 25–28)

The emergence of both law no. 2 in 2003 on the National Education System and Government Regulation no. 55 in 2007 on Religious Education authorized the existence of Islamic schooling/Islamic education in the national education system. During this era, *madrasah*, together with *pesantren*, were recognized by the government, resulting in obtaining development funds from the national budget. This recognition points towards a governmental policy explicitly supporting the existence of religious islamic education in Indonesia. As a result, the number of *madrasah* educational institutions increased significantly in over fifteen years and resultantly, the number of *madrasah* students as well.

Below is descriptive statistical data on the number of *madrasah* and the students in primary, junior and senior high school throughout Indonesia.

Number of students in madrasah (Kementrian Agama RI, 4, 9)

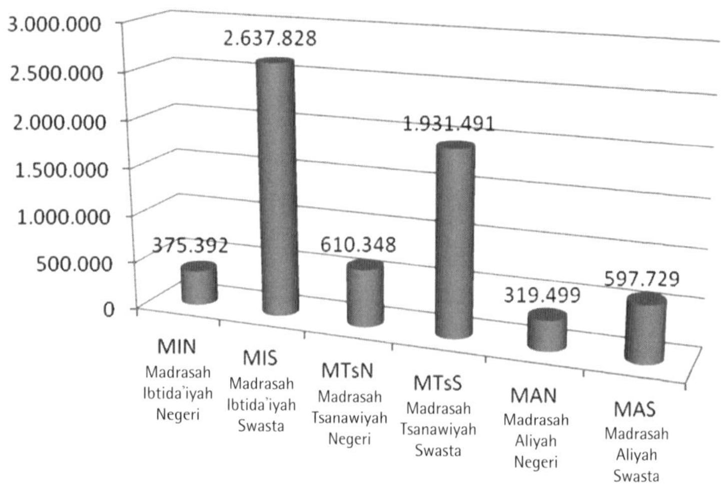

Number of *madrasah* in Indonesia

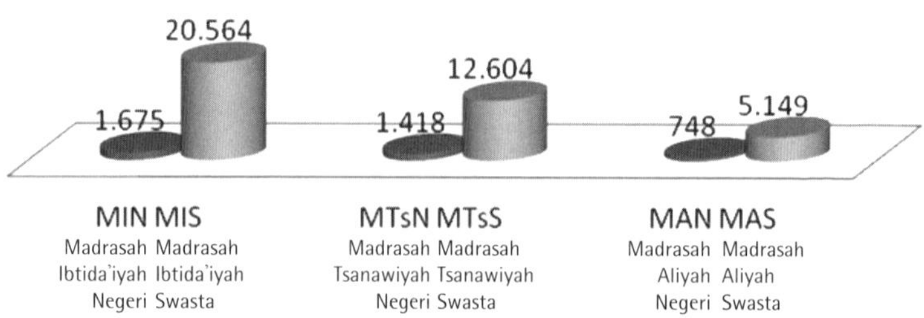

3. Curriculum Development & Composition of Religious-Secular Materials

The regulation of *madrasah* curriculum was first formulated by the government, with the release of the Regulation of Minister of Religious Affairs no. 1 on December 19th, 1946. This provided financial support for the development of the *madrasah*. The Regulation defines *madrasah* as educational institutions that center their curriculum on Islamic teachings.[3] However, this does not mean that *madrasah* exclusively provide religious education. In fact, the regulation states that the *madrasah* should also dedicate at least one third of total teaching hours to a secular science and knowledge curriculum.

Among the religious sciences taught in the *madrasah*, one may find:

- al-Qur'ān
- Exegesis or Commentary
- Ḥadīṯ/Tradition of the Prophet
- History
- Islamic Jurisprudence
- Sufism
- Morality
- Arabic

And secular sciences required in the *madrasah* are as followings:

- Indonesian
- Mathematics
- Reading, and writing in Latin letters to low-level of *madrasah*
- Geography, history, health, and natural sciences for advanced *madrasah* (Departemen Agama RI 2000, 95)

With regard to the regulation of religious education in schools, the Ministry of Religious Affairs internally helps *madrash* and *Pesantren* to improve their performances. Therefore, the Minister of Religious Affairs has formed a committee that promotes the *madrasah* curriculum. The committee has produced a curriculum for Islamic schools authorized by the Regulation of Minister of Religious Affairs no. 7 in 1952.

---

[3] See Article 1 Peraturan Menteri Agama RI.

Synchonization of the *madrasah* curriculum was approved by the Ministry of Religious Affairs in 1952. Legal basis for this decision can be found in the Act on Education and Teaching (UUPPP) no. 4 in 1950, in particular Article 10, paragraph (2). This article also explicated the decision that *madrasah*, already recognized by the state, must be registered by the Ministry of Religious Affairs; moreover, it articulated that the *madrasah* were required to teach religious subjects for at least 6 hours a week or 25 % of total teaching hours (Saleh, 24).

Referring to the Regulation of the Minister of Religion no.7 in 1952, implemented nationally, the government has established regulations determining 3 stages in the *madrasah* system, as follows:

1) Six years of study in lower (Elementary) *Madrasah* (now known as the Government Elementary School or *Madrasah Ibtida'iyah*).
2) Three years of study in Junior High *Madrasah* (now known as *Madrasah Tsanawiyah*) after Lower *Madrasah*.
3) Three years of study in Senior High *Madrasah* (now known as *Madrasah Aliyah*) Junior High *Madrasah*. (Departemen Agama RI 1986, 80)

In 1962, the government, through the Ministry of Religious Affairs, and in particular through the Agency of Religious Education Bureau, issued a curriculum for the *Madrasah Ibtida'iyah*. This was enacted by decree no. 104 in 1962, through the Minister of Religious Affairs. According to the curriculum, the percentage of teaching of secular and religious subjects is 68 % and 32 %, respectively. Although there has been a standard curriculum developed through the Ministry of Religious Affairs, the actual implementation of the *madrasah* curriculum varies in accordance with the policy of religious social organizations in charge of a particular *madrasah*. For example, in South Sulawesi, secular subjects only amount to 40 % of teaching hours, while in West Sumatra, many *madrasah* only utilize 11 % of teaching hours for secular subjects (Departemen Agama RI 2000, 111).

The government's stance towards *madrasah* is accommodating, in terms of its status as a formal educational institution. Therefore, in 1975 a joint decree (SKB) on "Improving Quality of

Madrasah" (known as no 6. in 1975) was issued by the three Ministries of Education and Culture, Religious Affairs, and State Domestic Affairs. Following from the joint decree (SKB) in 1975, a requirement that the *madrasah* have 70 % secular subjects and 30 % religious subjects was put in place (Darajat, 82).

The Ministry of Religious Affairs outlined efforts to standardize *madrasah* curriculum at all levels in three policies (i.e. no. 73 in 1976 for *Madrasah Ibtida'iyah*, no. 74 in 1976 for *Madrasah Tsanawiyah*, and no. 75 in 1976 for *Madrasah Aliyah)*. This curricula was implemented in 1976, with the expectation that all levels of *madrasah* have it functionally in place by 1979 (ibid., 86).

The joint decree (SKB) of three ministries on "Improving Quality of Madrasah", which forged a *madrasah* curriculum, was strengthened again in 1975 with the joint decree (SKB) from the Ministry of Education and Culture and the Ministry of Religion (specified by no. 0299/U in 1984, known as DikBud and 045 in 1984 on "Regulation of the standardization of Public School and Madrasah Curriculum"). Following from the joint decree, the *madrasah* curriculum was revised in 1984, as stipulated in two 1984 decrees of the Minister of Religious Affairs (no. 99 for *Madrasah Ibtida'iyah*, no. 100 for *Madrasah Tsanawiyah*, and no. 101 for *Madrasah Aliyah*) (Hasbullah, 182–185).

The ratio between religious and secular subjects remained the same in the 1984 curriculum, with 70 % general subjects and 30 % religious subjects mandated by the government.

With the enactment of the recent law in the National Education System (UUSPN) known as no. 2 in 1989, some government regulations e.g. the guidelines of the implementation, the curricula at various levels and types of education had to be adjusted. In line with the new law, the Minister of Religious Affairs issued three decrees in 1993 on *madrasah* curricula specified as no. 371 on *Madrasah Ibtida'iyah*, no. 372 on *Madrasah Tsanawiyah*, no. 373 on *Madrasah Aliyah*, and no. 374 on *Madrasah Aliyah Keagamaan* (Departemen Agama RI 1994a, 5–7).

The 1994 curriculum was produced under the statutory provisions described above. Unlike the previous curricula, the 1994 curriculum allocated less time to religious subjects. According to "The Manual Guide of Madrasah Curriculum 1994" published by the Ministry of Religious Affairs, 16–18 % of teaching hours were allocated to religious subjects and 82–86 % to general subjects (ibid. 1994b, 4).

Related to *madrasah* curriculum, the comparisons between the 1994 curriculum and the 2004 curriculum show no substantive differences. The differences between these two *madrasah* curricula lie only in the grouping of subjects. In the 1994 curriculum, there was no explicit grouping between groups of subjects, extracurricular activities, and local contents. In the 2004 curriculum, on the other hand, the curriculum structure is divided into the three following groups:

1) Groups of subjects.
2) Group of special events.
3) Group of local content.

In addition, the structure of the madrasah curriculum also consists of:

1) Number of subjects.
2) Habituation and learning activities.
3) Time Allocation. (Departemen Agama RI 2000, 115–118)

4. Islamic Higher Education Institution/*Perguruan Tinggi Agam Islam* (PTAI) and Reformation of Islamic Education

The Islamic Higher Education (PTAI) is a part of the system of Islamic education in Indonesia. PTAI was established as an extension of existing Islamic education, namely *madrasah* at the primary, junior and senior secondary levels. *Madrasah* was developed by the Muslim community, prior to government approval. The PTAI, on the other hand, founded in the early 60's, was a response to the government's need to educate Muslims at a higher level, while honouring expertise in Islamic sciences.

The role of PTAI in the reform of Islamic education system in Indonesia is not limited only to providing *madrasah* with teachers, but also broadens insights and offers contextual interpretations of Islam. As explored above, the *madrasah* in both the late New Order and the Reformation eras experienced significant transformation in both its institutional format and programs. Activities of *madrasah* are no longer limited to the field of religious sciences, such as *fiqh* (Islamic jurisprudence), *taṣawwuf* (Sufism), *tafsīr* (Hermeneutics and interpretation), *ḥadiṯ* (Tradition) and ethics, but also engage other disciplines that match the needs of the modern world, such as mathematics, physics, biology and so forth.

The existence of PTAI can be seen in three sides. *First,* PTAI is the greatest route for the mobility of graduates of *madrasah* education. *Second,* PTAI provides a relatively open-minded perspective on Islamic studies. *Third,* many PTAI alumni later on devote themselves as educators to *madrasah* and other Islamic educational institutions (see Jamhari/Jabali).

In 2010, 5,987 *madrasah* were present in Indonesia, with growth especially seen among Madrasah Aliyah (Senior High School). It is inevitable that most of their alumni will continue their studies at Islamic Higher Education Institutions (PTAI). The Higher education often pursued following education in these *madrasahs* serves to deepen Islamic scholarship. The lessons of monotheism, the Qur'ān, ḥadīṯ, tafsīr, fiqh, mysticism, history, morality and so forth obtained by students can be developed with broader insight in PTAI.

A large number of *madrasah* graduates who later graduate from PTAI are expected to introduce a kind of modern, contextual, and progressive Islamic culture, which corresponds with the challenges of modern era. They will, in turn, offer this knowledge gained through the process of education, especially when they become teachers of the *madrasah,* themselves.

The statistics show that the majority of teachers in MI (Madrasah Ibtida'iyah), MT (Madrasah Tsanawiyah), and MA (Madrasah Aliyah) till 2000 have been alumni of PTAI. Graduates of PTAI make up the following percentages of teachers, at each level of madrasah:

a) 49.79 % in Madrasah Ibtida'iyah,
b) 53.4 % in Madrasah Tsanawiyah,
c) 66.28 % in Madrasah Aliyah. (Departemen Agama RI 2000, 132)

Following from the above statistical figures, the large number of the PTAI alumni who have become teachers in *madrasahs* facilitates reform and transformation through education. Overall, the *madrasahs* demonstrates accommodation of the various modernization policies mandated by the government for *madrasahs*. However, governmental policies for reform in both institutions and curricula have faced obstacles.

PTAI considers Islamic studies through a critical scientific lens. Islamic sciences are not placed in a historical vacuum, as a doctrine to be believed and accepted without consideration and critique. Therefore, PTAI does not limit itself to offering a wealth of Islamic thought from one particular school; rather the diverse offerings of Islam are openly studied. Therefore, PTAI also enriches the study of Islam through various perspectives, including the sociological, anthropological, historical, and so on.

Given that Indonesia is a pluralistic country, open-mindedness is vital. Openness to other schools of thought and belief in the context of Islam, and to other groups, in the context of the nation, is of great significance. This openness has become a means to managing cultural diversity, including variations in ethnicity and religion, in Indonesia.

Madrasah in such a large numbers, and as an Islamic religious institution in Indonesia, helps to determine educational institutions in the birth of a generation who enjoys consciousness of plurality. Obviously, Indonesia is characterized by plurality in religion, ethnicity, culture, and language. History has proven that the Unitary Republic of Indonesia (NKRI) based on *Pancasila* is the final form of the state administration. Any ideology other than the basic ideology of *Pancasila* is of no use in Indonesia.

The diversity of culture, ethnic, language and religion in Indonesia neccesitates education that encourages cohesiveness. All religions embraced by Indonesians must be taught to the younger generation within the framework of nationality and Indonesian-ness (including Islam). Institutions of formal Islamic education like *madrasah* and Islamic universities play a vital role in the development of nationalism and Indonesian-ness among Muslims.

Although in the post-colonial period of Indonesia some Muslims advocated Islam as a form of state in order to establish Islamic Codes (*šarīʿa*), the majority of Indonesian Muslims consider *Pancasila* as the final state ideology. The mass Muslims' voices, which have been echoed through large-scale organizations and civil institutions, cannot be considered separately from the institutions of

Islamic education – *madrasahs* and Islamic universities. Islamic thought based on nationalism and Indonesian-ness is a product of scholars, clerics and leaders educated by *madrasahs* and Islamic universities. Indonesian intellectuals, such as Nurcholis Madjid (d. 2005), Abdurrahman Wahid (d. 2009), Muslim Abdurrahman (b. 1948) and many others are products of *madrasahs,* continuing to contribute to Islamic education.

In the period of Reformation, persistent voices pushing for the implementation of *šarīʿa* became louder. Islamic parties advocated Islam as the foundation of the state following the general election in 1999. Some Islamic groups, like Hizbut Tahrir Indonesia (HTI), Majelis Mujahidin Indonesia (MMI), Front Pembela Islam (FPI) and other minor ones campaigned for the implementation of *šarīʿa* in Indonesia.[4] They have argued that multi-dimensional crises of Indonesia result from of the state's ignorance towards *šarīʿa* and Islamic principles.

Insistence on the implementation of *šarīʿa* in the pluralist ethnic and religious context of Indonesian society reveals problems, although *šarīʿa* respects minority populations. This insistence started from the commitment of Indonesian Founding Fathers who took *Pancasila* as the state's foundation and national bound. If the insistence on the implementation of *šarīʿa* is politically supported by parliament and then legalized, it is possible that the unity and unitary nature of Indonesia will be damaged.

The very also happens if the insistence in implementing *šarīʿa* is institutionalized. How do non-Muslims who are spread all over Indonesia live? This is the question raised in various forums and media which cover the issue regarding the formalization of *šarīʿa* in Indonesia.

In this context, large Islamic institutions like Nahdatul Ulama and Muhammadiyah play an important role. They do not support formalization of *šarīʿa* at the state level. These Muslim organizations in Indonesia publicly take the position of rejecting the formalization of *šarīʿa* because unitary state of the Republic of Indonesia offers *Pancasila* as its state foundation and final choice, which cannot be questioned. Formalization of *šarīʿa* at the state

---

[4] For more information on the sharia debate in Indonesia, see Salim 213–14; Maʿarif; Basalim; Syihab; Burhanuddin.

level means questioning state foundation. Thus, Muslim organizations in Indonesia have become main supporters of Indonesian government and preservation of the state constitution; they seek to show how religious organizations can be supportive of the state.

What is important to note in this regard is the fact that most senior leaders of the mass Muslim organizations in Indonesia, such as Nahdlatul Ulama, Muhammadiyah are *madrasah's* and PTAI's alumni. The general chairman of the Muhammadiyah, Din Syamsuddin, graduated from *madrasah* and State Institute of Islamic Studies in Jakarta before continuing his study abroad; meanwhile, the general chairman of the Nahdlatul Ulama, Said Aqil Siraj, graduated from *madrasah* as Islamic boarding school, then enrolled in the State Institute for Islamic Studies Yogyakarta before obtaining his doctorate degree in Saudi Arabia.

Overall, the Reformation Era, which is coloured by alternative ideological contestations, is too weak to unsettle *Pancasila* as the Indonesian state foundation. This is due to the strong efforts made by several moderate Muslim organizations, which have denied any and all alternatives to *Pancasila*.

5. Closing Remark

Islamic religious education in Indonesia involves the earliest form of education in Indonesia, *Pesantren*, which does not receive a deep discussion in this paper. *Pesantren* produced *madrasahs*, Islamic educational institutions which were then formalized by the government. Following from this foundational point, the *madrasah* has become central to (determining) the discourse of Islamic education in Indonesia. *Madrasah* is mandated under the Ministry of Religious Affairs, and holds the same status as any school under the supervision and guidance of the National Education Ministry.

As a formal educational Islamic institution, *madrasah* has developed in a dynamic way, particularly in terms of its curriculum design, and its balance between teaching Islamic and non-Islamic materials. The percentage of religious and secular subjects have varied over time, in accordance with the standardization demands imposed by the government. *Madrasah* has become the earliest opportunity of Islamic studies, at elementary and middle grade levels, which can then be followed by Islamic college.

PTAI as higher education institutions have become a spearhead in the development of Islamic intellectuality and in structuring *madrasah*. This type of educational institution is highly recognized and respected for the birth of Islamic thought based on plurality, nationality and Indonesian-ness. PTAI also contributes to the formation of the face of Islam in Indonesia, to receiving NKRI under *Pancasila* as the final form of the state. Similarly, diversity in ethnicity, culture, language and religion in Indonesia are valued and this is a major contribution of Islamic universities.

References

Azra, Azyumardi, Jaringan Ulama Timur Tengah dan Kepulauan Nusantara Abad 17 dan 18; Melacak Akar-Akar Pembaruan Pemikiran Islam di Indonesia, Bandung: Mizan 1994.

Basalim, Umar, Pro-Kontra Piagam Jakarta di Era Reformasi, Jakarta: Pustaka Indonesia Satu 2002.

Burhanuddin (ed.), Syariʿat Islam, Pandangan Muslim Liberal, Jakarta: Jaringan Islam Liberal/The Asia Foundation 2003.

Darajat, Zakiah (et al), Peningkatan Kualitas Pendidikan Agama, Jakarta: Departemen Agama RI 1985.

Daulay, Haidar Putra, Sejarah Pertumbuhan dan Pembaruan Pendidikan Islam di Indonesia, Jakarta: Prenada Media Group 2007.

Departemen Agama RI, Sejarah Pendidikan Islam di Indonesia, Jakarta: Dirjen Binbaga 1986.

–, Panduan Kurikulum Madrasah Aliyah 1994, Jakarta: Depag RI 1994a.

–, Panduan Kurikulum Madrasah 1994, Jakarta: Depag RI 1994b.

–, Sejarah Madrasah; Pertumbuhan,Dinamika, dan Perkembangannya di Indonesia, Jakarta: Depag RI 2000.

Hasbullah, Sejarah Pendidikan Islam di Indonesia, Jakarta: Rajawali Pers 1999.

Jamhari/Fuad Jabali (eds.), IAIN: Modernisasi Islam di Indonesia, Jakarta: Ditberta & Logos 2002.

Kementrian Agama RI, Statistik Pendidikan Tahun 2009/2010, Jakarta: SETDITJEN PENDIS 2010.

Maʿarif, A. Syafi'i et al., Syariʿat Islam Yes Syariʿat Islam No, Jakarta: Paramadina 2001.

Maksum, Madrasah; Sejarah dan Perkembangannya, Jakarta: Logos Wacana Ilmu 1999.

Mastuki, Menelusuri Pertumbuhan Madrasah di Indonesia, Jakarta: Bagian Proyek EMIS Perguruan Agama Islam Tingkat Dasar Direktoral Jenderal Kelembagaan Agama Islam 2001.

Martunus, A. Azis, Laporan Lokakarya Pelaksanaan SKB 3 Menteri, Jakarta: Balitbang Agama Departemen Agama RI 1979.

Peraturan Menteri Agama RI No. 1 19 Desember 1946.
Saleh, Abdurrahman, Penyelenggaraan Madrasah; Petunjuk Pelaksanaan Administrasi dan Teknis Pendidikan, Jakarta: Dharma Bhakti 1984.
Salim, Arskal, "Epilogue: Shariʿa in Indonesia's Current Transition: An Update," In: Arskal Salim/Azyumardi Azra (eds), Shariʿa and Politics in Modern Indonesia, Singapore: ISEAS 2003.
Syihab, Muhammad Rizieq bin Husein, Dialog Piagam Jakarta, Jakarta: PIS 2000.
Yunus, Mahmud, Sedjarah Pendidikan Islam di Indonesia, Jakarta: Pustaka Mahmudi 1960.

Islamische Religionspädagogik – Würdigung und Anfragen aus christlicher Perspektive

Monika Tautz, Köln

1. Vorbemerkungen

Wenn eine christliche Religionspädagogin zur Islamischen Religionspädagogik Stellung nimmt, ist es ratsam, zunächst das spezifisch christliche Verständnis von Religionspädagogik zu klären. Denn Begriffe und Vorstellungen eines bestimmten Kontextes lassen sich nicht eindimensional, ohne Begründungszusammenhang auf einen anderen Kontext übertragen. Historisch gewachsene Rückbindungen im Selbstverständnis einer wissenschaftlichen Disziplin wollen hier jeweils mitbedacht sein.

Christliche Religionspädagogik versteht sich als eine Teildisziplin der Theologie, wobei die Frage, worin genau deren Theologizität besteht und welche Rolle sie in religionspädagogischen Reflexions- und Forschungsprozessen einnimmt, innerhalb der Disziplin durchaus kontrovers diskutiert wird (vgl. Englert 2007, 10). Allgemein anerkannt ist jedoch, dass die Religionspädagogik sowohl in der katholischen als auch in der evangelischen Theologie in der Praktischen Theologie verortet ist und damit zum Kanon der theologischen Teildisziplinen zählt. Wie das Kompositum Religions-Pädagogik zeigt, ist sie auf einen doppelten Fokus ausgerichtet: Das wissenschaftliche Arbeiten vereint sowohl theologische als auch erziehungs- und sozialwissenschaftliche Diskurse (vgl. Englert 1999, 1063). Wichtig ist in diesem Kontext sicherlich auch die Tatsache, dass dem eine Entwicklung innerhalb der christlichen Theologie zugrunde liegt. Religiöses Lehren und Lernen findet in jeder Religion statt, für die die Tradierung der Glaubensinhalte und das Einüben in die rechte religiöse Haltung für die nächste Generation bedeutsam ist. Ein solches Lehren und Lernen hat es im christlichen wie auch im jüdischen oder islamischen Kontext von Anbeginn an gegeben. Die gesellschaftlichen Veränderungen infolge der europäischen Aufklärung machten es für die christliche Religionspädagogik notwendig, religiöse Bildung einerseits theologisch wie auch pädagogisch im wissenschaftlichen Diskurs zu verankern und andererseits mit Blick auf die sich immer schneller wandelnde gesellschaftliche Veränderung innerhalb der Gemeinden und des schulischen Religionsunterrichts religionsdidaktische Konzepte zu entwickeln. Vor dieser Aufgabe stehen auch die Bemühungen um religiöse Erziehung und Bildung im Islam, die sich je nach Nation und Kultur nicht zuletzt auch aufgrund der jeweiligen historischen Gegebenheiten durch unterschiedliche didaktische und methodische Schwerpunkte unterscheiden.

2. Islamische Religionspädagogik am Beispiel Indonesiens

Einen eindrucksvollen Einblick in islamische Erziehung in Indonesien bietet der in diesem Band vorliegende Bericht von Mohamad Nur Kholis Setiawan. Indonesien ist ein von unterschiedlichen Kulturen und Religionen geprägtes Land, wobei die muslimische Bevölkerung die Majorität bildet. Die religiöse Pluralität achtend, wird in Indonesien von muslimischen und staatlichen Institutionen ein System islamischer religiöser Bildung von der Primarschule bis hin zur Universität entwickelt, das die islamischen Traditionen – hier vor allem diejenige der Medrese[1] – aufgreift und für plurale gesellschaftliche Kontexte heute modifiziert. Dass die in der islamischen Tradition religiöser Bildung verankerte Institution der Medrese in der Vergangenheit in vielen vom Islam geprägten Ländern verkümmert oder ganz aufgegeben worden ist, weil sie die Anforderungen an eine ganzheitliche Bildung nicht oder zu wenig beachtet hat, betont der an der Universität in Istanbul lehrende Religionspädagoge Nurettin Gemici.[2] Indem sich religiöse wie staatliche Organisationen heute in Indonesien dieser Aufgabe stellen, wird deutlich, dass es Ziel dieser Bildungsbemühungen ist, einerseits isla-

[1] Zum Begriff der Medrese erläutert H. H. Behr, dass der arabische Begriff *madrasa* einen Ort umschreibt, der als „Hort der geregelten Erläuterung“ verstanden wird. Mit dem Begriff werden heute solche Schulen umschrieben, „die in die Kulturtechniken als Basis der religiösen Bildung einführen.“ (Behr 2009, 156)

[2] Vgl. Gemici, 262: „Die Medrese verlor an Einfluss, weil sie bestimmte Erneuerungen nicht akzeptieren und keine Wende in ihrer Religionspädagogik erreichen konnte. Somit verlor die klassische Religionsunterweisung in den Medresen ihre Funktion.“

mische Identität zu bewahren und an die nachfolgende Generation weiterzugeben, und dass andererseits Staat und Religion – hier der Islam – institutionell unterschieden werden. Wenn Mohamad N. K. Setiawan die Notwendigkeit einer solchen Unterscheidung mit dem zu wahrenden Frieden innerhalb der indonesischen Bevölkerung begründet, klingt damit auch an, wie wichtig dem indonesischen Staat die Religionsfreiheit[3] in ihrem doppelten Sinne ist. Es geht somit auch darum, für die nicht muslimische Bevölkerung Religionsfreiheit im positiven Sinne zu gewähren. Die Ausbildung in den Medresen soll nicht dazu führen, dass Formen von Fundamentalismus aufkeimen, die das vielstimmige und multireligiöse Zusammenspiel der indonesischen Gesellschaft gefährden. Damit derartige Bemühungen nicht nur aus staatlichem Interesse umgesetzt, sondern auch von Seiten der muslimischen Gruppen im Land selbst als genuin islamisch geachtet und in einem positiven Sinne umgesetzt werden können, bedarf es einer innerislamischen, auch und gerade theologisch fundierten Diskussion und Reflexion der Frage nach einer nicht allein als Duldung verstandenen, sondern der positiv zu füllenden Religionsfreiheit. Die in den Medresen Indonesiens geleistete islamische Erziehung und Bildung vermag, Mohamad N. K. Setiawan folgend, solch eine Haltung zu fördern. Damit zeigt das Beispiel Indonesiens, dass, von der islamischen Tradition religiöser Bildung und Erziehung ausgehend, Bildungskonzepte für plurale Lebenswelten heute entwickelt werden können.

3. Islamische Religionspädagogik in Deutschland

3.1 … als Antwort auf die Präsenz von Muslimen in Deutschland

Die Situation der Muslime in Deutschland ist im Gegensatz zu Indonesien dadurch geprägt, dass Muslime, wenngleich sie eine große Gruppe der Bevölkerung ausmachen, nicht zur Mehrheit gehören. Abgesehen von einer kleinen Gruppe deutschstämmiger Muslime ist das Leben der Mehrzahl der Muslime in diesem Land

[3] Zur Bedeutung von Religionsfreiheit für den Islam bzw. das Christentum vgl. Talbi, 242–260; Hafner, 103–108. Zur Frage der Konversion oder Apostasie im Islam vgl. auch Cherif, 65–73.

von Erfahrungen der Migration geprägt. Die meisten Muslime leben in Deutschland in der ersten, zweiten oder dritten Generation. Die spezifische Situation der Migration weckt die Frage nach der eigenen Identität in besonders herausfordernder Weise, die Frage nach der eigenen religiösen Identität ist davon nicht ausgenommen. Für eine sich in Deutschland etablierende Islamische Religionspädagogik bedeutet dies, den spezifischen Lebensbedingungen, den alltäglichen Erfahrungen der Muslime in diesem Land besondere Beachtung zu schenken. Die Vielfalt der unterschiedlichen kulturellen Herkünfte ist dabei ebenso in den Blick zu nehmen wie die Bedürfnisse der muslimischen Gemeinden vor Ort und die Frage nach einem gelingenden Leben als Muslim in einem nicht muslimischen Land.[4] Ohne Analyse und Deutung der gesellschaftlichen Bedingungen – auch derjenigen der nicht muslimischen Bevölkerung – kann dies nicht gelingen, denn die Prozesse der sich auch weiterhin beschleunigenden Moderne mit ihrer Ausdifferenzierung einzelner Teilsysteme sowie deren komplexe Formen der Verknüpfung und Abgrenzung gehen an den muslimischen Bürgern nicht vorbei.[5] Dies hat Auswirkungen auf den einzelnen Gläubigen wie auf die Gemeinschaft der Muslime insgesamt und damit auf die in Deutschland beheimatete *umma*. Die damit verbundenen Verschiebungen und Veränderungen, die Herausforderungen und Schwierigkeiten gilt es wahrzunehmen, kritisch zu reflektieren, um so praktikable und dem Islam entsprechende Lösungen finden zu können. Eine wichtige Aufgabe der Islamischen Religionspädagogik wird darin bestehen, sich dem Diskurs mit den Bildungswissenschaften und der Religionssoziologie zu stellen, indem beispielsweise die Präsenz des Islam in Europa bzw. in Deutschland bedenkende religionssoziologische Studien in Auftrag gegeben und religionspädagogisch ausgewertet werden.[6]

[4] Vgl. Sarikaya, 197: „Die Islamische Religionspädagogik soll daher diese Pluralität und Vielfalt nicht nur berücksichtigen, sondern darüber hinaus dazu beitragen, dass auch ein innerislamischer Dialog in Schule und Gemeinde stattfindet."

[5] Vgl. hierzu Behr 2009, 38–42, der mit Blick auf den Religionsunterricht konstatiert: „Auch muslimische Schülerinnen und Schüler werden von der Pluralisierung und Individualisierung ihrer religiösen Weltbilder geprägt. Sie fordern von den muslimischen Religionslehrkraft andere Antworten ein als vom Imam in der Moschee."

[6] Dass auf diesem Feld bereits gearbeitet wird, mag folgender Hinweis zeigen: Alacacioğlu, 93–114.

Neben dem wichtigen Diskurs mit den Bildungswissenschaften ist auch die Frage nach der Verortung der Islamischen Religionspädagogik als Disziplin der Islamischen Theologie zu klären; denn die multikulturelle Vielfalt innerhalb der islamischen Bevölkerung in Deutschland ist nicht allein (religions-)soziologisch oder kulturwissenschaftlich zu erforschen, sondern auch mit Blick auf unterschiedliche theologische Traditionen religionspädagogisch zu bedenken. Hier könnte die Forderung der in Köln arbeitenden Islamwissenschaftlerin und Pädagogin Rabeya Müller gleichsam als Arbeitshypothese aufgegriffen werden. Angesichts der religiösen und kulturellen Vielfalt muslimischen Lebens in Deutschland sieht sie in einer Unterscheidung zwischen Qur'ān und Kultur „die einzige Möglichkeit", dass „der Islam über bestimmte Traditionen und Nationalismen hinaus auch Anerkennung findet und zur aus Überzeugung gelebten Religion wird." (Müller, 177)

3.2 ... als wissenschaftliche Disziplin

Bei der Einführung des Faches Islamische Religionspädagogik an den Universitäten, die zunächst vor allem mit Blick auf die Ausbildung von Religionslehrern und -lehrerinnen für den islamischen Religionsunterricht als ordentliches Unterrichtsfach geplant ist, haben die Verantwortlichen zwei Ansprüchen gerecht zu werden. Zum einen gilt es, Anforderungen seitens des Bildungsministeriums zu berücksichtigen, zum anderen sind die Adressaten religionspädagogischer Arbeit, d. h. die Interessen der Gemeinden vor Ort und diejenigen der Schülerinnen und Schüler im Religionsunterricht bzw. deren Eltern, zu beachten.

Die Rolle der Stimme der Muslime innerhalb unserer Gesellschaft wird von den verschiedenen muslimischen Organisationen eingenommen. In der Regel erwarten diese von einem Studium der Islamischen Theologie in Deutschland zunächst und vor allem eine fundierte, in die Tiefe islamischen Denkens einführende Theologie. Ziel religionspädagogischen Bemühens sollte es demnach sein, Religionslehrer und Religionslehrerinnen auszubilden, die ihren traditionellen Aufgaben gerecht werden können. Vom islamischen Religionsunterricht erwarten sie, dass die Religionslehrer theologische Inhalte an die Schülerinnen und Schüler vermitteln (vgl. Aslan, 279). Es geht ihnen damit insbesondere um eine „affirmative Vermittlung normativ-religiöser Vorgaben" (Khorchide 2011, 114). Wie der in Münster lehrende Mouhanad Khorchide kritisiert, erfüllt eine sich im Sinne affirmativer Vermittlung normativ-religiöser Vorgaben verstehende Religionspädagogik nicht „die Forderung der modernen Religionspädagogik, einen intensiven Bezug zur konkreten individuellen Lebensrealität der Kinder [...] herzustellen." (Khorchide 2011, 115) Damit plädiert er für das pädagogisch bedeutsame Miteinander von Vermittlung auf Seiten der Lehrenden und der je eigenen und individuellen Aneignung auf Seiten der lernenden Subjekte. Der in Wien lehrende Ednan Aslan führt in diesem Kontext aus: „Unter den Muslimen in Europa wurde das Verhältnis der Religionspädagogik zur Theologie noch nicht definiert. Religionspädagogik wird in der Regel nicht als theologische Wissenschaft, sondern als ‚Anwendungswissenschaft' verstanden." (Aslan, 279) Die Aufgabe der Religionspädagogik besteht demnach vor allem in einer didaktischen Reduktion islamischer theologischer Gehalte und einer angemessenen methodischen Umsetzung. Wenn, so argumentiert Ednan Aslan weiter, „die islamische Religionspädagogik als bloße Anwendungswissenschaft islamischer Theologie begriffen wird, würden der Religionspädagogik ihrerseits theologische Kompetenzen versagt." (ebd.) Islamische Religionspädagogik als universitäre Disziplin sollte demnach in der Islamischen Theologie verortet werden können.

Zu bedenken bleibt weiterhin, dass die Religionspädagogik sich nicht allein gegenüber ihr von unterschiedlichen muslimischen Gruppierungen zugesprochene Aufgaben positionieren muss. Ebenso wird sie mit ihr staatlicherseits zugewiesenen, „funktionale[n] gesellschaftspolitische[n] Rollen" (Uçar, 25) konfrontiert, die vor allem mit integrationspolitischen Argumenten verknüpft werden. In pluralen Gesellschaften ist es für die in der Öffentlichkeit präsenten Religionen wichtig, theologisch begründet und dabei gleichzeitig auch für nicht im jeweiligen religiösen Denken beheimatete Menschen verständlich aufzuzeigen, dass das ethische Potential einer Religion nur in und mit den Glaubensinhalten dieser Religion für eine Gesellschaft fruchtbar gemacht werden kann.

Fordert Nurettin Gemici für die Islamische Religionspädagogik in der Türkei, dass der Religionsunterricht auch den Katechismus beinhalten sollte (vgl. Gemici, 271), so wäre für die Situation in Deutschland zu fragen, ob Islamische Religionspädagogik hier die unterschiedlichen Lernorte Schule und Gemeinde differenzierend betrachtet, ohne dass beide Seiten auseinanderfallen. Die durch den Beschluss der Würzburger Synode herausgearbeitete Unterscheidung zwischen Katechese in der Gemeinde einerseits und dem Religionsunterricht an Schulen andererseits (vgl. hierzu Gemeinsame Synode der Bistümer in der Bundesrepublik Deutschland, 132–152) bedeutet für die katholische Religionspädagogik eben keine Trennung beider Bereiche, wohl aber eine den jeweiligen Lernort für die didaktischen wie methodischen Zugangsweisen religiöser Lehr- und Lernprozesse zu bedenkende Differenzierung. In diesem Sinne plädiert Rauf Ceylan, Religionswissenschaftler und Religionspädagoge in Osnabrück, auch für die Islamische Religionspädagogik für eine nach Lernorten unterschiedliche didaktische wie methodische Ausrichtung, ohne dabei „einfach Kopie und Nachahmung christlicher Religionspädagogik [zu] sein." (Ceylan 2010a, 207f.) Eine Aufgabe islamischer Religionspädagogik wird es sein, einen eigenen stimmigen Weg zu erarbeiten. Die Unterscheidung der Lernorte kann nicht bedeuten, eine „künstliche strikte Aufteilung religiöser Bildung und Erziehung auf die Ebenen der Familie, Gemeinde und Schule, nach der in der Schule den Aufklärungsidealen verbunden ausschließlich Kenntnisse über die Religion vermittelt werden dürfen" (Uçar, 27), vorzunehmen. Hingegen zielt sie auf eine die Komplexität heutiger Lebenswelten wahrnehmende, differenzierte Religionsdidaktik, da die „Kommunikations- und Organisationsstruktur des Lernortes Schule und des Lernortes Gemeinde unterschiedliche Rahmenbedingungen" (Simon, 372) setzen. Die Inhalte islamischen Glaubens werden sowohl didaktisch als auch methodisch an den Lernorten Familie, Gemeinde und Schule in je eigener Art und Weise zur Sprache kommen, mit Blick auf eine von Pluralität geprägte Welt reflektiert und eingeübt werden. Je nach Lernort gilt es dann, Schwerpunkte zu setzen, ohne den „Gegenstand" der Religion selbst aus dem Blick zu verlieren.[7]

---

[7] In diesem Zusammenhang weist beispielsweise der Islamwissenschaftler und

Die Bedeutung der Frage nach unterschiedlichen Lernorten stellt sich einerseits aufgrund der pluralen gesellschaftlichen Situation, andererseits jedoch auch aufgrund der spezifischen Bedeutung und Rolle des Unterrichtsfaches Religion an deutschen Schulen. Sinn und Gehalt des Religionsunterrichts als sogenanntes ordentliches Unterrichtsfach an öffentlichen Schulen zu erweisen, heißt, dass die Legitimation des Religionsunterrichts von zwei Seiten her erfolgen muss. Er muss mit Blick auf den Bildungsauftrag der Schule konzipiert und von ihm her begründet werden. Zum anderen gründet er als Unterricht einer bestimmen Religion, einer konkreten Konfession auf dem Selbstverständnis der jeweiligen Religionsgemeinschaft.[8] Wenn Bülent Uçar hervorhebt: „Ein Islamischer Religionsunterricht, der sich damit begnügt, elementare Grundkenntnisse zu vermitteln und darauf verzichtet, zum Glauben zu führen bzw. diesen zumindest didaktisch zu berücksichtigen und die Heranwachsenden nicht zu islamischen Werten erzieht, ist weder sinnvoll noch nötig“ (Uçar, 27), fordert er die Beachtung des Selbstverständnisses der Religionsgemeinschaft ein. Dass Religionsunterricht dabei auch den Bildungsauftrag von Schule insgesamt beachtet, macht Bülent Uçar deutlich, wenn er die Bindung an das Bekenntnis zu einer bestimmten Religion, hier dem Islam, mit Begriffen wie „Offenheit, Transparenz, dialogischem Ansatz und interreligiöser Erziehung“ (ebd.) verknüpft. Mit der Frage, wie diese Ziele letztlich didaktisch und methodisch umgesetzt werden, wie sie theologisch begründet und in den Kontext allgemeinpädagogischer Theorien eingebunden werden können, wird Islamische Religionspädagogik sich immer wieder befassen müssen. So ist auch für die katholische Religionspädagogik die Frage nach der Legitimation des Religionsunterrichts im Kontext des Bildungsauftrages der Schule seit der Weimarer Republik immer wieder aufs Neue intensiv diskutiert worden (vgl. hierzu Englert 2007, 287–301) und diese Diskussion wird bis heute fortgeführt.

---

islamische Religionslehrer Jörg Ballnus auf die Bedeutung spiritueller Bildung und die notwendige Unterscheidung der Lernorte Moscheegemeinde, Schule und Familie (vgl. Ballnus 2010, 259–268).

[8] Zur Frage nach dem Bildungswert religiösen Lernens vgl. Englert 2007, 161–172.

Die hier vorgestellten Überlegungen zeigen, dass es heute nicht mehr um die Frage geht, „ob islamischer Religionsunterricht eingeführt werden soll. Inzwischen geht es um dessen Religionspädagogik und Fachdidaktik, die es nun für Deutschland aus den Kinderschuhen zu holen gilt." (Işık-Yiğit, 163) Am Beispiel der Religionspädagogik und der aus ihr erwachsenden Fachdidaktik als Theorie eines gelungenen Religionsunterrichtes kann die Interdependenz von theologischer und pädagogischer Bildung aufgezeigt werden.

Schülerinnen und Schüler als Subjekte religiöser Bildungsprozesse wahrnehmend, erkennt der an der Universität in Nürnberg-Erlangen lehrende Religionspädagoge Harry Harun Behr in einem sogenannten „bildenden Unterricht" eine sinnvolle bildungstheoretische Grundlage für den schulischen Kontext. Die öffentliche Diskussion um den islamischen Religionsunterricht zeige, dass der Religion des Islam „von der politischen Klasse eine systemstabilisierende Rolle zugedacht wird. [...] Dieser Vertrauensvorschuss gilt so lange, wie zum Zielbereich dieses als ‚bildender Unterricht' zu verstehenden Angebots eben die Erziehung heranwachsender Muslime zu verantwortungsbewussten Bürgerinnen und Bürgern mit islamischer Identität gehört." (Behr 2009b, 152f.) Demzufolge ist nicht die Erziehung zum Glauben, sondern die „Befähigung des Subjekts sich zur Religion im Allgemeinen und zum Islam im Besonderen zu positionieren" (Behr 2009a, 42) im Kontext des schulischen Unterrichts von besonderem Interesse. Dass dieses Verständnis von islamischem Religionsunterricht keineswegs einer Haltung des vorauseilenden Gehorsams gegenüber dem Bildungsministerium und der deutschen Öffentlichkeit geschuldet ist, sondern vielmehr theologisch begründet, zeigt Harry Harun Behr, indem er zwischen dem klassischen arabischen Begriff der islamischen Erziehung *tarbīya* einerseits und dem Begriff der *tazkīya* unterscheidet (vgl. Behr 2005, 76–78).

Eine weitere Position vertritt Tuba Işık.[9] Neben dem Konzept eines „bildenden" Religionsunterrichts geht es ihr darum, dasjenige der Orthopraxie stark zu machen. Beide Positionen gelten ihr damit nicht als Gegensätze, als ein Entweder-Oder. Sie greift beide Konzepte auf und möchte so zu einem neuen Weg religionspädagogischen Denkens und Arbeitens im Sinne eines korrelativen

[9] Vgl. hierzu den in diesem Band veröffentliche Artikel von Tuba Işık.

Religionsunterrichts führen.[10] Dies schließt ihr zufolge eine „religiöse Lebenspraxis [ein], die die spezifischen Bedingungen – insbesondere die der religiösen und kulturellen Vielfalt – des Lebensraumes aufnimmt und ihre Auswirkungen für den islamisch-rechtlichen (praktischen) Bereich des Muslimseins verdeutlicht." (Işık-Yiğit, 166) Dabei ist es auch ihr wichtig, zwischen den Lehr- und Lernprozessen in den muslimischen Gemeinden einerseits und denjenigen an den allgemeinbildenden Schulen andererseits zu unterscheiden (vgl. ebd.).

Auch die Frage der rechten, der angemessenen Methodik kann nicht ganz ohne Rückgriff auf die Theologie geklärt werden. So wäre beispielsweise die lange Tradition des Memorierens und Rezitierens in der islamischen Erziehung daraufhin zu befragen, ob und inwieweit analysierende und reflektierende Methoden mit der Tradition zusammenwirken können (vgl. hierzu Ceylan 2010b, 249–258). Ebenso ist hinsichtlich der Qur'ānexegese zu fragen, welche Methode beispielsweise für die Erschließung qur'ānischer Texte im Sinne eines bildenden islamischen Religionsunterrichts theologisch angemessen und sinnvoll ist.[11] Gleiches gilt für die von Tuba Işık gesehene Aufgabe einer spezifischen Form der Korrelation, denn bei der Planung und Durchführung religiöser Lehr- und Lernprozesse ist der Aufweis entsprechender theologischer Grundlagen wesentlich.

4. Zu- und Miteinander von islamischer und christlicher Religionspädagogik?

Bei aller notwendigen und der Sache geschuldeten Eigenständigkeit der Religionspädagogik(en) der verschiedenen Religionen soll hier vorsichtig und tastend nach einem möglichen Zu- und Miteinander islamischer und christlicher Religionspädagogik Ausschau gehalten werden. Gerade auf dem Feld interreligiöser Lehr- und Lernkonzepte, die ganz bewusst im konfessionellen Religionsunterricht

[10] Vgl. Işık-Yiğit, 165. Vom „Ausdruck der Korrelation zwischen Gotteslehre/Glaubenslehre sowie Bildung/Erziehung aus Sicht der noch entstehenden muslimischen Religionsdidaktik" spricht auch Ahmet Arslan (vgl. Arslan, 77).

[11] Vgl. hierzu beispielsweise Khorchide 2010, 31–58; Behr 2009, 39ff.

angesiedelt sind und von hier aus die Begegnung mit dem Anderen suchen, scheint ein intensiver Austausch sinnvoll. Wenn es im Sinne eines konfessionell-kooperativen Religionsunterrichts zu reflektierenden und die religiöse Urteils- wie auch Dialogkompetenz einübenden Begegnungen der Religionen in der Schule kommen soll, reicht es nicht, die Lehrpläne auf interreligiöse Inhalte hin zu gestalten. Theologisch, didaktisch und methodisch sind die für interreligiöse Zugänge geeigneten und herausfordernden Themen auf allen Ebenen zu er- und bearbeiten. Hier kann ein die je eigenen Methodologien wahrendes Miteinander Gestalt annehmen.

So manche der Ursachen des von Harry Harun Behr angesprochenen Praxisschocks muslimischer Lehramtsstudierender, der sich bereits im Praktikum zeigt,[12] sind auch den christlichen Studierenden nicht unbekannt. Daher könnte ein weiteres Arbeitsfeld gemeinsamer Anstrengungen auf die angehenden Religionslehrerinnen und -lehrer ausgerichtet sein, indem beispielsweise empirische Studien gemeinsam durchgeführt und getrennt ausgewertet werden.

Nicht um hier ein grenzenloses Spielfeld zu eröffnen, sondern vielmehr um der Sache selbst willen ist auch die jüdische Religionspädagogik in diese Überlegungen einzubeziehen, so dass ein Trialog der Religionspädagogen anvisiert wird (vgl. Krochmalnik, 91–95). Aus jüdischer Perspektive mahnt der in Heidelberg lehrende Philosoph und Religionspädagoge Daniel Krochmalnik: „Das deutsche Judentum bietet ein warnendes Beispiel für die Nutzlosigkeit und Gefahr der Überspannungen an die ‚Leitkultur'." (ebd.) Stattdessen geht es darum, eine der Sache der drei abrahamischen Religionen angemessene Balance „zwischen Selbstbehauptung und Anpassungsbereitschaft, aggressiver Identitätspolitik und charakterloser Assimilation" (ebd., 95) zu finden.

---

[12] Behr führt dazu aus: „Ein wesentliches Teilziel heutiger Lehrerbildung in Sachen Religion ist deshalb die Entideologisierung und die Anbahnung religiöser Authentizität, und die Formulierung pragmatischer Ziele für das, was im Unterricht beherrschbar und was persönlich ertragbar ist. Muslimische Religionslehrerinnen und -lehrer in Deutschland sind heutzutage in der Moderatorenrolle. Sie können nicht mehr leisten als heranwachsenden Muslimen dabei zu helfen, sich im Geflecht multipler Loyalitätsanforderungen zurechtzufinden und sich selbst dabei nicht aus den Augen zu verlieren." (Behr 2009, 186)

Literatur

Alacacioğlu, Hasan, Ist Gott noch „in“? Glaube und Glaubenspraxis von Jugendlichen in einer modernen Gesellschaft. In: Wolf Dietrich Bukow/Erol Yıldız, Islam und Bildung, Opladen 2003, 93–114.

Arslan, Ahmed, Wie lassen sich Theologie und Pädagogik im Islamischen Religionsunterricht zusammenführen? In: Bülent Uçar/Danja Bergmann (Hg.), Islamischer Religionsunterricht in Deutschland. Fachdidaktische Konzeptionen: Ausgangslage, Erwartungen und Ziele, Göttingen 2010 (Veröffentlichungen des Zentrums für Interkulturelle Islamstudien der Universität Osnabrück; 2), 77–86.

Aslan, Ednan, Islamischer Religionsunterricht an höheren Schulen in Österreich. In: Bülent Uçar/Martina Blasberg-Kuhnke/Arnulf von Scheliha (Hg.), Religionen in der Schule und die Bedeutung des islamischen Religionsunterrichts, Osnabrück 2010 (Veröffentlichungen des Zentrums für interkulturelle Islamstudien der Universität Osnabrück; 1), 275–282.

Ballnus, Jörg, Nur Reflektieren und Hinterfragen? Zur Bedeutung von Gebet und Spiritualität. In: Ucar, Bülent/Bergmann, Danja (Hg.), Islamischer Religionsunterricht in Deutschland. FachdidaktischeKonzeptionen: Ausgangslage, Erwartungen und Ziele, Göttingen 2010 (Veröffentlichungen des Zentrums für Interkulturelle Islamstudien der Universität Osnabrück; 2), 259-268.

Behr, Harry H., Erziehung und Bildung im Islam. In: Michael Klöckner/Udo Tworuschka (Hg.), Ethik der Weltreligionen. Ein Handbuch, Darmstadt 2005, 76–78.

Ders., Ist Islam drin, wo Islam draufsteht? In: Herderkorrespondenz Spezial 2/2009, 38–42.

Ders., Ursprung und Wandel des Lehrerbildes im Islam mit besonderem Blick auf die deutsche Situation. In: Ders./Bernd Schröder/Daniel Krochmalnik (Hg.), Was ist ein guter Religionslehrer? Antworten von Juden, Christen und Muslimen, Berlin 2009 (Religionspädagogische Gespräche zwischen Juden, Christen und Muslimen; 1), 149–187.

Bukow, Wolf Dietrich/Yıldız, Erol, Islam und Bildung, Opladen 2003.

Ceylan, Rauf, Religiöse Erziehung muslimischer Schülerinnen und Schüler – Zur Bedeutung des islamischen Religionsunterrichts in Deutschland. In: Bülent Uçar/Martina Blasberg-Kuhnke/Arnulf von Scheliha (Hg.), Religionen in der Schule und die Bedeutung des islamischen Religionsunterrichts, Osnabrück 2010a (Veröffentlichungen des Zentrums für interkulturelle Islamstudien der Universität Osnabrück; 1), 201–210.

Ders., Zwischen Tradition und Innovation: Nur Memorieren und Rezitieren? Zur Bedeutung des Analysierens und Reflektierens. In: Bülent Uçar/Danja Bergmann (Hg.), Islamischer Religionsunterricht in Deutschland. Fachdidaktische Konzeptionen: Ausgangslage, Erwartungen und Ziele, Göttingen 2010b (Veröffentlichungen des Zentrums für Interkulturelle Islamstudien der Universität Osnabrück, 2), 249–258.

Cherif, Mouna Mohammed, Konversion oder Apostasie. Muslimisches Rechtssystem und Verfassung im unabhängigen Algerien. In: CIBEDO 2 (2011) 65–73.

Englert, Rudolf, Religionspädagogische Grundfragen. Anstöße zur Urteilsbildung, Stuttgart 2007 (Praktische Theologie heute), 82.

Ders., Art. Religionspädagogik. In: LThK 8 (^{3}1999), 1062–1064.
Gemeinsame Synode der Bistümer in der Bundesrepublik Deutschland, Beschluß: Der Religionsunterricht in der Schule. In: Ludwig Bertsch u. a. (Hg.), Gemeinsame Synode der Bistümer in der Bundesrepublik Deutschland. Offizielle Gesamtausgabe I, Freiburg i.Br. 1976, 132–152.
Gemici, Nurettin, Herausforderung für eine islamische Religionspädagogik in der Türkei. In: Bülent Uçar/Martina Blasberg-Kuhnke/Arnulf von Scheliha (Hg.), Religionen in der Schule und die Bedeutung des islamischen Religionsunterrichts, Osnabrück 2010 (Veröffentlichungen des Zentrums für interkulturelle Islamstudien der Universität Osnabrück; 1), 261–273.
Hafner, Johann Evangelist, Abfall vom Islam und vom Christentum. Die Behandlung von Apostasie als Ernstfall der Religionsfreiheit unter Berücksichtigung der Gedanken von Fethullah Gülen. In: CIBEDO-Beiträge 3 (2009) 103–108.
Işık-Yiğit, Tuba, Wohin geht die Reise: Islamische Religionspädagogik. In: KatBl 136 (2011) 163–169.
Khorchide, Mouhanad, Der islamische Religionsunterricht in Österreich – was kann Deutschland aus dem österreichischen Modell lernen? In: Josef Freise/Mouhanad Khorchide (Hg.), Interreligiosität und Interkulturalität. Herausforderungen für Bildung, Seelsorge und Soziale Arbeit im christlich-muslimischen Kontext, Münster 2011 (Studien zum interreligiösen Dialog; 10), 99–118.
Ders., Auf dem Weg zu einer humanistischen Qur'ānhermeneutik. In: Hamideh Mohagheghi/Klaus von Stosch (Hg.), Moderne Zugänge zum Islam. Plädoyer für eine dialogische Theologie, Paderborn 2010 (Beiträge zur Komparativen Theologie; 2), 31–58.
Krochmalnik, Daniel, Trialog der Religionspädagogen. In: Bülent Uçar/Martina Blasberg-Kuhnke/Arnulf von Scheliha (Hg.), Religionen in der Schule und die Bedeutung des islamischen Religionsunterrichts, Osnabrück 2010 (Veröffentlichungen des Zentrums für interkulturelle Islamstudien der Universität Osnabrück; 1), 91–95.
Müller, Rabeya, Zwischen Koran und Kultur unterscheiden lernen. In: KatBl 136 (2011) 176–181.
Sarikaya, Yaşar, Wege zu einer Islamischen Religionspädagogik in Deutschland. In: Bülent Uçar/Martina Blasberg-Kuhnke/Arnulf von Scheliha (Hg.), Religionen in der Schule und die Bedeutung des islamischen Religionsunterrichts, Osnabrück 2010 (Veröffentlichungen des Zentrums für interkulturelle Islamstudien der Universität Osnabrück; 1), 191–199.
Schwartländer, Johannes (Hg.), Freiheit der Religionen. Islam und Christentum vor dem Anspruch der Menschenrechte, Mainz 1993.
Simon, Werner, Wie geht „Religion lernen" in der Schule? In: KatBl 132 (2007) 371–378.
Talbi, Mohamed, Religionsfreiheit – Recht des Menschen oder Berufung des Menschen? In: Johannes Schwartländer (Hg.), Freiheit der Religionen. Islam und Christentum vor dem Anspruch der Menschenrechte, Mainz 1993, 242–260.
Uçar, Bülent, Was kann und sollte Islamische Religionspädagogik in der staatlichen Schule leisten? Glaubensvermittlung und Grenzen der Scharia. In: CIBEDO 4 (2008) 24–30.

Konzeptionelle Überlegungen für die Islamische Religionspädagogik in Deutschland.

Wie viel religiösen Ritus verträgt der islamische Religionsunterricht in Deutschland?

Tuba Işık, Paderborn

In Moscheen und den Moscheeunterweisungen haben das Erlernen des arabischen Alphabets, fortführend die Rezitation des Qur'ān, das Kennenlernen und Einüben religiöser Rituale und Bräuche einen zentralen Stellenwert. Hingegen stehen muslimische Religionslehrkräfte in den Schulen vor der wichtigen Herausforderung zu entscheiden, ob und inwieweit sie dieser orthopraktischen Dimension des Glaubens in ihrem Religionsunterricht (RU) Raum geben. Diese Frage ist stets aktuell, da das Kennenlernen von Ritualen der Religion einerseits sowohl der islamischen Religionslehre genuin entspringt als auch elterlichen Wünschen entspricht. Andererseits ist in der Verhältnisbestimmung zwischen Moscheeunterweisung und schulischem Religionsunterricht nicht hinreichend geklärt, ob dies ausschließlich Auftrag der Moscheegemeinden ist, in der Kinder viel einfacher in religiöse Ausdrucksformen wie Rituale, Bräuche sowie das Gemeinschaftsleben hineinwachsen können (vgl. Englert 2008a, 197), oder ob nicht (auch) die Schule ein geeigneter Ort sei, orthopraktische Elemente in den islamischen Religionsunterricht einfließen zu lassen. Hierfür bedürfen angehende Lehrkräfte nicht nur umfassender fachwissenschaftlicher und fachdidaktischer Kompetenzen, sondern eines ebenso großen Methoden- und Konzeptrepertoires sowie der Fähigkeit dieses zu gegebener Zeit adäquat einzusetzen (vgl. Müller, 86), wenn sie denn dem Anspruch genügen wollen, mehr als Religionskunde zu unterrichten. Damit stellt sich im Kontext dieses Aufsatzes neben der innertheologischen Bestimmung die spannende Frage nach dem konzeptionellen Ansatz, der die Formen gelebter islamischer Religion zum Gegenstand des Religionsunterrichtes machen könnte. Nun kann unter „gelebtem Glauben" im Islam Unterschiedliches verstanden werden. In diesem Aufsatz soll der Versuch unternommen werden, das rituelle Gebet religionspädagogisch in den islamischen Religionsunterricht (IRU) zu integrieren. Dafür ist zunächst die Frage zu erörtern, was unter einem rituellen (Pflicht-)Gebet und einem freien Gebet im Islam zu verstehen ist. Anschließend soll diskutiert werden, ob nicht der religionspädagogische Ansatz des *performativen Religionsunterrichts* aus dem christlichen Fachbereich ein adäquates Konzept sein könnte, das rituelle Gebet in einem bekenntnisorientierten RU zu thematisieren.

1. Einleitung

In der islamischen Rechtslehre haben die frühzeitlichen Rechtsgelehrten den qur'ānischen Inhalt unterschiedlichen Kategorien zugeordnet, um entsprechend der jeweiligen Fragen Qur'ānverse als Beleg heranzuziehen. Drei Kategorien sind dabei stets anzutreffen: glaubensbezogene Inhalte (*iʿtiqāḍ*), ethischer Umgang miteinander (*muʿāmalāt*) und gottesdienstliche Handlungen (*ʿibādāt*) (vgl. Khorchide, 33). In den Bereich der *iʿtiqāḍ* (arab. auch Glaube) sind alle Qur'ānverse zu fassen, die den Glauben sowie die Glaubensinhalte betreffen. Muʿāmalāt (arab. Handlung) meint jene Verse, aus denen sich ethische Prinzipien zum rechten Handeln bezüglich der zwischenmenschlichen Beziehungen, für Verwaltungsaufgaben und zur Wirtschaftsführung ableiten lassen. Qur'ānverse, die auf einen formalisierten Praxisbezug verweisen, wie beispielsweise die Pilgerfahrt (*haǧǧ*), die Pflichtabgabe (*zakāt*) oder das rituelle Gebet (*ṣalāh*), fallen in den Bereich der ʿibādāt (gottesdienstliche Pflichten). Das Wort *ʿibādā* geht auf denselben Wortstamm wie *ʿabd* (Diener) zurück. Durch die Verrichtung der *ʿibādāt* dient der Mensch als Diener Gottes (*ʿabdullāh*) Gott. Eine Form des Dienens, also des Gottesdienstes, ist die ritualisierte Form des Gebetes.

In meinem thematischen Zusammenhang liegt der Fokus also im Bereich der *ʿibādāt* auf dem rituellen Gebet. An sehr vielen Qur'ānstellen findet die Obligation des rituellen Pflichtgebetes ihre Erwähnung.[1] In welcher Form der Muslim das Gebet zu verrichten habe, ist aus dem Qur'ān nur rudimentär ableitbar. Erst aus den Handlungen des Propheten ist der authentische Vollzug der göttlichen Aufforderung ersichtlich; ohne diese wäre nur an-

[1] Vgl. Qur'ān, 4:103.

satzweise und mangelhaft konstruierbar, wie die Gebetshaltungen im Einzelnen aussehen könnten. Demzufolge stellt der Prophet Muhammad *das* Vorbild im Ritenvollzug dar.

Hieran schließt sich nun die wesentliche Frage an, ob sich der IRU in Bezug auf den gelebten Glauben in performativer Gestalt öffnen kann. Bedenkenswert bleibt dabei, ob man nicht die Grenzen eines schulischen Unterrichtsfaches überschreitet, wenn darin auf den Handlungsbereich des gelebten Glaubens Bezug genommen wird. Das heißt anhand der Frage ‚*Wie viel religiösen Ritus verträgt der Islamische Religionsunterricht in Deutschland?*' gilt es exemplarisch am rituellen Gebet zu diskutieren, ob es nicht einen entsprechenden Ort im performativen Unterricht einnehmen kann oder ob es ausreicht, Religion zu unterrichten, ohne in die Praxis von Religion einzuführen (vgl. Mendl, 11). Auf das rituelle Gebet hin konkretisiert, lautet die Frage schließlich: *Soll das muslimische Grundschulkind lernen, wie das rituelle Gebet verrichtet wird?*

2. Islamischer Ritus als Gegenstand eines performativen Religionsunterrichts

Auch wenn der Begriff *performativ* der Sprachphilosophie entliehen ist, meint er im religionspädagogischen Kontext viel mehr als nur den Zusammenhang zwischen Sprechen und Handeln. Performativer Religionsunterricht impliziert einerseits den Vollzug von Sprachhandlungen im Sinne der Sprechakttheorie von John Austin, die im Sprechen ein bestimmtes Handeln ausdrücken (vgl. Krallmann/Ziemann, 71). Eine Handlung im Sprechen auszudrücken heißt auf den RU bezogen, jemandem den Segen Gottes zu wünschen, Gebete zu sprechen oder Gott zu danken und zu lobpreisen. Performativ im Sinne von *Performativität* ist darüber hinaus zu verstehen als die körperliche und sprachliche Durch- und Ausführung von religiösen Akten. In Bezug auf den christlichen Glauben meint der praktische Vollzug ganz konkrete Inhalte der Religionslehre, die es im Unterricht in irgendeiner Form kennenzulernen, zu erfahren und einzuüben gilt. Andererseits impliziert der performative RU im Sinne von *Performance* ebenso künstlerische, theatralische oder experimentelle Handlungen, also ein Probehandeln der jeweiligen Person (vgl. Englert 2008b, 8). Während der Fokus beim katholischen Religionsunterricht darauf gelegt wird, dass die Schülerinnen und Schüler (SuS) durch aktive Teilnahme die religiöse Praxis proben, liegt das Wesentliche am performativen Religionsunterricht im evangelischen Bereich darin, den SuS die Chance zu geben, sich spielerisch und experimentierend auf religiöse Traditionen zu beziehen (vgl. Hilger/Leimburger/Ziebertz, 66f.). Es ist anzumerken, dass im Rahmen dieses Konzeptes innerhalb der christlichen Religionspädagogik die Diskussion, ob das Gebet bzw. das Beten in die Schule gehört oder nicht, nicht abgeschlossen ist. Wobei das christliche Beten – außerhalb einer kirchlichen Messfeier – als Äquivalent zum (islamisch) frei formulierten Bittgebet (*duʿā*), zu sehen ist.

3. Das rituelle Gebet: eine Inszenierung im Unterricht?

a) Die Bedeutung des rituellen Gebets

Über die Wertigkeit des rituellen Gebets, die der Qurʾān und der Prophet diesem zuschreibt, könnte man lange Abhandlungen schreiben. Im Rahmen dieses Tagungsbandes kann aus Platzgründen der große Stellenwert des rituellen Gebetes lediglich kurz angeschnitten werden.

Die Wortbedeutung von *ṣalāh*, abgeleitet vom Stamm *ṣalawa*, findet im Wortgebrauch in den Bedeutungen „Gebet, Anteilnahme, Erinnerung, Andenken u.ä." seine Entsprechung (vgl. Al-Isfahani, 869ff.). Es ist eine Andacht, die nicht in individueller Form ausgedrückt wird, sondern Gott gibt ausdrücklich (mit Hilfe des Propheten Muhammad) vor, wie dieses Gedenken aussehen soll. Das rituelle Gebet stellt eine unmittelbare Verbindung und das unmittelbare Gespräch zwischen dem Schöpfer und dem Geschöpf dar (vgl. Reidegeld, 243) und ist zu unterscheiden vom *duʿā*.

Duʿā umfasst ein weites Spektrum angefangen von vorformulierten Bittgebeten bis zu frei gesprochenen Gebeten, die situationsbedingt die unterschiedlichsten Ausformulierungen haben können. Sein Gottvertrauen und die Beziehung zu Gott kann der Muslim über das gesprochene Gebet aufbauen und pflegen und fühlt sich u. a. durch regelmäßiges Beten bei Gott aufgehoben. Selbst wenn muslimische Kinder zu Beginn ihrer religiösen Sozialisation Gott als einen Wunscherfüller kennenlernen, drücken im Laufe ihrer Entwicklung ihre Gebete neben Wünschen und Bitten auch Hoffnungen, Fragen und Dank aus. Der Muslim reagiert sozusagen auf seine Lebensumstände, indem er Gott durch das Beten antwortet (vgl. Blöchinger, 416) – das Gebet ist *eo ipso* korrelativ. Der Betende erhält durch Gott zwar die Vergewisserung, dass dieser ihn hört,[2] wodurch er sich letztendlich von Gott geliebt und wertgeschätzt weiß (vgl. Nichols, 50f.), doch ist es durchaus möglich, dass der betende Mensch sich trotz dieser Zusage Gottes allein fühlt. Denn das Beten kann genauso gut eine Klage, ein Schmerzensschrei oder ein verzweifelter Hilferuf sein, der an Gott gerichtet ist, dieser – aus der Perspektive des Betenden – jedoch nicht im Sinne des Betenden „antwortet". Sicherlich ist es ebenso notwendig zu thematisieren, dass die Vorstellung verkehrt sei: Gott sitze am Ende einer Telefonleitung und wäre zu jeder Zeit erreichbar. Denn Gott bleibt – auch im Gebet – immer auch der Verborgene, der ganz Andere und Geheimnis. Obgleich was den Hintergrund eines Gebetes bildet, der Muslim versucht durch das Gebet einen Einklang zwischen sich und Gott herzustellen, der von der Zuversicht des Menschen und der Barmherzigkeit Gottes geprägt ist.

In zahlreichen Qur'ānversen wird das Pflichtgebet durch eine Aufforderung an den Muslim begründet; er soll fünf Mal täglich das Gebet verrichten: *„und verrichtet beständig das Gebet, (...)"*.[3] Im selben Tenor betonte auch der Prophet die Relevanz des rituellen Gebetes für den Muslim: *„Das rituelle Gebet ist die tragende Stütze des Glaubens."*[4] Sie ist eine der fünf Säulen der islamischen Glaubenslehre (*rukn al-islām*) und *eine* bedeutende Möglichkeit, mit Gott „in Berührung" zu kommen, ihn für sich ganz bewusst zu vergegenwärtigen.[5] Das Gebet ist formalisiert, d. h. es ist an bestimmte Zeitspannen gebunden und hat einen ganz bestimmten Ablauf, der durch entsprechende Körperhaltungen ausgedrückt wird. Jede Körperhaltung besitzt ihre eigene Bedeutung: Zu Beginn des Gebetes das aufrechte Stehen (*qiyām*), das das Stehen am Jüngsten Tage vergegenwärtigen soll, das Verneigen (*rukūʿ*), durch

2 Vgl. Qur'ān, 4: 58; Qur'ān, 2: 186; Qur'ān, 29: 69.

3 Qur'ān, 2: 34; vgl. Qur'ān, 2: 3,110; Qur'ān, 29: 45; Qur'ān, 17: 78.

4 Kešfū' l-Hafā, 31 (übersetzt durch die Autorin).

5 Vgl. Qur'ān, 50: 16.

das der Betende seine Demut und seinen Dank vor Gott kundtut, bekräftigend durch den Lobpreis (*tanzīh*), der in dieser Position leise gesprochen wird, und zuletzt die Niederwerfung (*sağda*) auf den Boden, in der der Betende seine Geschöpflichkeit vor dem ewigen Schöpfer durch einen weiteren Lobpreis bejaht.

Geschöpflichkeit meint das Bewusstsein, dass der Mensch von Gott kommt, von ihm erschaffen ist, dass der Mensch von ihm seine Lebenskraft erhält und zu Gott zurückkehren wird. Diese Position soll dem Betenden seine Bedingtheit und die Vergänglichkeit seines Körpers und seiner menschlichen Existenz vergegenwärtigen.[6] Damit impliziert der Begriff der Geschöpflichkeit schon selbst die Unvollkommenheit des Menschen, es drückt aus, dass die Vollkommenheit des Menschen stets eine werdende, nie eine im Diesseits vollendete sein kann. Die bewusste Ausführung jeder einzelnen Position benötigt ihre Zeit, bedarf der Konzentration, setzt Freiwilligkeit und innere, persönliche Überzeugung voraus. Erst wenn die eigene Entschlossenheit, die Gebetshaltungen, die rezitierten Qurʾānverse und die gesprochenen Lobpreisungen in ihrer Einheit die Ausrichtung zur Transzendenz ausdrücken, können sich die Bedeutungen des Gebetes entfalten.

Eine tiefe Intensität im Gebet oder eine auf Gott ausgerichtete Haltung im Gebet ist eine nicht voraussetzbare Größe, sondern eine zu entwickelnde. Ein tieferer Gehalt kann dem persönlichen Gebet erst dann zugesprochen werden, wenn der Muslim sich aus eigener Triebkraft und Überzeugung bewusst in die Gegenwart Gottes stellen möchte, bzw. der Betende selbst kann eine solche Erfahrung nur selber benennen, sie ist äußerlich weder markier- noch erkennbar. Daher ist eine Verneigung oder Niederwerfung keineswegs gleichzusetzen mit einer demütigen Niederwerfung vor einer „despotisch-höheren Macht“ (vgl. Heumann, 76), wie das fälschlicherweise manchmal angenommen wird.

Ohne an dieser Stelle nun auf weitere Bedeutungsinhalte und Sinngebungen des Gebets eingehen zu können, ist im Weiteren zu

[6] Die Mystiker erachten die sağda-Form als jene, in der der Mensch Gott am nächsten sei. Je mehr der Mensch sich seiner Geschöpflichkeit im Sinne von *Klein-sein* in Bezug auf seine Schöpfer bewusst werde, umso näher komme er Gott im methaphorischen Sinne (vgl. Ekerim, 93).

klären, ob das rituelle Gebet in performativer Gestaltung Teil des schulischen Religionsunterrichts werden kann und soll.

b) Rituelles Gebet als schulischer Lehrinhalt

Zweifelsohne kann die Lehrkraft über die Relevanz des rituellen Gebetes, seine Bedeutung für den Gläubigen, oder – im Rahmen eines historischen Abrisses – über die Entwicklung der unterschiedlichen Gebetspraxen (ausgehend bspw. von alten christlichen Bettraditionen in Mönchskreisen) informieren. Das Kind kann jedoch allerdings erst in der Berührung mit dem Gegenstand bzw. dem Phänomen selbst einen subjektiven Eindruck erlangen. „‚Über' die Tiefendimension von Religion kann und muss man auch reden; Geschmack gewinnen wird man dadurch nicht" (Mendl, 15). Dieselbe Feststellung gilt auch für das rituelle Gebet, das tatsächlich nur durch praktische Ausführung zu erlernen ist. Ausführung bzw. Vollzug bedeutet im schulischen Kontext, dass das Kind den Gebetsablauf kennenlernt sowie die das Gebet strukturierenden und konstitutionellen Gebetshaltungen und die dafür benötigten kurzen Qur'ānrezitationen und Formeln der Lobpreisungen lernt. Dass dies in einem RU weder zeitlich machbar noch curricular einforderbar ist, steht außer Frage.

Das rituelle Gebet, ob es nun einzeln oder in der Gemeinschaft verrichtet wird, stellt einen konzentriert geführten Dialog zwischen Geschöpf und Schöpfer dar, das Dritten verborgen bleibt. Damit ist das Gebet der persönliche Ausdruck des eigenen Verhältnisses zu Gott. Dadurch kann für Andere die spirituelle Erfahrung und das individuell existentielle Erlebnis eines jeden Betenden verborgen bleiben. Nun kann die Zielsetzung eines Unterrichts nicht sein, jedem einzelnen Schüler die Möglichkeit zu bieten, in den Genuss dieser intensiven Erfahrung zu kommen. Die Bedeutung der Handlung kann erst mit der Performance und der anschließenden reflexiven Aneignung entstehen (vgl. Schroeter-Wittke, 51): – wobei der „Sinn" bzw. das Geheimnis eines solchen Rituals sicherlich weder reflektiert noch kognitiv ausgeschöpft werden könnte. Das würde den Rahmen des schulischen Bildungsauftrages und die konzeptionellen Grenzen des Religionsunterrichts definitiv sprengen. Auch eine innere Anteilnahme kann unterrichtlich nicht adäquat erfasst oder gar bewertet werden und ist auch nicht Intention eines performativen Religionsunterrichts. Zum anderen darf allein aus Respekt vor den SuS, die sehr unterschiedliche Lebensentwürfe besitzen und ihrer Religion unterschiedliche Bedeutungen zuschreiben bzw. dabei sind, diese zu entwickeln, eine Teilnahme nicht als selbstverständlich erachtet werden. Das heißt, die spirituelle Erfahrung, die durch ein „real" durchgeführtes Gebet erreichbar wird, steht außen vor. In diesem Fall kann der performative RU lediglich darauf abzielen, dass die Lehrkraft die Gebetshaltungen jeweils erklärend zeigt, d. h. ein anleitendes Einüben. Die SuS könnten allenfalls ein rituelles Gebet darstellen;[7] dadurch würde sich auch das Problem der Benennung eines Vorbeters (*imām*) erübrigen. Anhand der durchgeführten Bewegungen könnten die SuS durch die Konkretion der Haltungen diese kennenlernen. Der performative Aspekt ist demzufolge nicht im Sinne einer Performance „etwas in Szene setzen, etwas verfremden, etwas Neues schaffen" (Englert 2008b, 9) zu verstehen, sondern im Sinne des Begriffs der Performativität. Es ist mehr als nur ein mechanischer Vollzug, aber auch weniger als ein rituelles Einüben der Gebetsfiguren. Die Gefahr, in missionarisches Fahrwasser abzugleiten, wäre tatsächlich erst dann gegeben, wenn es sich um ein angeleitetes Gebet handeln würde und Druck zum Mitvollzug des Rituals auf die SuS ausgeübt würde. Erst in dem Moment, in dem ein Kind (wie es auch bei einem Erwachsenen der Fall ist) sich in die achtsame Haltung der Verbeugung begibt und die Lobpreisung spricht, kann es die Bedeutung dieser Haltung und die des Gebetes insgesamt begreifen, zumindest erhält es diese Chance.[8] Das heißt, die SuS können im performativen RU durch Probehandeln, im Sinne von „als ob" etwas ausprobieren. Daher stellt der richtige körperliche Haltungsvollzug wie der *qiyām* (das Stehen), der *rukūʿ* (die Verbeugung) und der *sağda* (die Niederwerfung) eine performative Lernform dar. Die SuS erhalten damit die Gelegenheit einem Ritual zu begegnen, das einen zentralen Stellenwert in ihrer Religion einnimmt. Und erst in der

---

[7] Der Begriff der Inszenierung, der sehr oft im Zusammenhang des performativen Religionsunterrichts als mögliche Methode zur Sprache kommt.

[8] Bewusst vermeide ich den Begriff „spielerisch", weil er in Kombination mit dem rituellen Gebet den Eindruck erwecken könnte, das Gebet würde bagatellisiert. Es darf allerdings nicht vergessen werden, dass muslimische Kinder, die in den Moscheen während des rituellen Gebets anwesend sind, die Gebetshaltungen völlig ungezwungen nachahmen und auf diese Weise ausprobieren und einüben.

Begegnung mit diesem gelebten Glauben können die SuS die mögliche Bedeutung jeweils für sich persönlich erschließen. Schließlich wäre auch ein Sportunterricht kein Sportunterricht, wenn die Kinder sich nicht körperlich beteiligen müssten, ein Kunstunterricht kein Kunstunterricht, wenn nur Kunst betrachtet, die Kinder aber nicht selbst künstlerisch und schöpferisch tätig werden würden.

Die Vielfältigkeit in den Gebetshaltungen, die sich je nach Rechtschule in Randbereichen unterscheiden, wie beispielsweise in der Haltung der Hände beim Stehen, kann vorbedacht und entsprechend aufgenommen werden, indem die Kinder aufzeigen sollen, wie sie es von ihren Eltern, betenden Menschen in der Moschee oder anderswo gesehen haben. Die Lehrkraft ist nicht gehalten, sich an einer Rechtschule zu orientieren, da es sich nicht um faktisches Erlernen handelt. Dadurch kann sie mit der Darbietung der verschiedenen Gebetshaltungen für mehr Toleranz und Aufgeschlossenheit unter den Kindern werben und Sensibilität für die große Mannigfaltigkeit islamischer Glaubenspraxis schaffen.

Die rituelle Waschung (*wuḍūʾ*) ist eine Bedingung (*rukn*) eines gültigen Gebetes. Im Gegensatz zum Religionspädagogen Behr, der die rituelle Waschung vor einem Gebet als zwingend und verpflichtend sieht (vgl. Behr, 288), erachte ich die Waschung in diesem Zusammenhang für nicht dringend erforderlich, da es sich nicht um ein vollständig durchzuführendes „echtes“ Gebet handelt. Dass die rituelle Waschung im Religionsunterricht thematisiert werden muss, steht jedoch außer Frage.

4. Mögliche Vorbehalte gegen das rituelle Gebet im RU

Die Lebensentwürfe muslimischer Eltern sind – wie die der Mehrheitsgesellschaft auch – sehr heterogen. Daher können Religionspädagogen nicht voraussetzen, dass alle muslimischen Kinder religiöse Erfahrungen aus der Familie und/oder der Moscheegemeinde mitbringen. Aus meiner Erfahrung müssen die Lehrkräfte von heute eher von einem Defizit im Bereich der religiös-konfessionellen Erfahrungen ausgehen. Noch vor knapp 20 Jahren leisteten Familien und Moscheegemeinden einen erheblichen Beitrag zur Bildung der religiösen Identität von Kindern (vgl. Ceylan, 204f.). Heute wird auch vom IRU erwartet, dass er zur Identitätsstiftung beiträgt, wobei die Grenzen des Religionsunterrichts gewahrt werden müssen: Er ist weder für die Entwicklung einer konfessionellen Identität verantwortlich noch darf er dies intendieren. Viele Kinder besuchen den Moscheeunterricht, wachsen in religiös gebundenen Familien auf und lernen parallel dazu in ihrem Lebensumfeld religiös anders orientierte sowie areligiöse Menschen kennen. Doch selbst der Unterricht in der Moschee oder ein traditionell orientiertes Elternhaus bieten keine Gewähr dafür, dass diese Kinder auch Erfahrungen der Gebetspraxis mitbringen oder wissen, was der religiöse Hintergrund des Opferfestes ist. Das heißt: Dem RU fällt einerseits der Auftrag zu, sowohl Raum für die äußere Ausdrucksform der islamischen Glaubenslehre als auch für ihre innere Aneignung und ihre Reflexion zu schaffen. Wenn der RU performative Elemente enthält, dann muss er ebenso ausreichend Gelegenheit bieten, damit die SuS über ihre religiösen Erlebnisse reflektieren können; dies kommt wiederum ihrer Sprach- und Reflexionsfähigkeit zugute (vgl. Işık-Yiğit, 167). Sie müssen die Gelegenheit erhalten darüber zu sprechen, was da in dieser Gebetshaltung geschah, wie es sich anfühlte und wie sie es deuten.

Zugleich kann der Lernort Schule aber auch Raum bieten, in dem SuS ihre Erfahrungen der Unzufriedenheit und des Zweifels mit dem Beten reflektieren. Ist es in einer Moscheegemeinde klar, dass die Kinder in „katechetischer“ Absicht in die normative Praxis des Glaubens eingeführt werden, geht es im IRU darum, diese Praxis reflektieren zu lernen, um zu einer persönlichen Entscheidung zu kommen, beispielsweise nicht aus Pflichtgefühl zu beten, sondern eine intrinsische Haltung für das Pflichtgebet zu entwickeln. Natürlich braucht eine solche Reflexion das Kennenlernen der Praxis. Aber die Schule ist entlastet von dem normativen Ziel, diese Praxis einzuüben und in den Lebensalltag der SuS zu implementieren, so dass sie die SuS gerade dadurch freisetzen kann, sich das religiöse Ritual als Lebensraum zu erschließen oder auch religiöse Vollzüge jenseits der erlernten Gewissheiten zu erkunden.

Würde man an dieser Stelle die Einbindung des performativen Aspekts nicht im Sinne einer Freisetzung der SuS verstehen, sondern es als Ziel des IRU ansehen, die Kinder zum regelmäßigen beten zu bringen, würde sich in der Tat die Frage der Benotung stellen: Wie soll die Leistung „rituelles Gebet“ bewertet werden? Es besteht kein Zweifel daran, dass keine Gebetsfigur bewertet oder gar eine innere Teilnahme gemessen wird, denn dies ist de facto unmöglich. Das bedeutet, die Leistungskontrolle und -bewertung erfolgt nicht in Bezug auf die Performance selbst. Es bleibt teilweise der Gestaltungsphantasie der Lehrkraft überlassen, Lernwege zu initiieren. Die Lehrkraft könnte bspw. in einer Unterrichtsreihe am Ende ein Lerntagebuch erstellen lassen, in dem sie die SuS schreiben, zeichnen und malen lässt, welche neuen Kenntnisse und Erfahrungen sie gewonnen haben, und dann insgesamt diese Leistung bewerten. Dabei könnte auch Raum für Zweifel und Fragen sein, so dass sich der IRU gerade durch den reflektierten Umgang mit den kindlichen Fragen bewähren würde.

Schließlich könnte auch die Erfassung der ethischen Dimension des rituellen Gebets oder die Fähigkeit zu ihrer kritischen Hinterfragung zur Leistungsmessung dienen. Die ethische Seite des religiösen Gebetes wiederum kann mannigfach erfasst werden. Eine Möglichkeit wäre, die gestaltete Gottesbeziehung in ihren Vollzügen mit symboldidaktischen Elementen zu verbinden: Was stellen die Haltungen symbolisch dar? Welche besondere Bedeutung sprechen die SuS diesen zu und welchen aktuellen Bezug stellen sie zu ihrer eigenen Lebenswirklichkeit her? Welche Entsprechungen finden sie durch die Gebetshaltungen für ihr Leben? Die Wahrnehmung, Deutung und Gestaltung der Gebetsfiguren durch die SuS, die beispielsweise in einem Arbeitsblatt festgehalten werden könnten, ist dann wieder messbar.

5. Schlussbetrachtung

Die Theorie des performativen Religionsunterrichts scheint mir ein gangbarer Weg zu sein, um dem schulischen RU die Gestaltungskraft zu verleihen, wenn es sich um das Kennenlernen und Ausprobieren des womöglich wichtigsten Rituals des Islam dreht. In Anbetracht des im christlichen Rahmen geführten religionspädagogischen Diskurses, wie viel habitualisierende und ritualisierende Elemente in den RU eingebaut werden dürfen oder nicht, so ist mir bewusst, dass große Meinungsverschiedenheiten bestehen. Umso wichtiger scheint es mir, dass aus christlicher Perspektive auf der Basis ihrer mit der Religion im religionspädagogischen Rahmen gemachten Erfahrungen und Irrtümern diese nicht analog auf eine andere Religion übertragbar sein darf. Auf der anderen Seite sollten wir muslimischen Religionspädagoginnen und -pädagogen uns auch nicht von ihren „verbrannten Fingern" verschrecken lassen, sondern unseren eigenen religionspädagogischen Weg entwickeln. Aus diesem Grunde habe ich zu Beginn des Aufsatzes mit einer kurzen theologischen Herleitung begonnen, um aufzuzeigen, welchen Stellenwert das rituelle Gebet im Islam einnimmt und dass es nicht plakativ abgelehnt werden dürfte, weil gelebter Glaube in der Schule problematisch sei. Im Kontext des IRU, der bei den SuS von einem Bekenntnis ausgeht, stellt sich nämlich vordergründig die Frage, wie der Lebensbezug der islamischen Glaubenslehre – der eindeutig gegeben ist – religionspädagogisch ernst genommen werden kann. Denn auch wenn der schleiermacherische Einwand „Eine Didaktik, die die Performanz religiöser Praxis in den Blick nimmt, macht sich die Einsicht zu eigen, dass die christliche Religion nicht mitgeteilt werden kann, ohne immer auch zugleich dargestellt zu werden" (Dressler, 157) teilweise auf das Christentum zutrifft, so ist dies für den Islam umso zutreffender, da im Islam eine unauflösliche Interdependenz zwischen *imān* (Glauben) und *ʿamal* (Ausführung/Tat) besteht. Eine Konsequenz von Glauben wird darin gesehen, diesem in seinen Taten und durch Rituale Ausdruck zu verleihen. Eine Form dessen stellt das rituelle Gebet dar.

Ich habe aufzuzeigen versucht, in welchem Rahmen und unter welchen Bedingungen das rituelle Gebet Einzug in den IRU erhalten könnte. Ziel ist es nicht, durch ein gemeinsames Gebet das Gefühl von einer *Glaubensgemeinschaft* zu forcieren, und weniger noch einen *Intensivakt* durch das Gebet zu ermöglichen.[9] Rituelles Gebet in der Schule soll auch keine Pseudo-Inszenierung eines Rituals darstellen, sondern der Ertrag einer kognitiven Bearbeitungsperspektive soll einen wesentlichen Teil ausmachen.

Der performative RU fordert im Hinblick auf die SuS das ein, was der islamische Gelehrte al-Ġazālī (gest. 1111) schon im 10. Jahrhundert in seinen Schriften stets betonte: Der glaubenswillige

---

[9] Die Bildung einer „Glaubensgemeinschaft" und die Erfahrung eines „Intensivakts" führt Jürgen Heumann als zwei Aspekte gegen einen Gebetsunterricht ein und setzt somit zwei unpassende Ausgangszielrichtungen für das rituelle Gebet (vgl. Heumann, 144).

Mensch solle von der blinden Nachahmung (*taqlīd*) befreit werden, denn nur dadurch sei Selbsterkenntnis ermöglicht, die wiederum für den Glauben maßgeblich sei (vgl. al-Ġazālī, xxi). Umso wichtiger rückt daher die Möglichkeit des IRU in den Vordergrund, Raum für reflexive Denkprozesse zu schaffen. Denn ohne den entsprechenden reflexiven Distanzspielraum würde zwischen Schulklasse und Moscheeunterweisung keine Differenz bestehen. Die Kinder erhalten an einem untypischen Ort der gelebten Religion, nämlich in der Schule, die Möglichkeit zur individuellen Selbsterfahrung, die frei und ungestört von elterlichen Zuschreibungen oder der Lehrperson in der Moschee ist. Sie können fern von meist nachgeahmten, mechanisch vollzogenen Gebeten in der Moschee oder zu Hause die Gebetshaltungen in der Schule nachzeichnend erproben und dabei unbehelligt und ruhig reflektieren, was mit dieser ästhetischen Haltung ausgedrückt werden soll und möchte.

Literatur

Al-Ghazālī, Abū-Ḥāmid Muḥammad, Der Erretter aus dem Irrtum, Hamburg 1988.

Al-Isfahani, Ragib, Müfredat, Kurÿan Kavramları Sözlüğü, übers. Yusuf Türker, Istanbul 2002.

Behr, Harry H., Curriculum Islamunterricht. Analyse von Lehrplanentwürfen für islamischen Religionsunterricht in der Grundschule. Ein Beitrag zur Lehrplantheorie des Islamunterrichts im Kontext der praxeologischen Dimension islamisch-theologischen Denkens, Diss. Univ. Bayreuth 2005.

Blöchinger, Ingrid, Das Schulgebet – Türöffner zu liturgischen Feiern. In: KatBl 129 (2004) 415–419.

Ceylan, Rauf, Religiöse Erziehung muslimischer Schülerinnen und Schüler. Zur Bedeutung des islamischen Religionsunterrichts in Deutschland. In: Bülent Uçar/Martina Blasberg-Kuhnke/Arnulf von Scheliha (Hg.), Religionen in der Schule und die Bedeutung des islamischen Religionsunterrichts Osnabrück 2010 (Veröffentlichungen des Zentrums für interkulturelle Islamstudien der Universität Osnabrück; 1), 201–210.

Dressler, Bernhard, Darstellung und Mitteilung. In: Silke Leonhard/Thomas Klie (Hg.), Schauplatz Religion. Grundzüge einer Performativen Religionspädagogik, Leipzig 2003, 152–165.

Ekerim, Esma Sayin, Namaz ve Karakter Gelişimi, Istanbul [3]2003.

El-Acluni, Abū' l-Fidā' Ismail bin Muḥammad, Kešfū' l-Hafā, Band 2, Beirut 1988.

Englert, Rudolf, Religionspädagogische Grundbegriffe. Anstöße zur Urteilsbildung, Stuttgart [2]2008a.

Ders., Performativer Religionsunterricht – eine Zwischenbilanz. In: Zeitschrift für Pädagogik und Theologie der evangelischen Erzieher 60 (2008b) 3–16.

Heumann, Jürgen, Religionsunterricht darf kein Gebetunterricht sein! Anmerkungen zum Problem einer Gebetspraxis im evangelischen und islamischen Religionsunterricht. In: Theo-Web. Zeitschrift für Religionspädagogik 8 (2009) 75–85.

Hilger, Georg/Leimgruber, Stephan/Ziebertz, Hans-Georg, Religionsdidaktik. Ein Leitfaden für Studium, Ausbildung und Beruf, München [6]2010.

Işık-Yiğit, Tuba, Wohin geht die Reise: Islamische Religionspädagogik. In: KatBl 136 (2011) 163–169.

Khorchide, Mouhanad, Auf dem Weg zu einer humanistischen Qur'ānhermeneutik. In: Hamideh Mohagheghi/Klaus von Stosch (Hg.), Moderne Zugänge zum Islam. Plädoyer für eine dialogische Theologie, Paderborn u. a. 2010 (Beiträge zur Komparativen Theologie; 2), 31–58.

Krallmann, Dieter/Ziemann, Andreas, Grundkurs Kommunikationswissenschaft, Paderborn u. a. 2001.

Mendl, Hans, Religionsunterricht inszenieren und reflektieren. Plädoyer für einen Religionsunterricht, der mehr ist als „reden über Religion". In: RELIGIONSUNTERRICHT heute. Informationen des Dezernates Schulen und Hochschulen im Bischöflichen Ordinariat Mainz, 03/04 Mainz 2006, 6–21.

Müller, Peter, Islam Unterrichten zwischen Auseinandersetzung und Gestaltung. In: Harry H. Behr/Mathias Rohe/Hansjörg Schmid (Hg.), „Den Koran zu lesen genügt nicht!" Fachliches Profil und realer Kontext. Auf dem Weg zum Islamischen Religionsunterricht, Berlin 2008, 83–92.

Nichols, Michael P., Die wiederentdeckte Kunst des Zuhörens, Stuttgart 2000.

Reidegeld, Ahmad A., Handbuch Islam. Die Glaubens- und Rechtslehre der Muslime, Kandern 2005.

Schroeter-Wittke, Harald, Performance als religionsdidaktische Kategorie. In: Silke Leonhard/Thomas Klie (Hg.), Schauplatz Religion. Grundzüge einer Performativen Religionspädagogik, Leipzig 2003, 47–66.

IV. Grundzüge Islamischer Ethik und Islamisches Recht

Islamische Ethik und der Aufbau Islamischer Theologie in Deutschland[1]

Mohammad Mojtahed Shabestari, Teheran

1. Ethik als Kern Islamischer Theologie

Man könnte die islamische Ethik als eine Wissenschaft neben den anderen islamischen Wissenschaften ansehen. Doch wenn es um existentielle Fragen wie die nach dem Muslim-Sein und dem islamischen Leben geht, wird schnell deutlich, dass Ethik mehr als nur eine Wissenschaft unter vielen ist. Sie ist die einzige, die Antworten auf die zentralen Fragen menschlichen Daseins geben kann. Daher würde ich sie als Kern der Islamischen Theologie bezeichnen. Auch Hermeneutik ist ohne Ethik nicht möglich; denn Ethik ist die Basis jeder Hermeneutik. Derjenige, der einen Text oder eine Tradition auslegen will, muss zuerst das Ziel festlegen, das er verfolgt, und diese Zielbestimmung stellt zugleich ein ethisches Problem dar. Von daher kann auch die für die islamischen Wissenschaften so wichtige Auslegung des Qur'ān nicht ohne ethische Orientierung auskommen, und die Ethik muss als wichtigster Teil der Theologie angesehen werden

Sehen wir uns die ethischen Gebote im Qur'ān an, so fällt als Erstes ins Auge, dass im Qur'ān nie abstrakt, sondern immer bezogen auf konkrete Situationen gesprochen wird. Der Qur'ān verlangt, dass diese konkreten Situationen von ungerechten in gerechte verwandelt werden müssen. Er ist, so wird deutlich spürbar, keine wissenschaftlich-philosophische Abhandlung, sondern ein Lebensbuch, ein Buch als Hilfestellung zu der Frage, wie man als Mensch leben soll und wie man ein gutes Leben führen kann. Hierbei greift der Qur'ān einerseits auf philosophisch einsichtige Argumente zurück und andererseits auf eine Lebenshaltung, die nur aus einer tiefen mystischen Nähe zu Gott verständlich wird.

[1] Bei dem folgenden Beitrag handelt es sich um ein Transkript des mündlichen Vortrages, den Prof. Dr. Mohammad Mojtahed Shabestari am 12. Juni 2011 im Rahmen der Tagung gehalten hat.

Entsprechend basiert die islamische Ethik auf zwei Quellen, der die Islamische Theologie Rechnung tragen sollte: der autonomen philosophischen Vernunft und der mystischen Erfahrung von Gottes Nähe und Rechtleitung.

Die autonome philosophische Vernunft spielt schon seit den Anfängen der islamischen Ethik eine bedeutende Rolle, die immer wieder prägend für herausragende islamische Theologen war. So ist etwa die Ethik von Ġazālī deutlich aristotelisch geprägt und gehört somit zur philosophischen Ethik. Theologisch kann man nun versuchen, diesen philosophischen Zugang mit dem Qur'ān zu verbinden und diesen somit mit philosophischen Mitteln auszulegen – so wie beispielsweise Ṭabāṭabā'ī in seinem großen *Tafsīr al-Mīzān*. Seine Ethik dort ist ebenfalls eine aristotelische Ethik, wird aber zugleich in engem Zusammenhang mit seiner Qur'ānauslegung entwickelt

Neben der rein philosophischen Ethik gab es aber immer auch eine rein theologische Ethik aus den Quellen der Mystik, und zwar insbesondere der Furchtmystik und Askese. Diese Form theologischer Ethik war von den Anfängen an eine eigenständige Ethik. Diese steht allerdings nicht in Widerspruch oder Konkurrenz zur philosophischen Ethik, sondern ergänzt diese und spitzt sie zu.

Im Wandel der Verhältnisse von Ungerechtigkeit zu Gerechtigkeit und von unmoralischem zu moralischem Verhalten erfüllen die Menschen den Willen Gottes. Hierbei muss gesagt werden, dass die im Qur'ān geschilderten Verhältnisse bereits Interpretation sind. Ohne Interpretation geht es nicht, unser ganzes Leben besteht daraus und vor Interpretation können wir nicht fliehen. Ethische Urteile, ob sie nun den zwischenmenschlichen Bereich oder die Gott-Mensch-Beziehung betreffen, haben nur einen Sinn, wenn sie sich auf konkrete Situationen und eine bestimmte Gesellschaft beziehen und auslegender Natur sind. Dies ist ein sehr wichtiger Punkt. Im Qur'ān sind Gesetze noch nicht von der Ethik getrennt. Diese Trennung ist erst später im Laufe der Geschichte so geschehen und stellt eine Entwicklung mit negativen Folgen dar. Die Gesetze im Qur'ān basieren auf einem ethischen Grund und wenn dieser wegfällt, hat dies direkte Auswirkungen auf die Berechtigung eines solchen Gesetzes. In großen Teilen des Qur'ān geht es um das ethische Verhalten des Menschen Gott gegenüber, wie Gebet, Vertrauen, Dankbarkeit, Geduld vor Gott, Lobpreis, Bitte, Dank,

Reue, Demut, Fasten, Spenden, Zweifel, Furcht, Hoffnung, Ruhe finden vor Gott. Alle diese Weisen beruhen auf der Notwendigkeit der Übereinstimmung mit dem absoluten Wirken Gottes in der Welt. In diesen Aussagen des Qur'ān kommt meiner Meinung nach die hermeneutische Erfahrung, die der Prophet in der Begegnung mit der Welt machte, in klarer Weise zur Sprache.

Die genannten Weisen des Verhaltens des Menschen Gott gegenüber sind nach Rūmī Eigenschaften und existentielle Situationen und Entscheidungen, die die Propheten gehabt haben und die meines Erachtens nach auch der Prophet Muhammad erfahren hat. In ihnen zeigt sich, wie die Offenbarung einerseits das Meer seiner Seele aufgewölbt hat und wie die dem Menschen eigene innere Unruhe ihn zu einer Erfahrung seines Menschseins geführt hat. Diese Verhaltensweisen führen uns zur Erfahrung eines nie zur Ruhe Kommenden – das ist unser Wesen. Und alle diese ethischen Fragestellungen sind dazu da, um unsere Lebensprobleme bewältigen zu können. Diese Kontingenzerfahrung ist ein sehr tragisches Problem, das auf irgendeine Art und Weise bewältigt werden muss. Nach meinem Verständnis sind der Qur'ān und andere Offenbarungsbücher eine Antwort auf diese Frage. Deswegen ist der Hauptkern des Muslimseins meines Erachtens nach die Ethik.

2. Empfehlungen für den Aufbau Islamischer Theologie in Deutschland

Im Hinblick auf den Aufbau der Islamischen Theologie in Deutschland kann ich bezüglich des Fachs „Islamische Ethik" Folgendes empfehlen: Meines Erachtens nach ist es wichtig, zu lehren, was innerhalb der Geschichte über islamische Ethik Wichtiges gesagt wurde. Ein sehr gutes Buch, das ich empfehlen kann, ist von Muḥammad ʿĀbid al-Ǧābirī, er hat verschiedene Bücher geschrieben, darunter auch eines über Ethik, *al-ʿaql al-aḫlāqī al-ʿarabī*. Er beschreibt hier die Entwicklung der arabischen Ethik. Ein solches Buch sollte also im Studium unterrichtet werden, damit die Studenten die historischen Entwicklungen lernen. Im Islam gibt es keine Autorität, die letztgültig bestimmt, was Ethik ist. Ein Lehrer muss über alle Entwicklungen, verschiedene Meinungen und Strömungen einen Überblick haben und sich selbst aus allem, was es gibt, das heraussuchen, was ihn überzeugt und dies an die Schüler weitergeben.

Meine persönliche Antwort auf diese Frage lautet, dass ich immer versuche, meinem Gewissen zu folgen, denn dies ist für mich in ethischen Fragen entscheidend. Das Gewissen ist nicht nur mit der Vernunft verknüpft. Die existentielle Seite von meinem Sein spielt hier eine große Rolle. Man kann fast sagen, dass meine Ethik eine existentielle Ethik ist. Existentielle Ethik ist z. B., wenn ich etwas nicht berücksichtigt habe, dann schäme ich mich aufgrund meines Gewissens. Oder ich kann in meinem Leben keinen richtigen Sinn finden. Und ich habe dann fast immer das Gefühl, eine Sünde begangen zu haben. Solche Erfahrungen sind für mich entscheidend, nicht, was im Buch steht.

Welche Rolle, könnte man fragen, spielt dann noch die Vernunft? Die Vernunft bringt mich dazu, nachzudenken, welche Folgen dies gesellschaftlich gesehen hat. Dann kommt Kant ins Spiel und die Frage danach, was passiert, wenn ich etwas mache, wenn alle dies machen und es allgemein akzeptiert wird. Und ich bemerke dann, dass ich zufrieden bin, und das zeigt sich auch darin, dass meine Vernunft zufrieden ist. Aber die Quelle hierfür ist nicht meine Vernunft, sondern meine existentielle Lebensweise. Erleben geht mit dem Herzen und Denken mit dem Kopf.

Wenn man von existentieller Ethik spricht, ist das Leben der Menschen sehr wichtig. Alles, was für die vielseitige Entwicklung und das Leben der Menschen, das Fruchtbarwerden ihrer Potenziale, hilft, ist islamisch gesehen meiner Ansicht nach gefordert. Es spielt hierbei keine Rolle, ob die Gesellschaft eine säkulare ist oder eine religiöse. Wenn ich in einer Gesellschaft lebe, soll ich als guter Muslim dafür Sorge tragen, was der Besserentwicklung und dem guten Funktionieren dieser Gesellschaft dient, damit in ihr ein menschliches Leben praktiziert werden kann. Bei einer existentiellen Ethik ist der Mensch im Zentrum, nicht die Frage, ob er Christ oder Muslim ist oder Jude. Der Mensch als Mensch ist der entscheidende Bezugspunkt jeder Ethik.

Selbstverständlich sollte für eine solche Ethik die Qur'ānauslegung eine menschliche Auslegung sein, d. h. der Qur'ān als Quelle für ein besseres und glücklicheres Leben der Menschen. Übertragen auf das Recht ist zu sagen, dass Ethik das Fundament für Recht ist. Wenn man so denkt, kann man gegenüber diesen Gesetzen immer kritisch sein und prüfen, was diesen Fundamenten entspricht und was nicht. Deshalb ist diese Realpolitik, die nichts mit Ethik zu tun hat, ein politisches Handeln ohne menschliche Ethik. Dagegen kann man sich als Mensch wenden und sagen, dass es gegen die ethischen Vorstellungen spricht, so zu handeln. Hierzu sind Christen und Muslime in Europa aufgefordert, wenn es um die Gesetzgebung und die Rahmenbedingungen der Gesellschaft geht. Gute Gesetze müssen dem Menschen, seiner Entwicklung dienen. Gott kann nicht verherrlicht werden, wenn der Mensch nicht verherrlicht wird. Wenn gesagt wird, dass der Mensch nicht verherrlicht wird, damit Gott verherrlicht wird, ist dies nicht akzeptabel, weil der Mensch das höchste Geschöpf Gottes ist. Wenn der Mensch in seiner Würde und in seinem Leben nicht verherrlicht wird, dann wird auch Gott nicht verherrlicht. Und wahres Leben bedeutet Freiheit.

Die Aufgabe theologischer Ethik

Bemerkungen aus der Sicht Evangelischer Theologie, verbunden mit einigen Fragen an die Islamische Theologie

Christiane Tietz, Mainz

1. Zum Wesen theologischer Ethik im Unterschied zu einer nicht-theologischen Ethik

Der christliche Glaube ist eine Orientierung nicht nur für das Gottes-, Selbst- und Weltverständnis von Christen, sondern auch für ihr Verhalten und Handeln. Theologische Ethik reflektiert diese Handlungsorientierung, insofern sie Verhalten zu verstehen oder Handeln zu begründen sucht. Liegt ihr Ansatz beim Begründen, dann erarbeitet sie Gründe dafür, warum aus christlicher Sicht ein bestimmtes Handeln für Christen (und eventuell auch andere Menschen) geboten ist. Sie bearbeitet dann – normativ – die Frage: „Was soll der Christ (oder Mensch) warum tun?" Liegt ihr Ansatz beim Verstehen, dann will sie begreifen, warum Christen sich in einer bestimmten Weise verhalten und ob dieses Verhalten ihrem Christsein entspricht. Sie bearbeitet dann – hermeneutisch – die Frage: „Inwiefern entspricht oder widerspricht ein bestimmtes Verhalten der Grundorientierung christlichen Lebens?"

In beiden Fällen wird eine rationale, kritische Reflexion von menschlichem Handeln und Verhalten vorgenommen. Darin wird – im Anschluss an die Überzeugung der Aufklärung, dass der Mensch als selbstbestimmtes Freiheitswesen gedacht werden muss – die Einsicht zur Geltung gebracht, dass der mündige, moderne Mensch „sich seines Verstandes ohne Leitung eines anderen ... bedienen"[1] muss und dass nur ein Tun, dessen Angemessenheit er mit seiner eigenen Vernunft einsieht, ein mündiges, selbstverantwortliches Tun ist. Zwar sind in den letzten Jahrzehnten auch noch andere Motive ethischen Handelns jenseits der Vernünftigkeit in den Blick genommen worden wie Gefühle und Intuitionen. Aber auch diese lassen sich mit der Vernunft verstehen, sind

[1] I. Kant, Was ist Aufklärung?, 53.

also keineswegs dem rationalen Beschreiben und Durchdringen gänzlich unzugänglich. Insofern kann man sagen, dass christliche theologische Ethik ihre Aufgabe darin hat, zur Selbst*verständigung* des christlichen Menschen über sein Tun beizutragen.

Aus philosophischer Sicht wird theologischer Ethik gern vorgeworfen, sie sei keine wissenschaftliche Disziplin, weil sie von partikularen, aus einer bestimmten weltanschaulichen Perspektive heraus gewonnenen Normen und Orientierungen ausgehe. Nur die philosophische Ethik werde den wissenschaftlichen Kriterien, wie z. B. der allgemeinen Nachprüfbarkeit oder der Vorurteilslosigkeit, gerecht.

An dieser These ist richtig, dass jede Ethik, wenn sie Wissenschaft sein will, sich wissenschaftlichen Kriterien stellen muss. Theologische Ethik, will sie einen Ort an der Universität innehaben, muss methodisch nachprüfbar arbeiten, d. h. so, dass jeder die in ihr behaupteten wissenschaftlichen Erkenntnisse prinzipiell eigenständig nachprüfen kann.

An dieser These ist falsch, dass philosophische Ethik solches könne, theologische Ethik aber nicht. Auch philosophische Ethik arbeitet jeweils mit bestimmten Voraussetzungen (insbesondere dem Selbst- und Weltverständnis des jeweiligen philosophischen Denkers oder der jeweiligen philosophischen Schule), die durchaus nicht von jedem geteilt werden. Theologische Ethik unterscheidet sich davon allein darin, dass sie jeweils nur *eine* Voraussetzung, eben ein ganz bestimmten religiöses Wirklichkeitsverständnis, gelten lässt. Ist sie christliche Theologie, dann ist es das christliche Wirklichkeitsverständnis (vgl. Härle 28).

Nun gilt auch für philosophische Konzepte, dass sie zwischen Axiomen, „für welche das Wahrsein *vorausgesetzt* wird“ (Scholz, 236), und aus ihnen methodisch nachvollziehbar abgeleiteten Theoremen unterscheiden. Wissenschaftliche Überprüfbarkeit wird für die Ableitungen gefordert, während die Axiome den jeweiligen Vertretern dieser Ethik unmittelbar einleuchten. Ähnliches kann für theologische Ethik behauptet werden. Das ihr zugrundeliegende Wirklichkeitsverständnis muss nicht selbst wissenschaftlich überprüfbar sein, sondern es reicht, davon auszugehen, dass es Menschen gibt, die ein solches Wirklichkeitsverständnis haben, das nun als Grundlage theologischer Wissenschaft angesetzt wird. Eine als wissenschaftliche Disziplin auftretende

Ethik, sei sie nun philosophischer oder theologischer Natur, hat allerdings die Pflicht, „die jeweiligen ... Voraussetzungen so genau und umfassend wie möglich zu erheben, zu benennen" (Härle, 27) und dadurch transparent zu machen, damit deutlich wird, für was sie Wahrsein voraussetzt und was sie davon, methodisch nachvollziehbar, ableitet.

Auch eine *islamische theologische Ethik* muss die Frage beantworten, in welcher Weise sie es mit der rationalen, kritischen Reflexion menschlichen Handelns und Verhaltens zu tun hat. In welcher Weise macht sie der menschlichen Vernunft die Angemessenheit eines bestimmten Tuns einsichtig? Islamische theologische Ethik, wenn sie Wissenschaft sein will, muss sich wissenschaftlichen Kriterien stellen. Dazu gehört methodische Nachprüfbarkeit, so dass jeder die von ihr behaupteten, aus den Axiomen abgeleiteten Theoreme eigenständig abwägen kann, und das Transparentmachen der unhinterfragten Voraussetzungen.

2. Zum Verhältnis von Religion und Vernunft

In der christlichen Theologie wurde das Verhältnis von Religion und Vernunft verschieden definiert. In den Anfängen christlicher Theologie wurde zunächst die Übereinstimmung von Religion und Vernunft erwiesen. Im Mittelalter vertrat ein Teil der Theologen die Ansicht, die Vernunft sei ein Mittel, um gewisse Wahrheiten der Religion zu erkennen, während gewisse andere Wahrheiten sich nur dem Glauben erschließen. Ein anderer Teil wollte mit der Vernunft das in der Religion Geglaubte nachzeichnend verstehen. Die philosophische Aufklärung ordnete dann die Vernunft der Religion über und ließ von der Religion nur noch das gelten, was der Vernunft einleuchtete. Die auf die Aufklärung reagierende romantische Theologie hat später der Religion eine – von der Vernunft unabhängige – „eigene Provinz im menschlichen Gemüt" (Friedrich Schleiermacher), d. h. eine eigene Zugangsform zum Göttlichen, zuerkannt, von der eine durch Vernunft bestimmte Ethik abzutrennen sei. Andere Theologen nach der Aufklärung haben geurteilt, das Geglaubte sei derart paradox, dass die Vernunft hier an ihre Grenze komme. In neuester Zeit werden vor allem zwei Sichtweisen in Bezug auf die christliche Ethik und das in ihr zur

Geltung gebrachte Verhältnis von Religion und Vernunft vertreten: Auf der einen Seite wird christliche Ethik als eine autonome Ethik entfaltet, die ihre Inhalte nur aus der Vernunft gewinnt; Christen seien in ihrem Tun nur anders motiviert als Nichtchristen. Auf der anderen Seite zieht christliche Ethik vernünftige Folgerungen aus dem Geglaubten, sie denkt dem Geglaubten nach.

In beiden Fällen ist impliziert, dass eine theologische Ethik, wenn sie als Wissenschaft auftreten will, nicht schlicht mit Kategorien wie „Gebot Gottes", „Wille Gottes" hantieren darf, weil damit eine Autorität suggeriert wird, die jede eigenständige menschliche Reflexion überflüssig macht. Theologische Ethik muss eine „Übersetzungsleistung" vollziehen.[2] Sie muss für jedermann einsehbar aufzeigen, wieso für jemanden, der dieser Religionsgemeinschaft angehört, ein bestimmtes „Gebot" sinnvoll ist. Das „Dass" seines „Gebotenseins" muss dadurch mit prinzipiell für jeden nachvollziehbaren Argumenten auf sein „Warum" für Menschen, die dieser Religion angehören, transparent gemacht werden. Aus einer Aussage der Form: „Das ist ein Gebot Gottes" wird dann ein: „Der Sinn dieses Gebotes Gottes besteht darin, dass ..."

Dieser Aufweis innerreligiöser Rationalitäten und d. h. das Herausarbeiten ihrer Begründungsstruktur ist notwendig für wissenschaftlich arbeitende Ethik, insofern er für jeden denkenden Menschen die Möglichkeit eröffnet, ethische Überzeugungen von ihren internen Voraussetzungen her zu hinterfragen und also zu klären, ob sie wirklich konsequente Weiterführungen des jeweiligen religiösen Wirklichkeitsverständnisses sind – oder verkrustete Traditionen, deren Plausibilität auch von innen her eigentlich nicht mehr einsichtig zu machen ist. Der Aufweis innerreligiöser Rationalität ist die Bedingung der Möglichkeit von Kritik, die für den wissenschaftlichen Diskurs unerlässlich ist.

Vor diesem Hintergrund könnte man einige *Fragen an die islamische Ethik* formulieren. Sie gehen aus von der von Shabestari vertretenen These, der Qur'ān sei ein Buch, in dem „Gott der Sprecher und der Mensch sein Zuhörer" ist, womit ein Verhältnis von „Ansprache und Verständnis dieser Ansprache" (Shabestari 1994, 193f.) beschrieben werde. Für dieses Verhältnis sei das Personsein beider Beteiligten wichtig, also Handlungsfreiheit, Autonomie und

[2] Vgl. dazu meinen Beitrag, 86–100.

Macht im Sinne von Selbstbestimmung. Nur wenn Gott den Menschen „als eine Person akzeptiert", sei ein Dialog wirklich möglich (ebd., 194). Damit ist der kritischen Vernunftreflexion des Menschen ein zentraler Ort im Islam eingeräumt.

Zunächst wäre zu fragen, wie das Verhältnis von philosophischer Vernunft und Glaubenserfahrung in der islamischen Ethik bestimmt wird. Shabestari vertritt in seinem Beitrag zu diesem Band die These, es gebe zwei Quellen islamischer Ethik: die „autonome ... philosophische ... Vernunft und [die] ... mystische ... Erfahrung von Gottes Nähe und Rechtleitung"[3]. Wie ist das präzise Verhältnis dieser beiden Größen gedacht? Eine solche Verhältnisbestimmung ist notwendig, denn andernfalls wird im wissenschaftlichen Diskurs nur die philosophische Reflexion ihren Platz finden können, damit aber islamische Religiosität sich selbst überlassen werden und nicht von der wissenschaftlichen Verortung Islamischer Theologie an der Universität profitieren können.

Weiter wäre zu fragen, in welcher Weise mystische Erfahrungen als Quellen einer Ethik dienen können, die sich – als Wissenschaft – dem rationalen Nachvollzug verpflichtet hat? Und gibt es wirklich keinen Widerspruch oder doch zumindest Spannungen zwischen einer philosophischen und einer mystischen Ethik, wie Shabestari ausführt?[4] Wenn dem so ist, wie ist dies erkenntnistheoretisch zu denken, wenn dem nicht so ist, wie sind Widerspruch oder Spannungen wissenschaftlich zu bearbeiten?

Weiter wäre zu fragen, was es bedeutet, wenn im Islam von „Verboten und Geboten Gottes" (Shabestari 2000, 227) die Rede ist. Woher weiß man um sie? Wem leuchten sie ein? Sind sie nur durch Offenbarungsquellen zugänglich? Wie genau ist das Verhältnis von Offenbarung und Vernunft zu denken? M.E. kann eine wissenschaftliche Theologie nur so von „Geboten resp. Verboten Gottes" sprechen, dass sie ihre – zumindest religionsimmanente – Einsehbarkeit transparent macht. Dabei kann sie sich an Immanuel Kants Ansicht orientieren, dass nur die Einsehbarkeit von Geboten ihre Autorität verbürgt: „Wir werden, so weit praktische Vernunft uns zu führen das Recht hat, Handlungen nicht darum für verbindlich halten, weil sie Gebote Gottes sind, sondern sie darum als gött-

[3] Vgl. den Beitrag Shabestaris in diesem Band, S. 197.

[4] Vgl. ebd.

liche Gebote ansehen, weil wir dazu innerlich verbindlich sind"[5], d. h. ihren sinnvollerweise verpflichtenden Charakter eingesehen haben.

3. Die Verbindlichkeit heiliger Texte für theologische Ethik

Lange Zeit hat man in der evangelischen Ethik die Auffassung vertreten, das gute Tun ließe sich einfach aus den Texten der Bibel ableiten. In diesen Texten sei der Wille Gottes direkt niedergeschrieben. Und die Aufgabe evangelischer Ethik sei nur, diesen herauszuarbeiten.

Durch die moderne historisch-kritische Exegese wurde der Charakter dieser Texte als Wort Gottes im unmittelbaren Sinne problematisiert. Aus Texten, bei denen verschiedene historische Schichten zu entdecken sind, die sich inhaltlich nicht selten korrigieren, kann nicht ein vermeintlich direkt gegebener Wille Gottes abgeleitet werden. Stattdessen sind in den biblischen Texten Menschen zu finden, die von ihrem jüdischen oder christlichen Wirklichkeitsverständnis ihr Handeln und Verhalten haben bestimmen lassen. Theologische Ethik fragt nach dem Wie, Inwiefern und Warum dieses Bestimmtseins, um so den Geist des in den biblischen Texten begegnenden Handelns zu erfassen. Nicht um eine direkte Übertragung auf heute kann es gehen, sondern um ein Entfalten und Verstehen der darin liegenden ethischen Grundausrichtung. Mit dieser vor Augen kann dann die jeweilige Situation, in der heute gehandelt werden muss, in den Blick genommen werden – mit ihren jeweils anderen Aufgaben, anderen Erfordernissen, anderen Nöten, anderen Menschen.

In der europäischen Moderne setzte sich gleichzeitig die hermeneutische Einsicht durch, dass es keinen voraussetzungslosen Umgang mit den biblischen Texten gibt, sondern jeder, der diese Texte zu verstehen sucht, immer schon ein gewisses Vorverständnis mitbringt. Dieses Vorverständnis gilt es im Rahmen der Interpretation der Texte ins Bewusstsein zu heben, damit es nicht unerkannt die Interpretation beeinflusst. Nur mit einer „Hermeneutik des Verdachts" (Paul Ricoeur) gegenüber dem eigenen, lesenden Sub-

---

[5] I. Kant, Kritik der reinen Vernunft, B 847.

jekt können dessen Vorurteile abgebaut und kann der Text selbst gehört werden. In Hans-Georg Gadamers Worten: „Es gilt, der eigenen Voreingenommenheit innezusein, damit sich der Text selbst in seiner Andersheit darstellt und damit in die Möglichkeit kommt, seine sachliche Wahrheit gegen die eigene Vormeinung auszuspielen." (Gadamer, 274) An *die* sachliche Wahrheit kommt man freilich nie heran. Aber genau so in die hermeneutische „Spirale" (Schüssler Fiorenza, 78) hinein.

Aus dem Skizzierten ergibt sich als erste *Frage für eine islamische theologische Ethik* die nach der normativen Funktion ihrer Quellen. Wenn ich recht sehe, begegnen uns in Bezug auf den Qur'ān, um den es hier allein gehen soll, zwei Grundkonzeptionen. Entweder wird der Qur'ān als direkte Offenbarung Gottes verstanden, so dass die konkreten Wörter und Buchstaben als Wort Gottes angesehen werden. Historisch-kritische Exegese wird dann nicht möglich sein. Dennoch bleibt die hermeneutische Aufgabe, jedes Verstehen des Qur'ān als Akt des Interpretierens wahrzunehmen. Für jedes menschliche Begreifen gilt: „Quidquid recipitur, secundum modum recipientis recipitur – alles, was erkannt wird, wird nach dem Modus des Erkennenden erkannt."[6] Menschliches Verstehen bildet Offenbarung nicht einfach ab, sondern „Verstehen ist immer Auslegung" (Gadamer, 312), d. h. Interpretation, die vom Interpretierenden abhängig ist und diese Abhängigkeit explizit machen muss. In den Worten von Shabestari: „Es wird ... immer auf irgendeine Weise interpretiert. Die Voraussetzungen für die Interpretation sind von Mensch zu Mensch unterschiedlich." (Shabestari 2010, 23) Islamische theologische Ethik müsste in der von ihr behaupteten normativen Qualität ihrer ethischen Aussagen diesen Sachverhalt reflektieren.

Das andere Grundkonzept in Bezug auf den Qur'ān, welches von Shabestari vertreten wird, versteht diesen nicht selbst als Offenbarung, sondern als „Frucht der Offenbarung" (ebd.). Ähnlich schreibt Shabestari in seinem Beitrag in diesem Band, „die im Qur'ān geschilderten Verhältnisse [seien] bereits Interpretation"[7]. Damit wird die Vorstellung von der Verbalinspiration des Qur'ān abgewiesen, nicht aber dies, „dass dieses Buch verbindlich ist"

---

[6] Thomas von Aquin, Summa theologiae I, quaestio 75 articulus 5 corpus.

[7] Ebd., in diesem Band, S. 197.

(ebd.). Shabestari ergänzt: Weil „Gott ... durch das Sprechen der Menschen zu uns [spricht]", ist der Mensch ermächtigt, „den Text in seiner Geschichte [zu] verstehen. Wir dürfen ihn in Verbindung mit seiner Umgebung, in Verbindung mit der Biographie des Propheten, in seinem Kontext verstehen, nicht getrennt von seinem Kontext im Qur'ān und der Geschichte seiner Entstehung" (ebd.). Damit wird die Historizität und Kontextualität des Qur'ān herausgestellt. Islamische Ethik müsste genau klären, warum und in welcher Weise er dann immer noch verbindlich ist. In der evangelischen Ethik hat sich in einem komplizierten, oben angedeuteten Prozess erst nach und nach eine moderne Schrifthermeneutik entwickelt, die beides zusammenzudenken vermag.

4. Pluralismus und der Streit um die Wahrheit

Eines der auffallendsten Kennzeichen evangelischer Ethik ist die in ihr zu findende Vielfalt von Überzeugungen. Grundlage dessen ist die „Freiheit zum eigenen Standpunkt"[8]. Sie führt dazu, dass im Protestantismus nur „in den Grundfragen des Glaubens, mit denen die Kirche steht oder fällt", nicht aber in allen theologischen Fragen „Eindeutigkeit oder gar Einstimmigkeit" verlangt wird.[9] Zu ethischen Fragen lassen sich deshalb im evangelischen Christentum eine Vielzahl an Positionen finden, die als vom christlichen Glauben aus vertretbar angesehen werden. Nur in der Situation des *status confessionis*, des Bekenntnisstandes,[10] wird geltend gemacht, dass eine abweichende Position mit dem christlichen Glauben nicht mehr vereinbar ist.

Im evangelischen Akzeptieren dieses Pluralismus kommt die Ansicht zum Ausdruck, dass der Mensch ein freies Wesen ist, das

---

[8] Starre Fronten überwinden. Eine Stellungnahme evangelischer Ethiker zur Debatte um die Embryonenforschung. In: Reiner Anselm/Ulrich H.J. Körtner (Hg.), Streitfall Biomedizin. Urteilsfindung in christlicher Verantwortung, Göttingen 2003, 197–208.

[9] Ebd.

[10] Der Begriff stammt aus der Reformationszeit. Er gewann in zahlreichen Konflikten des 20. Jahrhunderts angesichts der Kirchen- und Judenpolitik des Dritten Reiches, der Stationierung von Atomwaffen in Deutschland und des südafrikanischen Apartheidregimes profilierte Bedeutung.

nur dem folgen kann, wovon es selbst überzeugt ist; seine freiwillige Selbstbestimmung generiert erst seine Verantwortlichkeit. Nur wenn er sich aus freier Überzeugung selbst zu einem Tun bestimmt, ist es ihm moralisch zuzurechnen. Evangelische Ethik hat diese Freiheit zu ethischem Handeln als durch Gott ermöglicht beschrieben: Weil Gott den Menschen in Christus unabhängig von seinen Werken rechtfertigt, ist der Mensch freigesetzt zu einem am Nächsten und dessen Wohl orientierten Handeln. Deshalb kann er, in sorgfältiger Wahrnehmung der Situation des Anderen, selbst entscheiden, was dem Anderen nützlich ist.

Gleichwohl ist damit nicht gesagt, dass man über die Angemessenheit von ethischen Überzeugungen nicht diskutieren kann. Um die Wahrheit kann und muss auch dann noch gestritten werden. Der evangelische Pluralismus wäre missverstanden, wolle man ihn als Relativismus oder Beliebigkeit interpretieren, die jede ethische Orientierung ganz im Belieben des Einzelnen belässt. Die Gebundenheit an die eigene Überzeugung besagt nicht, dass man diese ihrerseits argumentativ intransparent lässt oder sie vor Einwänden abschottet.

Vor diesem Hintergrund ergeben sich vielleicht noch folgende *Fragen für eine islamische Ethik*. Auch in der islamischen Ethik gibt es eine Vielzahl an Positionen. Diese Vielfalt muss nicht nur gekannt, sie muss auch hermeneutisch reflektiert werden. Wie ist es erkenntnistheoretisch zu verstehen, dass sich „verschiedene Meinungen und Strömungen“[11] entwickelt haben? Wie kann vor diesem pluralen Hintergrund eine bestimmte ethische Position als richtig behauptet werden?

Und wie können die Studierenden der islamischen Ethik angeleitet werden, sich mit Gründen für eine Position zu entscheiden? Eine solche Entscheidung darf ja nicht nur vom akademischen Lehrer getroffen und an die Schüler weitergegeben werden, sondern alle Studierenden islamischer Ethik müssen zu ihr in die Lage versetzt werden. Diese Entscheidung wird sicherlich immer von der individuellen, existentiellen Überzeugung geprägt sein. Aber auch diese kann und muss während des Studiums vernünftig reflektiert und kritisch überprüft werden. Wer Theologie studiert, muss argumentativ begründen können, warum er diese ethische Position für richtiger hält als jene.

---

[11] Vgl. Shabestaris Beitrag in diesem Band, S. 198.

5. Theologische Ethik als ein Beitrag zum gesellschaftlichen Ethikdiskurs

Evangelische Ethik versteht sich meistens nicht als eine Binnenethik, die nur danach fragt, wie Christen gut zu handeln haben. Vielmehr geht sie für gewöhnlich davon aus, dass sie sich auch allgemein zum guten Tun des Menschen äußern kann. In dieser Hinsicht versteht sie sich als ein Akteur in der Zivilgesellschaft, der sich am gesellschaftlichen Meinungsbildungsprozess zu ethischen Fragen beteiligt – nicht um anderen eine Überzeugung aufzuzwingen, sondern um ihnen für ihre eigenen ethischen Urteile vielleicht hilfreiche Anregungen zu geben.

Dazu muss sie aber eine weitere Übersetzungsleistung[12] vollziehen, indem sie ihre Positionen so formuliert, dass sie auch jemanden überzeugen könnte, der diesen Glauben nicht teilt. Das geschieht insbesondere durch allgemein einsichtige Argumente. Das bedeutet: Eventuell vorkommende Formeln der Gestalt „Der Sinn dieses Gebotes Gottes liegt darin, dass …“ müssen nun transformiert werden in Aussagen „Der Sinn dieser ethischen Forderung liegt darin, dass …“, wobei daran nicht religionsimmanente Begründungen anzuschließen sind, sondern Begründungen, die eine gewisse allgemeine Einsehbarkeit haben. Mit dieser erneuten argumentativen Transformation wird eine religiöse ethische Überzeugung in eine Gestalt gebracht, bei der jeder aus seiner eigenen Perspektive heraus prinzipiell die Angemessenheit dieser Auffassungen überprüfen kann und ihnen zustimmen oder widersprechen kann. Damit wird dem anderen die Freiheit eingeräumt, sich selbst ein Urteil über die Angemessenheit der jeweiligen ethischen Position auch für ihn selbst (und nicht nur für Angehörige einer bestimmten Religion) zu bilden. Erst so verwandeln sich religiöse Überzeugungen in *einen* Beitrag zum gesellschaftlichen Diskurs.

In einem weltanschaulich neutralen Staat sollte die Beteiligung religiöser Ethik am gesellschaftlichen Diskurs erwünscht sein, weil die in der Demokratie vertretenen Werte „begründungsoffen“ (vgl. dazu Huber, 311; Vögele, 271f.) sind. Der moderne Staat ist ja nicht darin neutral, dass er keine Werte kennen würde. Vielmehr lässt er für die von ihm vertretenen Werte unterschiedliche Begründungen

---

[12] Vgl. dazu erneut meinen Beitrag.

aus unterschiedlichen religiösen und weltanschaulichen Perspektiven zu, z. B. in der Frage der Menschenwürde die säkulare Begründung Immanuel Kants über die Selbstbestimmungsfähigkeit des Menschen, die im Umgang mit ihm respektiert werden muss, und die christliche Begründung aus der Gottebenbildlichkeit aller Menschen. Er ist also gerade nicht mit der christlichen Tradition identisch. Etliche demokratische Werte sind erst in einem harten Kampf gegen das Christentum entwickelt worden. Es hat gedauert, bis christliche Ethik auch in der eigenen Tradition Elemente entdeckt hat, die demokratieaffin sind. Heute werden die demokratischen Werte durch den Diskurs zwischen den unterschiedlichen Begründungen konturiert und pointiert.

Aus dem Dargestellten ergeben sich einige *Anregungen für islamische Ethik*. Will sich islamische Ethik am gesellschaftlichen Diskurs darüber, wie in dieser Gesellschaft gelebt werden soll, beteiligen – und das kann man sich für eine universitäre Ethik nur wünschen –, dann wird sie versuchen müssen, nicht nur religionsimmanente Rationalitäten ihrer ethischen Positionen aufzuweisen, sondern diese auch allgemein einsichtig zu machen. Nur so ermöglicht sie den anderen Gliedern dieser Gesellschaft prinzipiellen Widerspruch oder Kritik. Partikular gewonnene Überzeugungen müssten also durch allgemeine Argumentation in eine „‚öffentliche‘ Form“ gebracht werden, d. h. eine Form, die durch die oben beschriebenen argumentative Transformation „Argumentation, Zurückweisung oder Akzeptanz ermöglicht“ (Forst, 180). Religiöse Überzeugungen, die sich nicht in eine derartige Gestalt bringen lassen, können in einer demokratischen Gesellschaft, deren politische Ordnung nur dann legitim ist, wenn prinzipiell denkbar ist, dass sie „die Zustimmung aller erhalten“ (Grotefeld, 16) kann, keine Geltung für andere beanspruchen. Umgekehrt kann es die Gesellschaft nur bereichern, wenn auch der Islam sich in der beschriebenen Weise in den Diskurs über die Begründung der in der Demokratie geltenden Werte einmischt.

Aus der Sicht christlicher Ethik ist es außerdem wünschenswert, dass ein Dialog zwischen islamischer und christlicher Ethik geführt wird, in dem man sich über die eigenen hermeneutischen Voraussetzungen, die jeweils verwandten wissenschaftlichen Methoden und die jeweiligen Grundorientierungen austauscht. Die von Shabestari genannte Orientierung der Förderung der „Entwicklung und des Lebens der Menschen, dem Fruchtbarwerden ihrer Potenziale“[13] ist dafür aus christlicher Sicht außerordentlich anschlussfähig.

Literatur

Forst, Rainer, Kontexte der Gerechtigkeit. Politische Philosophie jenseits von Liberalismus und Kommunitarismus, Frankfurt 1994.

Gadamer, Hans-Georg, Wahrheit und Methode. Grundzüge einer philosophischen Hermeneutik, Tübingen ^{6}1990.

Grotefeld, Stefan, Religiöse Überzeugungen im liberalen Staat. Protestantische Ethik und die Anforderungen öffentlicher Vernunft, Stuttgart 2006.

Härle, Wilfried, Ethik, Berlin/New York 2011.

Huber, Wolfgang, Gerechtigkeit und Recht. Grundlinien christlicher Rechtsethik, Gütersloh ^{3}2006.

Kant, Immanuel, Beantwortung der Frage: Was ist Aufklärung? In: Ders., Werke, hg. von Wilhelm Weischedel, Bd. 6, Darmstadt ^{5}1983, 53–61.

Ders., Kritik der reinen Vernunft. In: Ders., Werke, hg. von Wilhelm Weischedel, Bd. 2, Darmstadt ^{5}1983.

Shabestari, Mohammad Mojtahed, Die theologischen und rechtlichen Grundlagen der Freiheit, Autonomie und Souveränität des Menschen im Islam als Grundlage des ernsthaft erwünschten Weltfriedens. In: Andreas Bsteh (Hg.), Friede für die Menschheit. Grundlagen, Probleme und Zukunftsperspektiven aus islamischer und christlicher Sicht, Mödling 1994, 193–199.

Ders., Hermeneutische Überlegungen zur islamischen Theologie und Rechtswissenschaft. In: Österreichisches Archiv für Recht und Religion 47 (2000) 227–237.

Ders., Die prophetische Lesart der Welt. In: Hamideh Mohagheghi/Klaus von Stosch (Hg.), Moderne Zugänge zum Islam. Plädoyer für eine dialogische Theologie, Paderborn u. a. 2010 (Beiträge zur Komparativen Theologie; 2), 15–30.

Scholz, Heinrich, Wie ist eine evangelische Theologie als Wissenschaft möglich? In: Gerhard Sauter (Hg.), Theologie als Wissenschaft. Aufsätze und Thesen, München 1971, 221–264.

Schüssel Fiorenza, Elisabeth, Brot statt Steine. Die Herausforderung einer feministischen Interpretation der Bibel, Freiburg/Schweiz 1988.

Starre Fronten überwinden. Eine Stellungnahme evangelischer Ethiker zur Debatte um die Embryonenforschung. In: Reiner Anselm/Ulrich H.J. Körtner (Hg.), Streitfall Biomedizin. Urteilsfindung in christlicher Verantwortung, Göttingen 2003, 197–208.

Tietz, Christiane, … mit anderen Worten … Zur Übersetzbarkeit religiöser Überzeugungen in politischen Diskursen. In: Evangelische Theologie 72 (2012) 86–100.

Vögele, Wolfgang, Menschenwürde und Gottebenbildlichkeit. In: Jörg Dierken/Arnulf von Scheliha (Hg.), Freiheit und Menschenwürde. Studien zum Beitrag des Protestantismus, Tübingen 2005 (Religion in Philosophy and Theology; 16), 265–276.

---

[13] So in seinem Beitrag in diesem Band, S. 199.

The Evolution of Islamic Law: Challenges for Islamic Law and Possible Solutions[1]

Tariq Ramadan, Oxford

When we speak about Islam we refer to two sets of texts: The Qur'ān and the prophetic tradition (Sunna). The first formal prerequisite that we must not underestimate is the status of the Book – that is the revealed dimension of the text. Consequently the first question to address is the relationship between the absolute and the relative, the eternal and the historical dimensions of the Qur'ān. This concept has been considered since the very beginning and thus it is hardly a new question, yet it continues to be a deep and critical one for Muslims. It must be acknowledged that this debate largely circulates around questions of limits – what, if any, are the limits and who has the authority to set them?

It is also important to recognize one closely related issue regarding the double dimension of the way in which scriptural sources are considered. Traditional Islamic training has always differentiated between theological studies and profane or secular knowledge. For example in Islamic sciences, there are fields such as *'ulūm al-qur'ān*, *'ulūm al-ḥadīṯ* and *fiqh*, where the objects of Islamic studies are the various Islamic scriptural sources and the field is more precisely religious. The question remains of how such an approach can relate to our modern world, one which has become intrinsically complex for multifarious reasons. Simply put, how can religious knowledge relate to profane or secular knowledge – is it really possible to draw sharp lines between Islamic and profane knowledge? For example, one might ask what is Islamic in Islamic education, is it the object or the principles and equally important, what is not Islamic from the oeuvre of the "other knowledge"?

The relation might be distinguished using the following criteria: complete autonomy, controlling knowledge, or a complemen-

[1] This written contribution is based upon the transcript Prof. Dr. Tariq Ramadan held on his lecture at the conference on June 11, 2011.

tary approach between that which is set by religious references and that which is produced by scientific methodology. In my opinion these are the most critical questions to address. They extend to the field of law, include questions of limitations and finally also require engagement with some sort of a vision.

It is also important to recognize that there is no text without intellect. So what exactly is the human role in the process of producing law, and when does it accompany the revealed text? At the very moment that the intellect reads the text there is an immediate interpretation. This can be observed with some Salafi literalists (*as-salafīya l-ḥarfīya*) – whereby they think that when they are quoting, they are just quoting the text without themselves being involved in its interpretation. However, it must be recognized that quoting means there has already been interpretation. Yet also to acknowledge the fact that to quote is to interpret from the very beginning does not necessarily mean that everything is interpreted on the same level – and I will come to this, to the status of the text.

A further point to note, as a consequence of the previous reasoning, is the articulation between text and intellect, between text and context, between what is eternal and what is historical. How can one derive, produce, decide and categorize knowledge from the scriptural sources of Islam? Who has the authority to embark upon this path? Can any sort of methodology be outlined and defined?

The issue is in fact with the status of the book. Muslims have difficulty in addressing contemporary challenges because their thought is limited to the very word of God. The status of the book as being the revealed text is one of the five pillars of Islam (some Muslims may question this, but they are rather marginal and are not perceived as touching the essence of Islam) – it is the essence of Islam, as the revealed book. Therefore, in order to face the reality of our world, Muslims must question the status of the book. The issue for me however is not with the book, but more rather with its readers and this is the beginning of a very deep discussion within both interfaith dialogue and among Muslims themselves to help us all to be clear about the status of the book and how to deal with it. I have had discussions with some contemporary scholars on exactly this subject.

When I believe – and this is a position of principle – I speak from within as a believer and as someone who is going to deal in an academic way with what is part of my belief. Academia does not oblige you to avoid belief; on the contrary, the question remains of how to align your belief within the academic field. I do not think that there is anything wrong with this, nor do I think that to be academic means that one must forget one's belief. We can have both at the same time, provided that the framework from which the issues are being addressed is clear. For me it is important to acknowledge that the text is conveying a message, it is saying something. It is not the case that we are constructing the very meaning of what the text is saying, as some argue. No, if there is a revelation, it means that God is sending us a message with different levels, different categories, and that the text is saying something. So for example some scholars say that the text is clear cut and they give us the outlines of what is essential, the fundamental, the *uṣūl*. I think that the text is expressive, the *uṣūl*, the fundamentals help us to decipher its intrinsic meanings. Yet, for example, why are all scholars in agreement that we must pray five times a day, and that we must fast? It is not because there is only a subjective way to consider the text, but rather that there is objectivity derived from the text; the text alone is saying something. So there is no text without intellect, but the intellect does not construct everything within the text. Now, is this always the case? Whilst I always want to return to the scriptural sources, I also accept and acknowledge the richness of our tradition. The very fact that centuries of scholars throughout history have dealt with and continue to deal with the text teaches us something that in itself must be acknowledged. This is why Muslims today pray in the same way as they did in the seventh century. The text is saying something and the prophetic tradition is also saying something. This categorization comes from human intellect, where the first scholars said that this is *uṣūl*, this is *furūʿ*, this is clear, this is unclear, etc. From the very beginning scholars did not even agree, and still do not agree, on the limits of what is *uṣūl*. But on some issues they do all agree – for example there is complete consensus among scholars on *iǧmāʿ iḥsān*, the six pillars of faith – not on the details but on the principles, on the five pillars of our practice. This comes from both someone and the text, so we take the text seriously as a reference. Taking the text seriously, however, doesn't mean that the intellect is not playing a role. It is rationally what one obtains from the text. Whereas my dealing with the text results in the insight – acknowledging that there is something which is beyond my rationality. For example, we have to pray five times a day; we don't know why – it is beyond our rationality – but we read it in the text and the text tells us that. So here this categorization comes from the scholars, creating or helping us by providing a framework – the scholars think that they are not altering the rules and that they are going to change the standing on the context, the standing on the situations. I am not therefore contesting the very essence of what the text is saying, or that the text is revealed. I do however want this articulation between the text and the intellect to be quite clear.

A further point relating to interpretation is to understand the double dialectical process that exists. Yes, the text, some scriptural sources and verses exist that are clear cut and not open to interpretation. Such text, sources and verses give us the very essence of their meaning in the very moment that we read them. However these are in the minority and the great majority of the text from the Qur'ān as the prophetic tradition is open for interpretation. That is to say there is a double dialectical process and in order to extract laws from the text that are both faithful to that text and suitable to our time, one must consider two points:

The first point is to understand the text, and once again, this is not a new concept, but it continues to be very demanding. In order to fully understand the text, one must ask whether there was a specific context for what was revealed. In fact all the scholars understood from the beginning that there are some rules, limitations and *aḥkām*, so the rules are what was revealed within a specific period of time. Therefore in order to reach the real meaning of a rule, one must know the context and purpose of its revelation. So the first dialectical dimension is to consider the text in its very context.

The second point is to consider our tradition. Some scholars try to understand the relationship between the text and its context, and their own context and culture. For example one cannot consider how Šāfiʿī, Abū Ḥanīfa, Ibn Hanbal or aṭ-Ṭabarī and others understood the text and the law until one understands the context of their reading of the text.

So this double dialectical process considers what the text is saying both within a specific context and from which context the scholars interpret the real meaning of the text. Dealing with the tradition is not easy, on the contrary, it is quite demanding. Some

Salafis say that tradition need not be considered, but here they miss the point that they themselves read the text from a specific cultural perspective. For example, some people may confuse the Arabic language with Arabic culture, or more specifically, the fact that whilst the Arabic language is the language of Qur'ān, Arab cultures are not the cultures of Islam. So such people avoid critically addressing the question of the culture of the scholars who are reading the text by saying that those scholars go straight to the text, yet they are nonetheless coming from a very specific culture. The universality of Islam, very open for some people, is to universalize the Arab culture in the way they read the text – however, this is problematic. So I think that this is what we must be critical of within the double dialectical process and this is why the context of both the text *and* the scholar are so important.

Having acknowledged this we must now try to find solutions, because some of the answers that exist today have clearly come from a specific relationship between the text and context, and sometimes rely upon a scholar to devise an answer for his time. Just to reiterate, I am not referring to an *uṣūl*, I am not referring to the things that are not changing; I am very serious about that. I am not ready, for example, to critically address Islam by saying that we need only pray three times a day. I am not going to question even the status of the Qur'ān for believers, but rather the way in which the source is read. It was quite clear for the first scholars and they implicitly put in the field of *uṣūl al-fiqh*. They said the context, the environment, is the source for producing laws and understandings. Very often we speak about Abu Ḥanīfa, because he dealt with a *fiqh taqdīrī* but not all scholars did this from the very beginning. For example in *maṣāliḥ al-mursala* Ibn Mālikī says exactly this: When the text is silent or unclear, what do I say? In this case, one must make up one's own mind – choose and decide for oneself. Faithfulness does not mean to repeat what the text says, but instead to find the right answer using what is not said, or not clearly said, because the context will give rise to new questions. By the way, the prophetic tradition says that God is going to be silent, not out of forgetfulness, but out of mercy. This means that to be at peace with your own reference and mind, you must use your mind to find new solutions. This is why the Qur'ān is silent; silence is one of the dimensions of its eternity. In order to reach faithfulness, we need to filter the unspoken out of our own mind, while remaining in the shade of the eternal, spoken word of God. The very essence of the silence is therefore crucially important.

So how can this rationale be applied for our time today? In the beginning, my main field of study and research was *fiqh*. I understood that to address the issues, I needed to deal with *fiqh* so I involved myself in anything relating to *fiqh* – where *fiqh* for me is not only jurisprudence, but it connects law and jurisprudence. I realized however that I was reaching a limit. This limit mainly regarded the fact that it can be misleading to only focus upon the text. Instead one must integrate everything which gives rise to law and its limitations, as well as ethics. One must reassess what is in *uṣūl al-fiqh,* the relationship between the text and its context, as well as between the text and the environment, because it is a question of power and authority. One may pretend or behave as if it is not there, but the question of authority does exist. For example, who has the authority to produce laws and regulations? The great majority, when it comes to *al-fiqh*, is *ʿulamāʾ an-nuṣūṣ,* and mostly deals with the text alone. But what if one has knowledge of the text yet a very superficial knowledge of the context? What is the authority then in producing the law? For example, Western Muslims recognize that no one living in Saudi-Arabia will be able to produce a *fatwa* relevant for them in the West – for without knowing and understanding the context, one lacks the appropriate knowledge. From the very beginning Imām Mālik, Abū Ḥanīfa and others were quite clear that to be the right scholar for your time, you must have knowledge of both the text and the context, to know what people are experiencing. You cannot just say that I know the text and derive authority from the text alone. It is not even a matter of knowing the language – for example, those people who think that you have to train the imams in Germany only by knowing the language are missing the point for language is just an instrument. It is necessary to have an appreciation and knowledge of the culture and the sensitivities and in fact it goes even deeper than that.

I think this was where I realized that I was reaching limits in my work – to be able to continue this work on *fiqh* and only on *fiqh*, I realized that I would have to go beyond this thinking and draw from the relationship of the sources. In order to remain serious with the text, one must keep in mind the triangle of text, context and objectives. I am exploring how to achieve a better understanding of how to deal with law. It is not just a set of laws; it is in fact to question our law in the light of the objectives. This is why I think that this connection between the text, the principles and the objectives is so important. It could be perfectly possible to have a correct understanding of the principles, but if you lack a proper understanding of the context, although the principles may be included in your reasoning, the objectives may be missed. This was exactly what happened when ʿUmar ibn al-Ḫaṭāb said that the penal code cannot be implemented. If people are angry, you cannot just punish the poor, because literally *naṣ qatʿī* will be implemented – which is a clear cut text – but the objectives will be missed. If the text is implemented literally, justice isn't done to the objectives. So one must look at the objectives of justice, and question the way the law is being dealt with in a specific context. This triangle involves putting the text and context in light of the objectives. For me today, this is the essential issue for Muslims to address.

The eternity of the message is for the human rationality to respect the text, to study the context and never to lose sight of the objectives. This is the aim when referring to the triangle between text, context and objectives. This is why I would not say that there is only one sort of *ʾiğtihād*. *ʾIğtihād* is required when the text is open for interpretation, yet there are also *ʾiğtihād* in a specific context. The priorities and means to integrate them into one's reasoning need to be identified. Even today, in considering the uprisings in the Muslim-majority countries, some of the priorities in Tunisia for example are not the same as those in Egypt. Another example might be that the priorities for western Muslims, for European Muslims specifically in Germany are not the same as for those Muslims in France. They do not face the same challenges, nor do they have the same culture or understanding. In misunderstanding that and instead you choose to export the same priorities, then you misunderstand your country. A very deep knowledge of the specific national context and of what is essential for that country is necessary and both law and collective psychology are associated with this.

To conclude I would like to consider how this can be elaborated and as such I would like to suggest that this inquiry can be labeled as Islamic applied ethics. Applied ethics means going a step further, and as I said earlier, this means to take the text seriously, to get a better knowledge of the contextualized reference that we may have and depending on the categorization we may reassess, depending on how we are dealing with the text. For me this is where, to be serious about contemporary Islamic law, or its implementation, we really need to discover a new way to address Islamic ethics, and even the production of our *fatāwā*, our legal opinion. This is why I say we need a shift in the center of gravity of authority in Islam.

With regard to contemporary sciences, and contemporary challengers, we need scholars – experts within a specific field. Rather than simply repeating, for example, that there is an Islamic economy, one must critically assess that what there is within an Islamic economy are more rather techniques than a vision of what it should be. This is why I refer, not to an Islamic economy, but to Islamic ethics within economics or another example, Islamic ethics within medicine. So who should undertake this critical assessment? It will be scholars of the text and also experts within each of the specific fields, because today the knowledge is so complicated that we nccd these practitioners who are working within these individual fields on a daily basis. The challenge is to provide sufficient and adequate knowledge of economics, medicine, even of the environment, and in bringing this knowledge and the scholars together, enabling them to produce an applied Islamic ethics for today.

This is why we need such people to work together in this different way and not just continue in the same way as before. We have scholars and a better report on economy and so give us a *fatwa* on this. Another example is to provide a *fatwa* on *ḥalāl* meat. But what exactly is *ḥalāl* meat today – *bismillāh allāhu akbar*, it is basically a technicality. Muslims do not care how the animals are treated, only about how they are killed – yet this is not Islamic ethics and it is not our answer to the contemporary challenges. This challenge today is in fact the challenge of consumerism; it is not to eat much more meat during Ramadan, and yet this is what is happening. While some Muslims criticize what religion has become in the West, they are doing exactly the same. We respect formalities. This is the deep question about the Islamic law.

It is also critical when it comes to the discussion that we have now in the Muslim majority countries about democracy. I am not going to struggle for terms and concepts; I want principles. Are we talking about rule of law, equal citizenship, or universal suffrage? I don't object to new names, because names don't carry meaning, as long as we do not talk about the substance.

So this critical assessment will be undertaken by experts in particular fields of context in conjunction with people, scholars, who are specialized in the text. This today is a question of power and authority that I think we must challenge. This understanding is essential. For me this is where, from an Islamic viewpoint, our main challenge lies. After working in the field of *fiqh* for years, I started to think about three main theses and these are outlined in my book "Radical Reform: Islamic Legislation and Ethics". The first suggestion is to stop talking about reform in the sense of adaptational reform. What we have in *mağālis al-fuqahā'* today this is *ḍarūrat* and this is *ḥāğğa*. So we are either asking for necessity or need. But if we are questioning the very ethics ultimately we want to pattern such ethics: ethics in economy, politics, medicine, etc. – and this is where I want to invite Christians, Jews and Buddhists to consider applied ethics from their own perspectives because ultimately we all have the same questions. Yet if we keep having our segregated fields, for example saying this is an Islamic economy, we will not find adequate solutions. Such self-segregation does not challenge our own minds. So we must move from adaptational reform to transformational reform. What I understand from Islamic law and Islamic ethics is that we are each here to change this world for the better rather than to adapt ourselves. This is why we need a vision, and to understand the objectives and consider the laws in light of those objectives, depending on your specific context. The second suggestion is to bring scholars of the text and the context onto an equal footing so that they may work together to produce something new – at minimum a better vision of the objectives that we want to achieve. The third suggestion is, as previously stated, to shift the center of gravity of authority in Islam.

This is what I am now trying to translate between my work at Oxford in the UK and in Doha, Qatar – to create and develop a research center where scholars of the text and the context may work together in seven fields: education, medicine, environment, gender, arts, food and the economy. This is my desire. Many people read the book "Radical Reform" and say that I do not provide answers. This is correct, I raise questions, because this is exactly my point. Thus, in arguing that Muslims must question their relationship with the text, I begin by saying that I take the text seriously and I reiterate that there is no way to take the text seriously if the context, history, human intellect, human history and human evolution are neglected. My thesis is this: There is no faithfulness without evolution, or put it differently: without understanding.

Reading the Signs: The Moral Compass of Transcendent Engagement[1]

Khaled Abou El Fadl, Los Angeles

God is too infinite, too grand, and too limitless for any human being to presume to know or to possess the one and only way of unlocking the secrets of our moral universe. This is part of the objective of creation, and it is part of the very idea that, "We have made you nations and tribes." (Q 49:13) It is in the very nature of things that each of us searches for a way, that each group of people that believes in an idea will search for a way, and what matters is that they become convinced or persuaded that their way is correct. As a Muslim, you can believe that your way is correct but you ultimately do not know what is in the realm of the *ġayb* (the unseen), and in the same way you do not know all the numerous ways in which the *āyāt* (the signs or manifestations of divinity; sing. *āyah*) manifest themselves. For instance, if you are sitting in a library in Germany, you do not know the way in which the *āyāh* of God manifest in Tanzania or in Iceland, and you do not know the way they manifest with whales swimming near the North Pole.

In this way, your view and your knowledge are limited. But the *āyāh* are infinite and limitless, and as limitless as the Creator of the *āyāh* is, so are His *šarā'i'* (ways, paths; sing. *šar'*). When God says that to each of you God made a way that will lead you to a good (*šir'atan wa minhāǧan*; see, e.g., Q 5:48), as believers we must accept that God means what God says. It is not an endorsement of moral relativism, but rather it means that for each of you God has made a way that will lead you to a good. But as a Muslim, my obligation, my duty, is to search for a way within the realm of the *āyāh* that have been revealed to me as a Muslim and the *āyāh* that could be attainable to me as a Muslim.

---

[1] This written contribution is based upon the transcript of a question and answer session I held with students apart from my lecture at the conference, "Challenges for Islamic Theology in Europe," hosted by Paderborn University and the University of Münster in Münster, Germany on June 11, 2011.

I am not and cannot be responsible for anything else, and so in the same way a Muslim cannot presume to know or to seek the way to God by ignoring the *āyāh* that are revealed to him or her, as a Muslim one must work within that realm. Of course, I am simplifying matters quite a bit because this is quite a vast subject.[2]

1. The *Āyāh* and Transcendental Engagement with the Divine

The *āyāh* (signs or manifestations of divinity, sing. *āyāh*) of God are not exclusively located in the text, meaning in previous revelation and in the Qur'ān, but they also manifest in such a multitude of ways. To begin with more obvious examples, the *āyāh* manifest in the life of the Prophet and in the lives of those who were close to the Prophet, in the lives of various generations of Muslims, and in the lives and history of human beings generally. When God tells us, "… everything in creation praises your Lord but you do not understand," (see Q 17:44) this in itself is an invitation to reflect upon an *āyāh* that could take a lifelong engagement. Thus, the *āyāh* manifest in ways as numerous as God, and the key or the methodology is that one develops a way in which one can take in, reflect upon, and analyze as many of these *āyāh* as humanly possible – all within a specific moral and ethical compass.

Now, bear with me as I elaborate and provide some background because here is where I find myself in disagreement with a lot of contemporary reformers who, after all is said and done, make revelation unnecessary and in fact, make God unnecessary. When for instance, instead of *tawḥīd* (belief in monotheism, or the oneness of God), we say justice, to me that is disastrous. Or when one equates submitting to the authority of Hosni Mubarak with submitting to the authority of God, that is disastrous. Ultimately, rational atheism, the realm of empiricism, and the philosophy of empirical rationalism (as propounded by Benedict de Spinoza and those who came after him) cannot form the basis for a coherent, fundamental system of morality or ethics. Even the philosophers that have exhausted the journey of scientific rationalism are increasingly recognizing this. And it seems to me mind-bog-

[2] In fact, these questions are what inspired the writing of my book 2006.

gling that Muslim reformers, or so-called reformers, would basically, when all is said and done, try to reproduce the journey of the West. These reformers say that in the West we have a theology of crisis, and that we can offer something. The problem is, how does one offer anything in response to this theology of crisis if one is adopting the same methodologies that ultimately led to that very crisis?

The role of revelation, then, is quite critical, in that revelation does not exhaust the space for reason. Revelation anchors you within basic fundamental givens. It is akin to the idea of constitutionalist orders in political theory. Constitutionalist orders presume certain fundamentals to be irrebuttable – to say, for instance, that there ought to be freedom of speech. The idea is that this principle is not open for discussion anymore. Or take, as another example, the principle that there ought to be governments of the people, for the people. This principle is now established constitutionally, so that even – and this is significant – if the majority of the people desire to alter a fundamental constitutional principle, we have a mechanism that comes and says, "No, we will not respect your desire because it is so contrary to the fundamental transcendental primordial principles of our system." The entire realm of human rights is also established on this same very idea. Whether from the Universal Declaration of Human Rights, to all of the other human rights instruments and conventions, there are aspects of human rights that nations negotiate. However, the Human Rights Committee (the main body that implements the International Covenant on Civil and Political Rights) set one of the significant precedents in the human rights field in limiting this negotiative aspect. When various nations wanted to place reservations to the International Covenant on Civil and Political Rights that ultimately would negate the protections afforded by the Covenant, the Human Rights Committee came back and said that although international law is generally predicated upon the consent of nations, in the field of human rights there is a special order. When all is said and done, this special order means that international human rights law relies upon a natural law order of fundamental, transcendental, and primordial principles that even nations cannot negate. In the international law context, we call these pre-emptory norms of international law. Thus, all philosophies, at least all non-nihilistic philosophies, or not purely empiricist philosophies, develop some basic fundamentals, without which fundamentals I have discovered, you end up living an entire generation spinning your wheels.

In Islam, we have the fundamentals, and to me it is irrelevant whether rational thought would end up confirming these fundamentals or not, because revelation has given them to me and part of the paradigm of *īmān* (faith) is that I accept that the Wisest of the wise has identified certain fundamental primordial transcendental principles. Among them is *istiḫlāf fi al-'arḍ* (viceregency on the land/earth), whereby God has made us the viceroys and deputies on earth; among them is *takrīm banī Ādam*, or the dignifying of human beings; and among them is also the establishment of or emphasis on certain *muhaymināt,* or totalistic meta-concepts, such as *raḥmah* (mercy, compassion), *iḥsān* (the achievement of goodness and compassion), and *'adl* (justice). These are not merely ethical directives; but they form the moral and ethical compass I referred to earlier.

There is nothing that tells us not to use our rationality within the parameters of these principles, because ultimately these principles feed into this basic relationship of *taqwā* (piety), of the relationship that binds human beings with their God, as deputies and viceroys of God on earth. The true wisdom, the true challenge, the ultimate search, is that, as God tells us repeatedly, in the same way that you cannot be held accountable for the action of another in the Hereafter, you cannot break the norms of your God without creating an imbalance for someone else – in other words, without creating a fundamental injustice. Committing an injustice does not only amount to an infraction against a command of God, but any injustice also ultimately leads to this imbalance and to the offsetting of the *mīzān* (balance).

Then, the true philosophical paradigm is one that attempts to systematically think about and explore, within these guiding principles, within these parameters, the nature of *al-mīzān* (the balance), the elements of this *mīzān*, and philosophically, what leads to the preservation of the *mīzān*. I should emphasize that this intellectual engagement takes place within the guidelines of *iḥsān* (goodness), *raḥmah* (mercy, compassion), and *'adl* (justice), as this charge of viceroyship is no simple task and no one human being will accomplish it.

The *mīzān* is an integral concept for goodness that comes from the Qur'ān itself, which states that God assigned the balance (*wa waḍa'a al-mīzān*, see Q 55: 7). Repeatedly, God warns that if you cause an imbalance in this balance that God created, there will be many consequences, including your destroying yourself, your spreading corruption on earth, and your causing natural disasters. The *mīzān* may be understood as the secret of creation, and it is a very striking concept, which is not only developed in the Qur'ān, but may also be traced to some passages in the Old and New Testaments. In modern physics, we are learning things about creation that are challenging the assumptions we have made about many phenomena. For instance, we have learned that for matter there is antimatter; that for every positive particle or every white particle there is dark matter, and there is also an anti-particle. This is part of the unfolding of that *mīzān*, that secret that God used to create.

The scales of the universe shift with time. The very form of the Qur'ān is not constant. If you read the Qur'ān, and you read its music and its energy, it is constantly moving. Part of studying the *mīzān* is understanding that God's creation is such that life is in motion and death is in stagnation, or stagnation is in death. So there is a constant state of motion and we also know from reflecting upon the *āyāh*, that this motion means this state of change. What never changes is the critical role of viceroyship, the critical role of *taqwā* (piety), the critical role of *iḥsān* (beneficence, goodness), the critical role of *'adl* (justice), and the critical role of *raḥmah* (mercy, compassion). And what never changes is that the number of lessons that can be derived from revelation and the *āyāh* of God is infinite.

But as the *mīzān* itself evolves, your ability to delve into these *āyāh* must evolve similarly. So, for instance, if you take something as simplistic or straightforward as the life of the Prophet, if we read the life of the Prophet and draw the same lessons from it today as Muslims did one hundred years ago, my suspicion is that we would be in danger of violating *al-mīzān*. This is because my *īmān* (faith) and my *taqwā* (piety) tell me that of the lessons of the Prophet, and the lessons that come from the Prophet, "*Lā yubadilu al-na'īm* (God does not take away goodness)"; in other words, if we fail to learn from these lessons; if we fail to evolve in recognizing, reflecting upon, and analyzing the *āyāh*; and if we fail to achieve the goodness that comes from the *mīzān,* then the fault is on us. For instance, recently I have been restudying a particular fact of the Prophet's life, after having memorized it when I was six years old, and after having re-read it numerous times since. It is something quite fascinating that will never cease teaching us and granting us of its *āyāh*. This is the fact that the Prophet married Ḫadīǧah; he had four girls with her, Zaynab, Ruqayyah, Umm Kulṯūm, and Fāṭimah; and he had two boys according to most reports (some say three boys some say four, but most agree it is two), 'Abdullāh and 'Umar. The boys died and the girls survived, but none of them survived the Prophet except Fāṭimah. If you study the history of Zaynab, Ruqayyah, Umm Kulṯūm, and Fāṭimah, you discover a boundless treasure of moral reflections. Add to this the fact that he married eleven wives and they did not bear him children except for Māriya, the Egyptian, who at the end gave birth to Ibrahīm, who also died in infancy. If one truly understands the significance of these reflections, he or she will know that this is a treasure trove of *āyāh*.

My capacity to comprehend these *āyāh* will shift over time, as the nature of what God allows me to understand as a human being shifts. So earlier Muslims, for instance, looked at these examples and perhaps the most they took away from them was that this was a means to toughen up the Prophet, and to demonstrate his patience, and that he was a very strong believing Muslim. But, as I am restudying it now, I am seeing things that I have never seen before and I daresay that I have never read in any source before. Likewise, if someone studies this same dynamic a hundred years from now, they will see things in turn that no one has seen before them. When you take for example, something as simple as the fact that Zaynab married her maternal cousin, and that while Zaynab converted to Islam, her husband refused to convert for six years. It is worth noting that she was in love with him and he was in love with her, because she did not remarry and he did not remarry. Then finally, after he did convert, they were united for less than a year before she died. I see in this an enormous *āyāh*, but it requires transcendental reflection, it requires philosophical reflection, and it requires that you constantly have the notion of the *mīzān* of God and our role as viceroys in mind.

Part of the *āyāh* of God is that God gave us a tradition of very mixed baggage. God says *raḥmah* (mercy, compassion), *iḥsān* (beneficence, goodness), *'adl* (justice), gave us the parameters, and gave us a tradition. Yet some of these reports in our tradition do not bespeak mercy, or beauty, or justice. Part of the *āyāh* and part of engagement with the *mīzān* is for one to recognize that a particular tradition does not bespeak these values. Then the lesson is that it cannot belong; or one can say that it cannot be authentic; or one could say that it was an error in judgment, but it is an active engagement in the same way that we are actively engaged with our present. So, we are constantly studying the results of our interactions with the other, and we are constantly studying the future in trying to empirically predict the consequences of our behavior. And in the same way that we are in constant engagement with our nature, we are also in constant study of and engagement with history. To abandon the tradition or discard history as the starting point is not a viable option. Likewise, to start out by deifying this history, by rendering it sacred or simply reducing it to a mechanical issue of *isnād* (the chain of transmission), and nothing more than that, ignores the transcendental norms, and the basic guiding signposts that God gave us as conditions of our viceroyship. The Qur'ān for instance admonishes us that we should not cause corruption on the earth (*ifsād fi al-'arḍ*, see, e.g. Q 2:11; 28:77), and says that had God not interfered, and if He did not continue to interfere often to prevent human beings from committing aggression against and killing each other, that great corruption would have been caused on this earth. (see Q 2:251) How can this not be an evolving, active, and moving *āyāh*? In this instance, one could reflect on the fact that, it is as if God is telling us, "I come in and I play referee because you keep going at each others' throats and when you go at each others' throats, you do a lot of corruption." As viceroys who take seriously our role of viceroyship, we must engage our intellects and our hearts in determining how we can maximize our role in preventing this process of *ifsād* (corruption), and of preventing this process of going at each others' throats.

God tells us that He created the *mīzān* and made humans viceroys, but He has not given us detailed, pedantic rules. Imagine if God, as in the Salafi paradigm, says, "I have created the *mīzān*, I have made you viceroys, and what I want you to do is make *wuḍū'* (ritual ablutions) this way, perform prayer this way, or do this this way." That would be a complete mismatch. In fact, prayer and the *'ibādāt* (worship) generally play a very critical role in the transcendental engagement with God and in understanding. But indicators, the parameters, the guiding principles are set out through revelation in certain affirmative commands, such as the critical importance of *iḥsān,* i.e. doing the beautiful thing; of mercy, i.e. doing the merciful thing; or of patience, i.e. persevering in patience. God does not spell out for us all of the ways that we can be patient; He does not spell out for us all of the ways that we can be *muḥsinīn*, or truly good; and He does not spell out for us all of the ways that we can be merciful, but rather gives us, through the *āyāh* of creation and revelation, mainly hints and lessons as to how and how not. As long as we know the moral and ethical compass, the guidelines, then this process of reflection on the *āyāh* enables us to attain a greater fulfillment. The thing that is critical in my view is not just reflection and thought (*al-ta'aqqul wa al-fikr*), which of course are both very important, but also *taqwā* (piety), or the transcendental engagement with the Lord directly. Without *taqwā*, you could search the *āyāh*, search the *āyāh,* search the *āyāh* and have an idea of what mercy is, but never really understand it. That emotive feeling that comes into the heart is an act of grace, from the active involvement of God in our lives – not as a disinterested God or as a God who says, "Okay, now you're here so go do whatever you want and come back on the Final Day; I'll see you then ..." That is not the Islamic God at all. Rather, the Islamic God says, "I am very close to you but if you extend your hand to me, I will take your hand and I will allow you insights, but do not claim that I will allow you insights when you break the basic rules." So for instance, if you violate the basic principles of mercy, then come and say, "God, I want a transcendental moment where you explain mercy to me." You have not observed the basic principles of mercy, so why should God grant you this transcendental moment?

If we study the life of the Prophet, and we observe the way he interacted with his daughters, the way he interacted with his wives, and the way he interacted with women generally, we do not have a single incident in which he raises his voice at a woman, anywhere. And in fact, I have tried to find a situation in which he raises his voice at a man, any man, and not even that. So, would not a rational, thoughtful person realize that one of the elements of mercy is this ideal? What might allow one to reach that ideal is the transcendental engagement with the Divine that comes as a *fatḥ* (literally, opening) – as truly a moment of revelatory transcendence. It is as if, because you have tried repeatedly and persistently, God puts it in your heart and you have it in your heart. As I have experienced so many times with my teachers and with so many good people who try and try repeatedly to understand what beauty is; finally you look at them and say, they are beautiful. God has answered their prayers and put that quality into their heart directly. That, in my view, is a theology that we can offer the whole world, not just the Western world. But Muslims need this theology more than even non-Muslims because Muslims have largely forgotten it.

2. The Hermeneutics of *Ḥusn* and *Qubḥ*

Of crucial importance in understanding the process of searching the *āyāh* and undertaking transcendental engagement with the Divine are the concepts of beauty and ugliness. Let us first distinguish between two situations of the hermeneutics of *ḥusn*, or beauty, and *qubḥ*, which could mean ugliness or the lack of beauty (at this point in the discussion, the distinction is not critical). There is a difference between these two situations, which is often confused in contemporary discourse. The first of these situations is the more narrow context of the administration of justice, or in other words, in a legal system. Within the discourses on law and its function and instrumentalities, what developed very quickly among Muslim jurists is that speaking of *ḥusn* and *qubḥ* is too imprecise for the purposes of the application of law and adjudication. And then, what followed was the debate about whether, instead of these questions of *ḥusn* and *qubḥ*, we can discuss *maqāṣid* (ideals, purposes, or objectives), or in other words, whether the law achieves certain objectives.

The discussions of *maqāṣid* were partly comprised of debates about the rights of God (*ḥuqūq Allāh*) and the rights of humans (*ḥuqūq al-'ibād*). Their main concern in this discussion of rights was whether jurists in an absolute fashion would pursue something they deemed to be a moral good, and in doing so, potentially override rights completely, whether the rights of God or the rights of people. For instance, there is a debate documented in *al-bayān wa al-taḥṣīl* by Ibn Rušd the grandfather (d. 1126), about a judge who, on the issue of separating a slave girl from her mother, decided that one cannot separate a slave girl from her mother because it would be *qabīḥ*, that is, it would be ugly. The debate that takes place is not whether the ultimate decision is right, but whether the methodology used for that decision was correct. So for instance, some saw this as a dangerous precedent of whimsical or discretionary legislation by a judge. And proponents of this position argued that the judge should have analyzed this question in terms of rights, so that the judge, instead of saying that separating the slave girl from her mother is ugly, should have said that the slave mother has a right to have the company of her slave daughter and the slave girl has a right to have the company of her slave mother, and that these rights trump the financial right of the slave owner. It is a subtle discussion and that is why often those who are reading these texts do not seem to capture the issues involved. In sum, one can reach the same position – that it is improper or that it is unlawful – without speaking in terms of these ultimate principles, and *maqāṣid* (purposes or objectives) is one way of specifying or disciplining this broad discourse on *ḥusn* and *qubḥ*.

The second situation of the hermeneutics of *ḥusn* (beauty) and *qubḥ* (ugliness), in which these principles played a different role in law and philosophy, is in identifying the source of the *taklīf* (obligation). This is really the context in which one finds the greatest development of the discourses of *ḥusn* and *qubḥ*, not as instruments for adjudication on specific issues, but as discussions on the source of obligation, the source of the *taklīf* (obligation) itself. The consistent debate that we see is whether the obligation, the "do" or the "do not," arises because God commands such or because of the very nature of God's beauty, which then makes all that is beautiful also obligatory.

Many theorists in the natural law tradition and also in Islamic tradition asked, supposing we can identify and discuss what is good and what is bad, what is the source of the duty to do what is good? The reason that the place of *ḥusn* and *qubḥ* was prominently discussed in Islamic jurisprudence, is that, unlike for instance al-Fārābī or Ibn Sīnā who very much were caught in the philosophical paradigms, many Muslim jurists thought that it is possible for legal obligation to come from the very goodness of God rather than from something just being good in and of itself. So, to put it differently, they said that the question is not whether something is good because God commands it or God commands it because it is good – that is more the natural law question. Rather, they said that the issue is, do we do something because God commands it, or do we do it because God is good and everything that flows from that goodness, we must do. By posing the question in that fashion they shifted the focus from this eternal question of what comes first, the egg or the chicken, or whether something is good because God commands it or God commands it because it is good, to a deeper theological question of what does the goodness of God entail. This is the discourse that I find quite fascinating. The jurists would pose the question in this way. First, let us assume a merciful God. Is it possible that there is a merciful God that would not expect people to do what is merciful? So here, whether God commands it or not, is not the issue. Rather, the issue is, what sort of obligation is created by the very fact of the nature of Divinity.

This is important and relevant because some Muslim reformers say dismissively that the above are just archaic debates about the attributes of God and the nature of God. But, they were not metaphysical debates about nothing, and there were more debates about what follows from the above, and that is why they were so important. For instance, those in the conservative school as we will call them, to which all the *ahl al-ḥadīṯ*[3] belong, say that it is possible that although God is merciful, God is just, etc., this in itself does not create an obligation. Instead, what creates the obligation is that this merciful God commands you to be merciful. If the merciful God does not tell you to be merciful then you need not be merciful. On the other hand, various jurists of the more naturalistic orientation, particularly jurists of the *Uṣūlī* orientation and also the *Māturīdīya*[4] or pseudo-*Mu'tazila*[5] orientations, argued against

[3] The *ahl al-ḥadīṯ*, as distinguished from the *ahl al-ra'y*, favored a literalist approach and de-emphasized the role of reason in the analysis of source texts, see El Fadl 2001, 49–50; 298.

[4] The *Māturīdīya* were one of the two principle Sunni theological schools. They affirmed the rational basis of good and evil, see ibid., 304.

[5] The *Mu'tazila* School was a rationalist school of Islamic theology that emphasized the role of reason as well as the necessity of God's justice and human free will, see ibid., 305.

this position of the conservative school. Their basic position was that the minute we establish that God is merciful, it becomes imperative by its very nature that we do what is merciful, either out of obedience or a sense of obligation, or out of love (*imma ğabran am ḥubban*).

On the one hand are the people of the conservative school who say that it is possible for God to be merciful but God has to tell you to be merciful before it is an obligation. It is as if it is possible that God creates the world in motion, but unless God tells you to move, you do not move. The *Uṣūlī* or naturalist position holds that you can understand by the very nature of things that there is an imperative to act in a certain manner, and that God communicates imperatives through a variety of ways. One of the ways that God communicates these imperatives is by the essence of God's Self. In fact, in the *Uṣūlī* orientation, there is a debate about whether is it enough to satisfy an obligation out of obedience or a sense of obligation (*ğabran*), or if it must be out of love (*ḥubban*) – that if you do not do it then you truly have not manifested love.

In my work I have often written about how Muslims do not know their tradition anymore. Of course, part of the reason why the tradition is ignored is that modern Arabic-speaking Muslims have lost the ability to read these texts. Nevertheless, in terms of reform, it would be far more interesting for a Muslim to reengage this daring discourse, and then to suggest whatever theological reformation she wants to suggest having utilized this. But to me, it is completely baffling that we would ignore or fail to engage these discourses in our scholarship and our attempts at reform. This basic, fundamental discourse is what orients us and enables us to position everything else.

3. The Challenge to Contemporary Muslims

It is remarkable how often the Qur'ān warns Muslims to uphold their viceroyship. God has revealed to them the elements of their salvation – salvation in the broader sense that I have described above, not salvation meaning simply being admitted into heaven – and the elements of their enlightenment. In the Qur'ān, God tells us repeatedly that He has done this great favor, He has made us the best community (*kuntum ḫayra ummatin uḫriğat li al-nāsi*, see Q 3:110), but not because of our genes, biology, physiology, or race, but rather, at the heart of this whole paradigm is enjoining what is good and resisting what is not good (*ta'murūna bi al-ma'rūfi wa tanhawna 'an al-munkari*, see Q 3:110). Of course, in order to enjoin the good, you must first recognize it; and to resist what is not good, you must first recognize what is not good. If you fail to do this, then God will punish you in numerous ways. This is my belief, and this belief started out as a rational inquiry, which went through a moment of transcendence, and now it has become the belief placed in my heart. Now, this does not mean that because it is placed in my heart, you must accept it; it just means that this is what God has shown me and what I must believe in. Thus, Muslims, in relation to your crime is your punishment, and when you have betrayed, the more your betrayal is serious, the more the compromise in your soul is serious. When I look at the state of so much of the Muslim world, and of course there are many good people, but there is also a remarkable pathology that needs explanation. For instance, how many Muslims will pray and observe various rituals, but yet feel completely at ease to lie and cheat?

Then, when I observe this consistent pattern of failure recurring repeatedly, I start to think, truly, it is like if I have a child, and I have taught this child everything and invested an enormous amount in him, but then this child took everything that I taught him, and was extremely ungrateful, extremely spoiled. Part of the justice is that my punishment towards this child must be in proportion to the blessings I have given him so that he will change his life – and that is what I believe about Muslims. The reason you see all of this ugliness is because they have either completely lost the essence of viceroyship, completely corrupted the nature of this relationship with God, completely emptied the meanings of the moral examples in the various *āyāh* that God has revealed to them, or they have completely forgotten what they are – like those who say, instead of *īmān* (faith, belief), I have justice. One of my teachers used to say that, if you visit Muslim countries, you see on the one hand the merciful hand of God in that logically, they should be suffering much more than they are. Take Egypt for example, where they should be suffering a natural disaster every day given the way things are, but at the same time you see the merciful hand of God; you see a parent who is angry at their children and who has left them swimming in this darkness until they wake up.

When I was younger, I would feel an enormous amount of anger when I would observe this dynamic, because I would say, have not you read the Qur'ān, have not you studied your Prophet? I have never heard among contemporary Muslims this simple story about the Prophet which was repeated in the classical sources frequently: When he went on the pilgrimage on the seventh year of the *hijrah*, which the Meccans refused to let him perform, he married a woman who had proposed to him, Maymūna bint al-Ḥāriṯ. The Meccans had turned the Prophet and his followers away and told them that they could not enter. Everyone was hurt. What did the Prophet tell the Meccans? He told them, "Allow me to get married among you and we will make a feast and we will invite you to it." And they said to him, "No, we do not want you, we do not want your feast, leave." Reflect upon that character, that mental and spiritual attitude, as opposed to what you see in a lot of Islamic centers – the rancor, the anger, the exaggeration, and enmity.

Now, instead of anger I feel a great deal of sorrow, in that we are sitting upon a treasure, the elixir of life, the key to all that is good. But what do you do when people have blinded themselves and they cannot see that they are sitting right there on the key? But also I always think, and this is part of what the *mīzān* teaches me, that you must always critically look at yourself in the mirror and ask whether you have discharged your obligation to change the situation. There are a lot of Muslims who see what is wrong but they simply turn away without saying anything. They share in the responsibility; they share in the crime. They must be a part of the remedy.

I could not have imagined that I would attend a conference with so many Muslims so eager to cancel out God from the equation of reform. Maybe part of why I participated in this conference was simply to say this, because sitting in Los Angeles this was such an obvious point to me that I would not have bothered to say it. *The Search for Beauty in Islam* is an attempt to manifest the theology I have described in this paper. I believe that when we talk about needing a new theology, it is not a theology to propose that we discard *īmān*, and replace it with justice. If God tells us that His hand is with us; if God tells us that He is closer to us than our jugular vein;

if God tells us that He is with those who are with Him; how can we then respond to this by saying that we do not need revelation and that we do not need God? A theology that does not take God and God's revelation seriously is not a theology. Rather, the theology that Muslims can offer the entire world is that of striving repeatedly and persistently, through reflection, searching, and transcendental engagement with God directly, to attain greater fulfillment of the ideal. What might allow one to reach that ideal is the transcendental engagement with the Divine that comes as a *fatḥ* – as truly a moment of revelatory transcendence.

References

Abou El Fadl, Klaled, The Search for Beauty in Islam. A Conference of the Books, Lanham, Md.: Rowman & Littlefield Publishers 2006.

Abou El Fadl, Khaled, Speaking in God's Name. Islamic Law, Authority and Women, Oxford: Oneworld Publications 2001.

Autorenverzeichnis

Kemal Ataman, Prof. Dr. (*1966), Assistenzprofessor für Religionssoziologie an der Uludağ Universität (Türkei). Nachdem er den Bachelor in Islamischer Theologie an der Theologischen Fakultät der Uludağ Universität erfolgreich abgeschlossen hat, erwarb er weiter den Master und den Doktor an der School of Religious Studies der Catholic University of America in Washington, DC. Er war für zwei Jahre an der Universität Bayreuth (Deutschland) als Wissenschaftlicher Assistent tätig. Forschungsschwerpunkte: philosophische Hermeneutik, interkulturelle-interreligiöse Verständigung, Religion und Politik, Religion und Zuwanderung, amerikanische Religion, katholisch-theologische Tradition und islamische Studien.

Khaled Abou El Fadl, Prof. Dr. (*1963), Professor für Recht an der UCLA School of Law; er ist Inhaber des Lehrstuhls für Islamische Studien des department-übergreifenden Programms an der UCLA. Er ist ein weltweit renommierter Experte des islamischen Rechts.

Hassan Hanafi, Prof. Dr. (*1935), Vorsitzender der philosophischen Fakultät der Universität Kairo, Vizepräsident der arabischen Gesellschaft für Philosophie, Mitglied des „Arab Thought Forums", Expertenberater zur Menschenpflichtserklärung des InterAction Council (1997).
Forschungsschwerpunkte: Islam und Fundamentalismus, Islamische Philosophie, Islam und Moderne, Islamische Religionspädagogik, Kalamwissenschaft.

Tuba Işik, M.A. (*1981), arbeitet seit 2010 als wissenschaftliche Mitarbeiterin am Zentrum für Komparative Theologie und Kulturwissenschaften der Universität Paderborn und promoviert im Bereich der Islamischen Religionspädagogik zum Thema „Der Gesandte Muhammad im Islamischen Religionsunterricht".
Forschungsschwerpunkte: Islamische Religionspädagogik, Kalāmwissenschaften, Komparative Theologie.

Ahmad Milad Karimi, Dr. phil. (*1979), Verlagsleiter des *Kalam* Verlag für Islamische Theologie und Religionspädagogik und Verlagsleiter des Kinder- und Jugendbuch Verlags Salam.

Forschungsschwerpunkte: Systematische Theologie, (islamische) Philosophie, Mystik.

Mouhanad Khorchide, Prof. Dr. (*1971), Professor für Islamische Religionspädagogik an der Universität Münster, Leiter des Zentrums für Islamische Theologie der Westfälischen Wilhelms-Universität Münster sowie Koordinator des Graduiertenkollegs „Islamische Theologie" der Stiftung Mercator.
Forschungsschwerpunkte: Islamische Theologie, Islam in Europa, Islamischer Religionsunterricht in Europa, Qur'ānhermeneutik sowie Aufklärungsprozesse im Islam.

Mohamed Mesbahi, Prof. Dr. (*1945), Professor für Philosophie an der Mohamed V. Agdal University of Rabat in Marokko.
Forschungsschwerpunkte: Islamische Philosophie (besonders Ibn Rušd), Mystik (besonders Ibn 'Arabī).

Angelika Neuwirth, Prof. Dr. phil. (*1943), Professorin für Arabistik an der Freien Universität Berlin. Leiterin des Akademievorhabens Corpus coranicum an der Berlin-Brandenburgischen Akademie der Wissenschaften.
Forschungsschwerpunkte: Qur'ān, spätantikes Arabien, vormoderne und moderne arabische Literatur.

Tariq Ramadan, Prof. Dr. (*1962), Professor für zeitgemäße islamische Studien an der University of Oxford, Präsident des European Muslim Network.
Forschungsschwerpunkte: Zeitgenössische Islamische Fragen, Islamische Erneuerung(sbewegungen) in der Moderne, Muslime in der westlichen Welt, Identität und Migration/Einwanderung.

Mohamad Nur Kholis Setiawan, Prof. Dr. (*1969), Professor für Islamwissenschaft an der Staatlichen Islamischen Universität Sunan Kalijaga in Yogyakarta in Indonesien; er leitet das dortige „Dialogue Center" und ist Hauptschriftleiter des „al-Jami'a Journal of Islamic Studies". Er studierte Islamwissenschaften in Yogyakarta, Leiden und Bonn, wo er über die literarische Interpretation des Qur'ān promovierte. 2006 folgte ein Aufenthalt als Fellow am Wissenschaftskolleg Berlin.
Forschungsschwerpunkte: Qur'ān- und Ḥadīṯhermeneutik.

Mohammad Mojtahed Shabestari, Prof. Dr. (*1936), Professor für Islamische Philosophie an der Universität in Teheran, iranischer Philosoph und Theologe. Während der 1970er Jahre war er Direktor des Schiitisch-Islamischen Zentrums der Imam Ali Moschee in Hamburg, dort

setzte er sich verstärkt für den christlich-islamischen Dialog ein. Zwischen 1985 und 2006 war er Professor für Islamkunde an der Universität Teheran, wo er auch vergleichende Religion und Theologie unterrichtete.
Forschungsschwerpunkte: christlich-muslimischer Dialog, Hermeneutik, islamische Philosophie.

Andreas Speer, Dr. phil, Dr. h.c. (*1957), Professor für Philosophie an der Universtität zu Köln, Direktor des Thomas-Instituts; Direktor des Averroes Latinus und Sprecher der Forschungsschule a.r.t.e.s.; Gastprofessuren in Notre Dame, Leuven und St. Louis.
Forschungsschwerpunkte: Geschichte und Systematik der Philosophie, insbesondere der Philosophie des Mittelalters, Metaphysik, Erkenntnistheorie, Naturphilosophie, Ästhetik, Philosophie und Weisheit.

Klaus von Stosch, Prof. Dr. theol. (*1971), Professor für Katholische Theologie (Systematische Theologie) und ihre Didaktik und Vorsitzender des Zentrums für Komparative Theologie und Kulturwissenschaften an der Universität Paderborn.
Forschungsschwerpunkte: Komparative Theologie, Muslimisch-christlicher Dialog, Glaube und Vernunft, Christologie interkulturell.

Burhanettin Tatar, Prof. Dr. (*1965), seit 1998 ist er Professor für islamische Philosophie an der Theologischen Fakultät der Ondokuz Mayis Universität in Samsun (Türkei).
Forschungsschwerpunkte: Islamische Philosophie und Hermeneutik.

Monika Tautz, Dr. theol. (*1960), 1989–2009 Lehrerin für katholische Religion und Deutsch an einer Berufsbildenden Schule und an Gymnasien, seit 2009 Dozentin für Religionspädagogik und Fachdidaktik am Institut für Katholische Theologie der Universität zu Köln.

Christiane Tietz, Prof. Dr. theol. (*1967), Professorin für Systematische Theologie an der Evangelisch-theologischen Fakultät der Universität Mainz und Mitglied im Rat der Evangelischen Kirche in Deutschland.
Forschungsschwerpunkte: Christliche Dogmatik, Religion und Politik, Interreligiöser Dialog, Theologie Dietrich Bonhoeffers.